太白山丛书

名人游踪

杨虎平 编著

陕西新华出版传媒集团
太白文艺出版社

图书在版编目（CIP）数据

名人游踪 / 杨虎平编著. -- 西安：太白文艺出版社，2019.7（2020.7重印）
（太白山丛书 / 卢文远，张辉主编）
ISBN 978-7-5513-1638-5

Ⅰ.①名… Ⅱ.①杨… Ⅲ.①太白山－介绍②名人－生平事迹－中国 Ⅳ.①K928.3②K82

中国版本图书馆CIP数据核字（2019）第126641号

名人游踪
MINGREN YOU ZONG

作　　者	杨虎平
责任编辑	强紫芳　谢　天
整体设计	淡晓库
出版发行	陕西新华出版传媒集团 太白文艺出版社
经　　销	新华书店
印　　刷	西安日报社印务中心
开　　本	787mm×1092mm 1/16
字　　数	199千字
印　　张	14
版　　次	2019年7月第1版
印　　次	2020年7月第2次印刷
书　　号	ISBN 978-7-5513-1638-5
定　　价	70.00元

版权所有　翻印必究
如有印装质量问题，可寄出版社印制部调换
联系电话：029-81206800
出版社地址：西安市曲江新区登高路1388号（邮编：710061）
营销中心电话：029-87277748　029-87217872

太白山丛书编委会

顾　　问：王改民　李智远　王宁岗　武勇超
　　　　　刘志生　叶盛强　陈小平
主　　任：张军辉　曹乃平
副 主 任：雷利利　康振锋　职　亮　马少辉
　　　　　卢文远
委　　员：何晓光　张　辉　张彦勤　孙恩情
　　　　　杨　文　薛　康　孙文刚　陈宏科
　　　　　常　鸿　胡云波　廉金贤　王新秦
主　　编：卢文远　张　辉
副 主 编：张彦勤　廉金贤
编写成员：王改民　李继武　何晓光　廉金贤
　　　　　王新秦　穆　毅　李明绪　杨虎平
　　　　　严文团　刘启云　王相东　魏博文
　　　　　王小梅　王　昭　王卫平　鹿　麒

序 一

张勃兴

继2012年6月《陕西省志·太白山志》出版后,"太白山丛书"又将出版发行,这是太白山文化研究和太白山文化建设中又一项重要举措与成果。为一座山出一套丛书,算得上是一个首创。

太白山是秦岭的主峰,海拔3771.2米,为我国青藏高原以东大陆的第一高峰。秦岭东西横跨甘肃、陕西、河南三省,绵延1600千米,是我国南北方地理分界线,长江水系和黄河水系的分水岭。秦岭所具有的地理、气候、土壤、动植物分布等特征在太白山区域最为明显,最具代表性。而太白山作为秦岭最高峰,它又有独具特色的个性。如"太白积雪六月天""一日历四季,十里不同天"的特色景观;"太白山上无闲草",形成了独特的草医草药传统;以第四纪冰川遗迹为主的高山区原始地形地貌,以及众多的高山湖泊和湿地等。这些一起构成太白山独特的旅游资源和景观,不仅在陕西绝无仅有,即使放在全国、全世界也是十分罕见的。除保存完好的自然综合体和良好的自然生态系统外,太白山所包括的自然历史、自然科学知识及人文历史遗迹更是一部百科全书。迄今为止,人们对太白山的全部认识远不及它的万分之一,太白山的神秘面纱远没有完全揭开。它魅力四射,吸引了越来越多的科学家和人文学者来对它开展研究。

1991年6月19日,我陪同时任中共中央政治局常委、中央书记处书记的李瑞环同志视察太白山时,他高兴地说:"在我国长江以北,气势如此之大,景色如此之美,科学价值如此之高,离大城市如此之近的自然景观实属罕见。"那时,"森林公园"这一提法在国内还是个新鲜概念,太白山旅游资源的开发利用也是刚刚起步。27年过去了,太白山成为著名AAAAA旅游景区和国际旅游度假区。这20多年中,在加大基础设施和景点建设力度的同时,太白山文化研究也投入相当多的人力、财力,取得了不少重大成果。太白山文化研究会邀请众多省内外热爱关心太白山的各学科专家学者、文化工作者参与到研究活动中来,及时围绕发展建设中的重大决策和重大项目的实施研究咨询活动,为决策者提供智力支持。特别是2008—2012年完成了《陕西省志·太白山志》的编撰出版工作。80多年前,中国国民党元老于右任和陕西省政府主席邵力子登太白山后感叹"华岳有志,太白山无志,不能不说是一种遗憾",现在,通过太白山文化研究工作者的努力,这历史缺憾已圆满补上,令人欣慰。2014年,太白山旅游区管理委员会安排着手编写"太白山丛书",这是太白山文化研究中又一项重点工程。这套丛书共12册:综合介绍景观景点的《奇峰秀水》《红河谷》;介绍资源及其价值的《草医草药》《野生动植物》《养生养性》《登山:穿越与探险》;介绍人文、历史、文学、艺术方面的《民俗风情》《名人游踪》《宗教文化考略》《诗词歌赋精选》《小说散文精选》《书画作品精选》。这套丛书将在近几年之内全部出齐,以后会不断拓宽研究领域并挖掘研究深度。

　　为了进一步加强太白山文化研究工作,在太白山文化研究会的基础上,2015年成立了太白山文化研究院,这是一个专事太白山文化研究的常设机构,它使研究工作有了一个更实在的基础。丛书的编撰工作也纳入研究院的主要工作任务。

　　这套丛书有三个突出的特点:一是资料的丰富性。在编撰工作中,通过面向社会征集和作者大量阅读、调研、搜集,获得了大量与太白山有关的资料,并在此基础上着手建立太白山资料库。目前已收集有1600万字的文字资料和107700余幅图片资料,太白山资料库初步建设完成。二是汇编的系统性。尽量把从古到今以太白山为题的某方面研究成果资料汇集整理使之系统化,使丛书具有工具书的功能,为以后的研究打下一个好的基础。三是力推"大太白山"概念。太白山文化研究的对象是太白山的整体，而不是局部。在筹备编写《太白山志》时，我就特别强调要有"大太白山"的意识。《太白山志》和"太白山丛书"都很好地贯彻了这个原则。从行政区划上看，太白山涉及眉县、周至县、太白县三县。但丛书资料来源绝不受地域限制，尽量能充分地反映和吸收各县的研究活动和研究成果。研究太白山文化，研究者一定要有大胸怀，不囿于一县一地之见。这一点丛书编撰者做得很好。

编撰"太白山丛书"是一项繁重的工作，完成这个艰巨任务，编撰者不仅仅需要有良好的学养，丰富的自然科学、历史知识和写作能力，更要具有发自内心的热爱太白山的激情和敬业奉献精神。丛书作者都是生活在太白山下，渭水之畔，是在太白山山水滋养下成长起来的，这种激情产生的动力是不可替代的。我同意主编在跋中说的，大家是怀着"为父母写"和"写父母"的心去从事编撰工作的。我对他们的辛勤付出表示感谢，对"太白山丛书"的出版表示祝贺！同时祝愿太白山的明天更加美好。

（作者系中共陕西省委原书记）

2018年10月

序 二

冯积岐

太白俊秀人为峰。

我从年轻时对天地就有一种很真诚的敬畏感，尤其是面对名山名人，更不敢信口开河随意指点，我五次登太白山，五缄其口，不置一词。当然，每登一次太白山，心灵就受一次洗礼，深刻的感触，由衷的感叹，发自内心的感慨：秀丽的太白山，险峻的太白山，深沉的太白山，神秘的太白山，狂欢的太白山，谦恭的太白山……说不尽的太白山！好几次想为太白山写一点文字，但都打消了这个念头。一想起王维的《太白山》、李白的《登太白峰》、白居易的《望太白山》、杜甫的《喜达行在所》、贾岛的《送僧归太白山》等等这些诗作，就觉得诗圣诗仙们把太白山悟透了，写透了，我们后辈即使有点小小的感触，也是很轻浮的。在我们看来，太白山太博大了，太厚重了，太神奇了，要弄懂它，得有耐心不可。我想，当我登过十次八次以后，和太白山有了共鸣，文字就会如同太白山上清澈流动的泉水自然地流到纸上。

我第六次登上太白山是在几年前的四月天，当时山下的春意已浓得如酽茶一般，田野上绿浪泛着层层涟漪，太白山口，春风随手可摘。我们一行兴致盎然地进了太白山。抬眼望去，太白山绿得层次分明，秩序井然：山底下的绿色厚实而温馨，到半山腰绿就显得比较单薄了些，有点低调，有点拘谨。再过几道弯，绿色就更黯淡了，地上的青草绿中带点黄，树上的叶片只有指甲盖那么大。到了山顶，只见松柏的树冠上顶着白雪，很吃力的样子，雪地里的白桦静静地伫立在蓝天之下，枝丫光秃秃的。放眼望去，山坡上，山沟里，到处覆盖着白雪。这就是太白山！它把冬春两个季节和谐地托在一只手掌上供游人观赏、玩味，它不动声色又出人意料地转换着人的感觉和意识。新雪的气息像燃放的烟花爆竹一样奔放而热烈。看样子，雪是昨晚上或者黎明时分才落下的。我坐在雪地上，心想：不到太白山，不知太白山；到了太白山，难解太白山。这不仅仅是指气候变化异常，我要追问的是：为什么太白山的气候变化如此剧烈？我总觉得，太白老人心中蕴藏着什么，又说不清究竟是什么。

这一次，因为要给"太白山丛书"写序，我静下心来，默默地读了一遍太白山——有关它的起源、历史、典故、传说，我认真地读，以便从文化角度来认识太白山，解读太白山。阅读这套丛书，对我启发很大。丛书从地质奇观、动物植物、奇峰秀水、草医草药、民俗风情、宗教神话、名人游踪等方面打开了太白山的山门，让人们走进去，登上山顶。也可以说，这套丛书是从各个角度、不同侧面观赏太白山的多棱镜，是登上太白山不可或缺的一座桥梁，是翻开太白山这本大书的索引和目录，是太白山这个伟大巨人的翔实传记，是太白山文化形象一幅传神的画像。太白山旅游区管理委员会出版这套丛书是十分有意义且功德无量的事情。这足以证明，这些管理者们有大勇气、大眼光、大气魄、大作为。他们为当下、也为后世留下了弥足珍贵的资料，也使太白山文化这个"软实力"明显提高。

几十年来，太白山的管理者们修山路，架缆车，铺基石，为国内外的千万游人打开了登上太白山的通道，使游人能够近距离地触摸太白山，探究它的底蕴，观赏它无尽的风光，也向全国、全世界推介了太白山。这些管理者像太白山一样清醒，一样充满智慧，他们意识到，太白山不只是自然景观，它更是文化景观。自然景观固然使人赏心悦目、流连忘返，然而，它毕竟会使人产生审美疲劳，而文化景观则是精神食粮中的佳品，是百吃不厌的美味佳肴，味厚、耐嚼、养人。"太白山丛书"展示的正是丰富多彩的文化景观，提供给游人的是文化大餐，游人在观赏优美的自然景观的同时，品尝着意味深长的文化景观，他们的感官和精神同时沐浴在温馨、温暖的阳光中。

太白山旅游区管理委员会策划、出版的这套丛书是打开太白山文化宝库的一把金钥匙。文化是软实力，文化是心脏，文化是精神的动力。管理者们把这一道文化大餐做得色、香、味俱全，给太白山的文化动脉注入了新鲜的血液，太白山的旅游事业将如彩虹一般五彩缤纷、灿烂无比，必将跨上飞奔的骏马，驰上快速干道。

太白俊秀人为峰。

山高绝顶，太白山固然高大、俊美，可是，世上最伟大的还是人，太白山再高，只要人站在山顶，人就是最高峰，这是很简单的道理。关键在于敢不敢站上去，能不能站上去。太白山旅游区管理委员会和太白山国家森林公园的管理者们因为站在了太白山的最高处，他们才眼界开阔，看得清，看得远，才有大思维、大手笔、大动作，才有了这套丛书的问世。因为他们是敢于攀登者，对于他们来说，就没有实现不了的目标。

太白俊秀人为峰。

高峰是山，更是人，是太白山人，是所有奋斗中的人。

是为序。

（作者系陕西省作家协会原副主席，专业作家）

2018年10月

前　言

太白山丛书之《名人游踪》收集了从上古至当代与太白山有关联的全部历代人物。全书共分十篇，按人物类别分为神话、帝王、隐士、文士、烈士、劳模、将士、循吏、良医、英豪篇，收录古今人物186人。

收录这些人物时主要考虑了以下两个方面的因素：

一是外籍人士（含两位外国友人），曾经亲自登临过太白山，在太白山有过一定的活动轨迹，留下不朽功勋和脍炙人口的传说。他们或巡行览胜，登临吟诵；或在此隐居，著书立说；或修行布道，采药研医；或据险以守，叱咤风云；或莅临考察，指导工作，开发利用太白山资源，促进地方经济发展。在太白山区范围内创造了千古不灭的传奇。

二是土生土长的太白山区人，他们生于斯长于斯，在太白山博大的胸怀里逐步成长起来，并由此走向山外更大的舞台，在其精彩的生涯中，他们陆续成为各有千秋的社会精英，虽然每个人的经历不同，事迹简繁不一，但其奋斗历程与功业建树都与大山的熏染有着千丝万缕的联系。

在构成历史的众多元素里，人物是最具影响力的主要因素，因此搜集、整理、编写这些人物资料，如同在寻找山之灵魂、张扬山之气魄一样重要，是时代赋予我们的责任与担当。太白山具有独特的自然和人文环境，自古以来，它以博大高洁的赤诚、巍峨庄严的冷峻，养育了这方土地上的子民，培养了他们真挚的情感和宽阔的胸怀，他们已经成为太白山历史文化中最重要的组成部分。

为了写好写活这些人物，编写时我们注重了史实与传说的结合，既有真实性，又有可读性，所选人物除介绍其生平身世、历史地位和社会影响外，着力于阐述每个人物与太白山的种种因缘际会，表达上采用文史结合、传记故事结合的综合表现方式，力求多角度揭示人物与太白山的关系，从人文历史的角度彰显名人名山相互辉映的宏大历史。

。

编　者

2019 年 3 月

目 录 contents

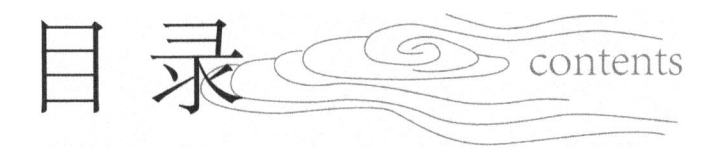

第一章　神话篇

　　太白金星　　／003

　　杨　戬　　／003

　　钟离权　　／005

　　吕洞宾　　／006

　　韩湘子　　／008

　　何仙姑　　／008

第二章　帝王篇

　　炎　帝　　／011

　　骆　明　　／012

　　鲧　　／012

　　大　禹　　／012

　　太　伯　　／012

　　仲　雍　　／013

　　周文王姬昌　　／014

　　周武王姬发　　／014

　　周穆王姬满　　／014

　　周幽王姬宫涅　　／015

　　秦始皇嬴政　　／016

　　汉文帝刘恒　　／018

　　汉景帝刘启　　／018

汉武帝刘彻　　　　／018

汉宣帝刘询　　　　／019

汉成帝刘骜　　　　／019

汉光武帝刘秀　　　／019

蜀汉后主刘禅　　　／020

河间王司马颙　　　／020

前秦王苻健　　　　／021

前秦王苻坚　　　　／021

隋文帝杨坚　　　　／022

隋炀帝杨广　　　　／022

唐高祖李渊　　　　／023

唐太宗李世民　　　／024

唐高宗李治　　　　／024

唐玄宗李隆基　　　／024

唐代宗李豫　　　　／025

唐德宗李适　　　　／026

唐僖宗李儇　　　　／028

明太祖朱元璋　　　／028

永寿王朱尚灴　　　／030

清圣祖爱新觉罗·玄烨　　／030

第三章　隐士篇

伯夷、叔齐、周贲　　／035

鬼谷子　　／037

韩　康　　／038

孙思邈　　／038

彭发安　　／041

苏　则　　/ 041
苏　威　　/ 041
郭　休　　/ 043
韩思复　　/ 043
王　休　　/ 043
杜　淹　　/ 043
祝素琚　　/ 044
田游岩　　/ 044
韦自东　　/ 044
胡　僧　　/ 046
孙一元　　/ 046
契虚姑藏　/ 046
许栖岩　　/ 047
裴氏子　　/ 047
王方翼　　/ 047

第四章　文士篇

挚　恂　　/ 051
井　丹　　/ 051
马　融　　/ 051
法　真　　/ 053
卢照邻　　/ 054
李　白　　/ 056
杜　甫　　/ 058
岑　参　　/ 059
卢　纶　　/ 060
韩　愈　　/ 061

元　稹　／063

白居易　／064

柳宗元　／065

陈　鸿　／066

林　宽　／067

梅　询　／067

苏　轼　／068

张　载　／069

萧　奭　／072

何景明　／073

康　海　／074

李梦阳　／076

吴　玉　／077

党维新　／077

李　柏　／078

冯云程　／080

刘昆玉　／081

芬茨尔　／081

于右任　／082

林散之　／083

第五章　烈士篇

栗政通　／087

孙林宽　／087

刘景伯　／088

孙　鸿　／089

李金泉　／090

　　　　张　衡　　／092

　　　　马成龙　　／094

　　　　张新奎　　／094

　　　　杨志刚　　／095

　　　　张勤社　　／095

第六章　劳模篇

　　　　杨德清　　／099

　　　　李世英　　／100

　　　　闵成林　　／100

　　　　杨文洲　　／100

　　　　王　万　　／106

　　　　贺德才　　／108

　　　　宋国权　　／108

　　　　王　贵　　／109

　　　　彭秀莲　　／110

第七章　将士篇

　　　　白　起　　／113

　　　　曹　操　　／121

　　　　诸葛亮　　／123

　　　　曹　真　　／125

　　　　曹　爽　　／126

　　　　赵云、邓芝　　／127

　　　　杨　仪　　／128

　　　　姜　维　　／129

　　　　钟　会　　／129

司马勋	/129
姚苌	/130
莫折天生	/131
拓跋英	/132
萧宝寅	/132
万俟丑奴	/133
刘感	/133
裴度	/134
黄巢	/135
李观	/136
刘知俊	/136
高迎祥	/137
王聪儿	/137
曹沛时	/138
布鲁赫音	/139
徐海东	/139
吴焕先	/141
程子华	/142
郑位三	/143
陈先瑞	/145
王恩茂	/146
许权中	/147
李达	/148
李程	/152
王振江	/154
王世荣	/154
唐志贤	/155

　　　　刘伯超　／155
　　　　李忠和　／156

第八章　循吏篇
　　　　范　雎　／159
　　　　李　冰、李二郎　／160
　　　　张　卯　／164
　　　　法　雄　／164
　　　　法　正　／166
　　　　裴　均　／167
　　　　包　拯　／167
　　　　孔天监　／170
　　　　沈　缙　／170
　　　　谢　绶　／170
　　　　放　新　／171
　　　　梅　遇　／171
　　　　贾　鉽　／172
　　　　毕　沅　／172
　　　　尹继善　／174
　　　　汪皋鹤　／174
　　　　赵嘉肇　／175
　　　　张会一　／175
　　　　桂　春　／176
　　　　冯玉祥　／176
　　　　熊　斌　／176
　　　　邵力子　／176
　　　　何　杰　／177

王世英　　　／177

第九章　良医篇

　　王焘　　　／181
　　苏敬　　　／183
　　陶弘景　　／183
　　李三枝　　／184
　　王义刚　　／184
　　欧方伯　　／185
　　傅俊修　　／185
　　李白生　　／185

第十章　英豪篇

　　齐万年　　／189
　　白朗　　　／189
　　张化龙、李化虎　　／191
　　晁黑狗、王摇摇、李猪娃　　／192
　　高占魁　　／194

　　跋　　／198

第一章

神话篇

太白金星　太白金星原叫李长庚，主要职务是玉皇大帝的特使，负责传达各种命令。金星在我国古代称为太白，早上出现在东方时称启明星、晓星、明星，傍晚出现在西方时又称长庚、黄昏星。由于它非常明亮，最能引起富于想象力的中国古人的幻想，因此有关太白金星的传说也就特别多。

在我国本土宗教——道教中，太白金星可谓地位尊崇，仅在三清（太上老君、元始天尊、通天教主）之下。最初道教的太白金星神是位穿着黄色裙子，戴着鸡冠，手持琵琶的女神；明朝以后变化为一位童颜鹤发的老神仙，经常奉玉皇大帝之命监察人间善恶，被称为西方巡使。在古典小说中，多次出现太白金星的传奇故事，在脍炙人口的《西游记》中，太白金星就是那个多次和孙悟空打交道的老神仙。

在与太白金星相关的众多传说中，有一个与太白山息息相关的故事。据明代刘九经所撰《郿志》记载：太白山，盛夏积雪，望之皓然，或曰"初，有金星坠圭峰西，其精化为白石，若美玉焉，时有紫气覆之"，故名。这段话讲了一个民间口口相传的故事，说天上的太白金星坠落在圭峰西边，其精魄化作白色山石，远远望去好像美玉一样，所以这座山就被以太白金星的名字命名，从此称作太白山了。

还有一则具有传奇色彩的应该是关于唐代大诗人李白的故事了。传说李白的出生不同寻常，是他的母亲梦见太白金星落入怀中而生，因此取名李白，字太白。长大后的李白也确有几分"仙气"，他漫游天下，学道学剑，好酒任侠，笑傲王侯。他的诗，想象如"欲上青天揽明月"，气势如"黄河之水天上来"，无人能及。李白在当朝就享有"谪仙"的美名，后来更被人们尊为"诗中之仙"。

杨　戬　又称"二郎神"，相传是玉皇大帝的亲外甥，曾经力抗天神劈山救母，也曾出手阻挠其外甥沉香救母。杨戬是中国神话中一位有名的战神，玉帝封他为"英烈昭惠显圣仁佑王"，道号"清源妙道真君"。但二郎神始终对这个舅舅不理不睬，坚决不在天庭居住，而是在下界受香火。帐前有梅山七圣相伴，麾下一千二百草头神，对于玉帝是"听调不听宣"。

有关他的出身传说之多，在民俗传说中是少有的。《西游记》中对于二郎真君有一段描写，可谓形神兼备：仪容清俊貌堂堂，两耳垂肩目有光。头戴三山飞凤帽，身穿一领淡鹅黄。缕金靴衬盘龙袜，玉带团花八宝妆。腰挎弹弓新月样，手执三尖两刃枪。斧劈桃山曾救母，弹打鋋罗双凤凰。力诛八怪声名远，义结梅山七圣行。心高不认天家眷，性傲归神住灌江。赤城昭惠英灵圣，显化无边号二郎。

传说他的母亲是玉帝的妹妹，父亲杨天佑是上天"金童临凡"，为确州城内书生。母亲云华仙女恋旧情下凡与杨天佑私配成婚，生下二郎真君，因违犯天条，为花果山孙行者所困，被压于山下。后来，二郎神得到天上斗牛宫西王母的指点，"担山赶太阳"，劈山救出母亲云华仙女。有诗这样描绘二郎神劈山救母："开山斧，两刃刀，银弹金弓；升天帽，蹬云履，腾云驾雾；缚妖锁，斩魔剑，八宝俱全；照妖镜，照魔王，六贼归顺；三山帽，生杀气，顶上三光；八宝装，四条带，腰中紧系；黄袍上，八爪龙，紫雾腾腾。"（见《二郎宝卷·求签袵造品第十》）"二郎变化有神通，八装圣宝紧随跟，出门先收各牙洽，黄毛童子护吾身。后收七圣为护法，白马白犬有前因……梅山七位尊神圣，归（皈）依爷上拜兄弟。帅将跟随常拥护，天地同春成圣神。白马爷乘神坐骥，白犬神嗷紧跟巡。贯会降妖捉鬼怪，邪祟精灵影无踪。"（见《二郎宝卷·心猿不动品第十一》）

在太白山区，有一个"二郎担山造温泉"的故事，广为流传。据说在很久以前，杨戬住在灌江口，天界和人间都呼他为"二郎显圣真君"，他额头长着第三只眼，使一口三尖两刃刀，领着一只哮天犬，除暴安良，人神共敬。那时天上有十二个太阳，直晒得遍地焦土，老百姓苦不堪言。天帝闻讯，命令二郎神为民除害。二郎神力大无比，肩上担了龙凤二山，直奔汤峪而去。当时正是晚上，太阳众兄弟正在睡觉，二郎神将十一个太阳用龙凤二山压住，留下一个太阳白天照亮，那十一个太阳被压在山下，热量无处宣泄，全散入了地下，地下水被烧得滚烫，也就有了如今汤峪的十一眼温泉水。龙山、凤山也成了太白山的两处景观。

钟离权 姓钟离，名权，字云房，一字寂道，号正阳子，又号云房先生。传说是汉代（一说五代后汉）京兆咸阳人，八仙之一。全真道奉为正阳祖师，列为北五祖之一。关于他的传说约始于五代、宋初。传说他成仙后，自称"天下第一散汉钟离权"，意为天下第一闲散游荡之人，世人故名其为汉钟离。"汉"字不当"汉代"讲，也不当"姓汉"讲，汉钟离的说法实为以讹传讹所造成的误称。

钟离权是个传说中的人物，有关其身世来历的说法极不统一，综合《道藏》与《历世真仙体道通鉴》《历代神仙通鉴》《列仙全传》等书所载：钟离权是上古黄神氏托生，父为列侯，曾在云中那个地方为官。钟离权出生时"异光数丈，状若烈火，侍卫皆惊"。其长相"顶圆额广，耳厚眉长，目深鼻耸，口方颊大，唇脸如丹，乳远臂长""如三岁儿，昼夜不哭不食。第七日跃而有声曰：'身游紫府，名书玉京（一作玉清）。'"钟离权身长八尺七寸，髭过于腹，目有神光，文武皆通，尤喜草圣，官至大将军。后因兵败入太白山，经一胡僧指引，遇东华帝君王玄甫授以长生真诀、赤符玉篆、金科灵文、大丹秘诀、周天火候、青龙剑法。辞别帝君后隐居华山，后又游泰山，遇华阳茅真人，得太乙刀圭、火符金丹，洞晓玄玄之道。于长安遇见吕洞宾，十试其心，见吕洞宾心无所动，携其至鹤岭，传得道秘诀，与吕洞宾共同开创了钟、吕丹金派。留世的诗有"坐卧常将酒一壶，不教双眼看东都""得道真仙不易逢，几时归去愿相从""闲来屈指从头数，得见清平有几人"等句，颇有仙味，是一位好道之人。

宋以来皇帝对其予以赠封的如：宋钦宗靖康初敕封汉钟离为"正阳真人"。元世祖至元六年（1269）赠封为"正阳开悟传道真君"。元武宗至大三年（1310）加封为"正阳开悟传道垂教帝君"。

钟离权在民间的传说故事非常多，可谓家喻户晓，关于他最有名的故事当数《八仙过海》。据传，太白山钟吕坪是道教全真道五祖之首王玄甫及钟离权、吕洞宾、韩湘子的修道之所，故名"钟吕坪"。沿山脚台阶西行为登钟吕坪的大门——"仙通沟"。据说是三仙显能作法时汉钟离用仙掌掀山形成的沟，故名"掀通沟"，至今还留着清晰可辨的手印。举目看去，青竹翠柏、沟涧石壁，山花飞瀑、洞天紫府，"仙通沟"被装扮成一幅绝妙的风景画，身处其中，忘山中岁月，如茌仙境。

据说，钟离权因兵败入太白山，因遇见太白胡僧，得其指引，才得以拜见东华帝君。有关太白胡僧的叙说，有唐代诗人岑参《太白胡僧歌》可鉴："太白中峰绝顶，有胡僧，不知几百岁。眉长数寸，身不制缯帛，衣以草叶，恒持《楞伽经》。云壁迥绝，人迹罕到。尝东峰有斗虎，弱者将死，僧杖而解之。西湫有毒龙，久而为患，僧器而贮之。商山赵叟，前年采茯苓，深入太白，偶值此僧，访我而说。予恒有独往之意，闻而悦之，乃为歌曰：闻有胡僧在太白，兰若去天三百尺。一持楞伽入中峰，世人难见但闻钟。窗边锡杖解两虎，床下钵盂藏一龙。草衣不针复不线，两耳垂肩眉覆面。此僧年几那得知，手种青松今十围。心将流水同清净，身与浮云无是非。商山老人已曾识，愿一见之何由得。山中有僧人不知，城里看山空黛色。"由此可见，钟离权山中迷路遇胡僧，后在钟吕坪修道的传说推之有据，言之可信。

据《太平经》记载，正阳（钟离权道号）山有坪三处，乃昔汉钟离庇护吕洞宾得道之所，故名"钟吕坪"。太白山钟吕坪古有"正阳山"之称，传名至今，取名与钟离权"正阳子""正阳真人"等号不无牵连。汉钟离度吕纯阳的故事与钟吕坪有着密切的关系，可作为钟离权在太白山修道的真实依据。

吕洞宾 名岩，字洞宾，道号纯阳子，唐末道士，八仙之一，全真道奉为北五祖之一，故世称"吕祖"。据《列仙全传》等书载：吕洞宾，唐蒲州蒲坂县永乐镇招贤里人。因生年、生月、生日、生时都是阳数，故号纯阳子。

吕洞宾自幼好读，淹博百家，但三举进士不第。武则天天授二年（691），年已四十六岁的吕洞宾又去长安应考，在酒肆中遇见上天仙使钟离权。钟离权让他做了一个建功树名、出将入相、封妻荫子的美梦，他醒后方知功名利禄均为梦幻，遂大彻大悟，拜钟离权为师，赴终南山中修道，与钟离权共同开创钟吕丹金派，改丹铅与黄白之术为内功。

唐宋以来，吕洞宾与铁拐李、汉钟离、蓝采和、张果老、何仙姑、韩湘子、曹国舅并称为"八洞神仙"。他是八仙中最著名、民间传说最多的一位。因为他行踪不定，经常在人间济世度人，上自达官贵人，下至乞丐娼妓，都受过他点化，所以他在民间享有极高的声望。《聊斋志异》的作者蒲松龄曾说过："故佛道中惟观自在（观世音），仙道中惟纯阳子（吕洞宾），神道中惟伏魔帝（关帝），此三圣愿力宏大，欲普度三千世界，拔尽一切苦恼，以是故祥云宝马，常杂处人间，与人最近。"

民间流传的关于吕洞宾传说有三个显著特点：

一是，儒道佛三教交融。吕洞宾修习方术，得道成仙，这是道教出世思想。他成仙之后则要"度尽天下众生"，这又体现了儒家"兼济天下"的入世思想。而那长生于人世、乐于施舍的所作所为，又是佛教思想的反映。从吕洞宾的传说中可看到民间信仰中三教文化融合的痕迹。

二是，不断增加世俗化内容。如吕洞宾时常出现于酒楼、茶馆、饭铺等吃吃喝喝场所，走后留下仙迹。他放浪形骸，不拘小节，好酒能诗爱女色，所以"酒色财气吕洞宾""吕洞宾三戏白牡丹"都成了后来人们所熟知的传说。这些世俗生活内容，使吕洞宾这位仙人更富有人情味，赢得了百姓喜爱。

三是，与文人传说相结合。吕洞宾修行前的儒者经历以及他饮酒、赋诗，追求山林的情趣，更适应了中下层文人的口味。他以"剑仙、酒仙、诗仙"闻名于世。《全唐诗》收录其诗二百余首，从内容上可分为题咏、赠答、劝度、修炼几类。其题咏诗多好事者为主，更隐姓名，使人猜测，以欺世惑众。赠答诗中的赠答人物多不可考，或依传说因事设诗，或依灵迹移花接木，窜改他人之诗以当之。

吕洞宾在太白山的传说流传甚广，观音洞、见子河、剑劈峰、钟吕坪、凝阳洞、山神殿、度仙桥等地都曾留下他的仙风道影，而他和牡丹仙子的恋情、与何仙姑幽会、戏观音等风流韵事，又给风景秀丽的太白山增添了奇异神秘的色彩，称得上是位"风流仙家"。

韩湘子 字清夫，民间故事"八仙"之一。民间传说韩湘子跟随吕洞宾学道，位列仙班。又说韩湘子是唐代著名文学家韩愈的侄子（有说侄孙），《新唐书·宰相世系表》《酉阳杂俎》《太平广记》《仙传拾遗》等书都有关于他的介绍。韩愈曾在《左迁至蓝关示侄孙湘》一诗中写道："一封朝奏九重天，夕贬潮阳路八千。欲为圣朝除弊事，肯将衰朽惜残年！云横秦岭家何在？雪拥蓝关马不前。知汝远来应有意，好收吾骨瘴江边。"

韩湘子与太白山关系密切，风景秀丽的钟吕坪有关韩仙子修道的遗址、遗迹甚多，如"八爪盘龙柏""一柏一石湘子庙""湘子藏金柜""湘子坐功石"等。眉县八景之一的"晴霭翠眉"，据说是韩湘子与汉钟离、吕洞宾修道之际，为了比试道行的高低，给后人留下的传世之作。清代张执中作诗曾赞誉此景："川原雨霁月新生，烟树迷离水汽蒸。恰似美人才浴罢，晚妆翠黛佛眉棱。"

何仙姑 苦修积善修炼成仙，是世传八仙中唯一的女性。原型为一个容貌非凡的女性，经常手持荷花，人称"何仙姑"。

位于太白山半山腰的钟吕坪向有仙境之称，古今闻名。它顶连太白，足蹬渭水，瞭望长安，俯视秦川。左右二峰形似二龙，将钟吕坪环抱其中。山清水秀，橡树丛生，层峦叠嶂，苍松翠柏，青竹异草，枝叶参差，浓荫蔽日，将钟吕坪装扮成一幅美丽画屏。在这里有何仙姑的大量传说，山下有何仙姑与吕洞宾相会之处，亦称见子河。西山脚下有仙姑树，相传为何仙姑亲手所栽。

第二章

帝王篇

炎　帝　（神农氏）中华炎帝氏族第一位首领魁隗氏，出生地在太白山南麓的洋县华阳镇。宝鸡为魁隗氏长大后定居和继帝位的地方。

晋《帝王世纪》载：炎帝"母曰任姒，有蟜氏女，登为少典妃，游华阳，有神龙首，感生炎帝。人身牛首，长于姜水。有圣德，以火德王，故号炎帝。"这则史料说明炎帝魁隗氏的母亲是有蟜氏任姒，炎帝生于华阳常阳山。由于历史变迁，华阳当地人将常阳山读为朝阳山。现在，华阳还有许多任姓族群。据考证，炎帝幼时随母亲居住在常阳山南侧的阳河、仇渠，稍长迁至勉县漾水，后来沿褒河北迁，穿越太白山经留坝、凤州到宝鸡姜水定居，十九岁继伏羲帝位。又传炎帝名轨，又名石年，号烈山氏，生于姜水，长大成为姜炎族首领，因"火师而火名""以火德王"，故称"炎帝"或"赤帝"，死后葬于常羊山（今宝鸡）。炎帝在秦岭天台山、太白山、华山尝百草，创医药，疗疾病。《淮南子·修务训》曰："（炎帝）尝百草之滋味，水泉之甘苦，令民知所辟（避）就，当此之时，一日而遇七十毒。"《华阳国续志》载《蜀纪》言："三皇乘祇车出谷口。秦宓曰：今之斜谷也。"

据说，神农氏发现的大量中草药现今仍在使用。有一次，神农氏在太白山上采药，误食了一种毒蘑菇，肚子疼得像刀绞一样，终于他晕倒在一棵树下。等他慢慢苏醒过来时，发现自己躺倒的地方有一丛尖叶子青草，香气浓郁，闻一闻，头不晕，胸也不闷了。原来正是这青草救了神农氏。于是，神农氏顺手拔了一兜，拿出它的块根放在嘴里嚼，又香又辣又清凉。过了一会儿，肚子里咕噜咕噜地响，泻过之后，身体全好了。他想，这种草能起死回生，要给它取个好名字。因为神农姓姜，就把这尖叶草取名"生姜"，即这个药使自己起死回生，结果这个名字就一直流传至今。在他编著的《神农本草经》中对生姜有较详尽的记载，此药可以入肺、脾、胃经，有解表散寒、温中止呕、化痰止咳等多种功效。常用来治风寒感冒、胃寒呕吐、咯痰咳嗽。生姜性味辛温，对于虚寒性体质或性质属寒性的病症较适宜。热性体质或温热的病症必须慎用或不用。

骆　明　（生卒年不详）原始社会后期氏族部落首领，受封于古骆国（今周至县西南骆峪一带）。他是黄帝第三子，大禹之祖父，古骆国王，中华民族的古圣人之一，华夏骆姓氏族之宗，周至五圣之首（骆明、仓颉、赵公明、李耳、李颙为周至五圣）。

鲧　（生卒年不详）骆明的儿子。袭父位，受命治理洪水，走出太白山下之骆国，用堵的办法治水九年，仍洪水泛滥，水患不息，淹没良田，人民流离失所，被殛于羽山（今山东郯城东北）。《启筮》注："鲧死三年不腐，剖之以吴刀，化为黄龙。"传说古骆国都邑——骆峪老城为鲧修筑，今没于西骆峪水库中。

大　禹　（生卒年不详）姒姓，名文命，字密，出生于古骆国禹谷（今周至县骆峪老城西）。禹承父业，恐遭株连，过渭涉洛，辗转到黄河壶口，受到启发，变堵水为疏导治水，治理洛河、渭河，取得成功，人民安居乐业。禹治水十三年，划分九州，建立扈国。大禹治水天帝不仅没有从中捣乱，还派了大神应龙襄助。大禹依靠疏导和围堵两个方法的结合，终于把肆虐天下的滔滔洪水制服了，人们拥戴治水有功的大禹做了他们的王。在大禹治水过程中，还产生了一些与他的家庭有关的故事，其中最著名的就是三过家门而不入，表现了他公而忘私的精神。如今在周至骆峪往东不远的西安市鄠邑区，还有一个村庄叫作三过村。传说，大禹治水时常常顾不上吃饭，他的妻子涂山氏不得不去送饭，有一次她去得早了，却发现一头巨大的熊正在用爪子开山，原来这就是她的丈夫。涂山氏大惊之下逃回去，大禹发现后紧紧追赶，涂山氏却变成了一块山石，不愿再与大禹生活，当时她已经怀孕，大禹无奈之下叫道："归我子。"石头裂开，他的儿子从石头中蹦了出来。于是他给儿子取名启，就是开启而生的意思。启后来就是传说中国上古第一个王朝夏的开国之君。启喜好音乐，曾上天偷取了天帝的音乐，这就是后来的《九辩》《九歌》等，后来楚国的诗人屈原就是用它们创作出了许多的优美诗篇。

太　伯　（生卒年不详）姬姓吴氏，又称泰伯，商末岐山（在今宝鸡市岐山县）周部落首领古公亶父（即周太王）长子。他还有一个弟弟仲雍和一个同父异母弟季历。周太王古公亶父认为爱孙姬昌可以兴国，于是欲传位于三子季历（姬昌之父），从而让爱孙姬昌有继位的可能。泰伯、仲雍领会到父亲的意图后，二人一路向东，他们曾避入岐山东南的太白山，在此之前太白山曾称惇物山、太乙山，后人为纪念泰伯，遂改称太白山（关中方言泰伯与太白同音），流传至今。泰伯最后离开中原奔往荆蛮，甚至文身断发，以示不可用，在长江三角洲东吴之地重建国家，终于在东南地区站稳了脚跟，为后世强大的吴国打下了基础。后来泰伯的三弟季历继位做了周季王，他的儿子就是周文王姬昌。《论语·泰伯》曰："泰伯可谓至德矣，三以天下让，民无德而称焉。"泰伯三让天下的盛德，几千年来一直为后人所敬仰。故司马迁《史记》将吴太伯列为世家第一。

无锡泰伯庙位于今梅村镇伯渎河畔。其中门"让位适荆蛮肇基梅里；德声播列国著望延陵"的楹联道出中华吴氏渊源及"三以国让"的美德。上悬曾任中国国民党主席的吴伯雄先生题书"泰伯庙"匾额，朱底金字，饰以九龙。此举成为共续两岸同胞情缘的一段佳话。

仲　雍　（生卒年不详）吴国第二代君主。又称虞仲、吴仲、孰哉。商末周族领袖古公亶父次子。古公亶父意欲传位于季历后立姬昌，仲雍与兄泰伯体察父意，主动避位，从渭水之滨先避入太白山隐居，后随兄来到无锡、常熟一带，断发文身，与民并耕，当地人民拥戴泰伯为勾吴之主。泰伯身后无子，仲雍继位。仲雍死后，葬于虞山，其子季简即位。仲雍被奉为吴地和常熟的始祖。

关于泰伯、仲雍兄弟与太白山的佳话，不能不说说大阿福的由来。相传很久很久以前，太白山一带荒草丛生，古木参天，常有野兽出没危害人类，人们谈兽色变。泰伯兄弟来到后，这些野兽都被驯化得服服帖帖，再也不敢肆意妄为了，百姓从此安居乐业。后来，为了纪念泰伯兄弟，当地的人们便根据他们的形象捏制了两个泥人，取名"大阿福、二阿福"。从此，这一对阿福就作为镇山驱兽、消灾辟邪的吉祥物留传民间。所以元明时期，民间也有将大爷海、二爷海称为大阿福、二阿福的。无独有偶，如今的大阿福作为镇邪禳灾的吉祥物，其产地正好在无锡——泰伯兄弟的发祥地。由此看来，这种称呼包含着古代关中人对泰伯、仲雍的无限崇敬之情，也许是有很深的渊源。

周文王姬昌　（约前1152—前1056）据《丹阳观纪略》碑文载，周文王曾到太白山下的竹峪丹阳古阙问道朝圣。周原出土的甲骨文有周文王"伐蜀"的记载，甲骨文记载周文王"伐蜀"虽未指明具体路线，但褒斜道的入口斜谷口就在周原以南，因此，周文王当是经褒斜道向陕南进军的。

周武王姬发　（约前1087—前1043）西周的建立者，华夏民族的杰出领袖，庙号世祖，谥号武王。

殷商末年，周武王伐纣，其部下有来自汉水流域的巴国军卒，这些民族武装沿太白山褒斜峡谷汇入大军，一路向东进军。常璩《华阳国志·巴志》里说："巴师勇锐，歌舞以凌，殷人前徒倒戈，故世称之曰武王伐纣，前歌后舞也。"

西周初年，周武王为了报答伯祖父泰伯、仲雍给他的祖父季历和父亲周文王让位的恩泽，便把秦岭主峰山脉封为"太伯山"（后转音为太白山）以示纪念。据《丹阳观纪略》碑文记载，周文王到太白山下的竹峪丹阳古阙问道朝圣时，其子武王姬发随同一道拜谒。

周穆王姬满　（约前1001—前922）西周第五代君王，昭王之子。

《穆天子传》记载：周穆王十三年（前964），周穆王率领大批随从，携带大量金银玉器、丝织品和手工艺品自国都镐京（今西安市西南）出发，先向东经今河南、山西北上，出雁门关，沿黄河向西巡游出访。当年周穆王西巡时，曾过周至黑水口，在黑水畔植竹，育成大片竹林。因黑水古称芒水，故名芒竹，亦叫作玄竹。他在太白山麓的玄池畔演奏广乐三天。玄池就是今天周至的黑水峪，至今池畔西山腰还留存演乐洞遗址，后人因此称玄池为乐池。据说穆王特别喜欢这个地方，还把他最宠爱的盛姬埋葬在乐池的南边，后人称为"盛姬冢"。

三年后，穆王又出行于原野，到了山西雷首山和太行山，然后又回到周的都城镐京。当时关令尹喜已经跋涉过流沙和草地到达太白山北麓，周穆王也追随着他走过的路请来了隐士尹轨、杜冲，他俩都住在树上搭的屋子里，周穆王也来和他们同住，他们的住处被称为"楼观"，就是今天秦岭脚下的楼观台。

周幽王姬宫湦（前795—前771）姬姓，周宣王之子，西周第十二代君王，公元前781年至前771年在位。他沉湎酒色，吃喝玩乐，不理国事，导致各种社会矛盾急剧尖锐化，政局不稳，地震、旱灾屡次发生。但他仍变本加厉盘剥人民，任用贪财好利善于逢迎的虢石父主持朝政，引起国人怨愤。又听信宠妃褒姒的谗言，废掉王后申后及太子宜臼（申后之子），立褒姒为后，立褒姒之子伯服为太子。

褒姒原是太白山里的一名弃婴，被姓褒的大户人家收养，在褒国（今太白山西南）褒水河谷长大。周幽王三年（前779），周幽王关押褒国的褒珦，褒人献出美女褒姒替褒珦赎罪，幽王非常宠爱褒姒，立为妃。翌年，褒姒生子伯服，幽王对她更加宠爱，竟废去王后申氏和太子宜臼，册立褒姒为王后，立伯服为太子。周太史伯阳叹道："周王室已面临大祸，且是不可避免的了。"褒姒生长的村庄至今还在，是汉中市勉县褒城镇褒姒铺村，位于太白山南坡的浅山区。

周幽王以"烽火戏诸侯"闻名，给后世留下千古笑柄。

褒姒生得艳如桃李，却冷若冰霜，自进宫以来从未笑过。幽王为了博得褒姒开心一笑，想尽一切办法，可是褒姒终日不笑。为此，幽王竟然悬赏求计，承诺谁能引得褒姒一笑，赏金千两。奸臣虢石父想了个主意，提议用烽火台一试。昏庸的幽王居然置国家神器于不顾，将国家有大事发生时召集天下诸侯勤王的信号——烽火，轻而易举地点燃了，结果诸侯以为君王有难，遂各带军队急急赶来。看着诸侯的军队个个像无头苍蝇似的乱碰乱窜，一向绷着脸的褒姒终于大笑起来。幽王大喜过望，挥手斥退各路诸侯。后来他还屡次举烽火戏弄诸侯，就这样逐渐失去了诸侯对他的信任，再也没有人理会他举不举烽火的事情了。周幽王十一年（前771），申侯对于自己的女儿申后被废十分恼怒，他联合缯国、犬戎对幽王大兴问罪之师，共同进攻周都城镐京。幽王虽然烽火报警，但各国诸侯以为又在戏弄他们，都未发兵勤王。镐京被攻下，戎兵杀周幽王、伯服和郑伯友于骊山之下（今陕西临潼东），掳走褒姒，"尽取周赂而去"。褒姒被掳后下落不明。传说褒姒为了苟且偷生，施展媚术诱惑犬戎王，与其淫乱。不久之后，诸侯闻镐京被犬戎占领，趁犬戎王怀抱褒姒这个狐媚多情的妖女淫乐时，杀入镐京。犬戎王猝不及防，撇下褒姒仓皇西逃，而褒姒自知羞愧，便以三尺白绫上吊自尽。统治天下275年的西周王朝至此而亡。

秦始皇嬴政　（前259—前210）中国历史上第一个大一统王朝——秦王朝的开国皇帝，秦庄襄王之子。庄襄王三年（前247），秦庄襄王驾崩，嬴政即位为秦王。

始皇十七年（前230）至二十六年（前221），秦采取远交近攻、分化离间、连横的策略，由近及远，集中力量，各个击破，发动秦灭六国之战。

秦始皇灭六国后，为了有效地管理国家，也为了替子孙万代奠定基业，吸取了战国时期设置官职的具体经验，采纳李斯的建议，建立了一套相当完整的中央集权制度。

废除分封制，改行郡县制。在当时秦地设置巴郡、蜀郡、陇西郡、北地郡等；郡下设县，县下设乡，乡下设里。当时太白山下设有武功县、郿县（今眉县），那时的太白山叫作武功山，位于今天眉县西部的石头河，当时叫作武功水。此外还有掌管治安、捉拿盗贼的专门机构，叫作亭，亭设亭长。亭除了管理治安外，还负责接待往来的官吏，为政府输送、采购、传递文书等事。两亭之间，相距大约十里。眉县历史上明确记载的所谓"郿亭"，就是那一时期的产物。

为开拓西南，始皇派常𫖯通西南夷。常𫖯以其交通受阻，发众开凿从秦地通往蜀中和云南滇池的栈道，位于太白山区的褒斜栈道就是那时开始凿建的，因"其处险厄""道广才五尺"，故名五尺道。栈道开通后，大秦朝的势力直抵且兰、夜郎、邛都、昆明等地，并在那里设官置吏，建立行政机构。从此，西南少数民族地区与中原建立了密切的联系，成了统一多民族国家的一部分。

始皇二十七年（前220），秦始皇车驾西巡，在眉县汤峪温泉沐浴后，派卢生入山问道，寻长寿之术。继续沿渭水西行至陇西郡，又沿泾水至北地郡，直至鸡头山（今甘肃平凉市西），经回中（今陇县西北），返回咸阳。为了达到长生不老的目的，秦始皇曾派方士徐福去求能长生不老的仙药，徐福在始皇二十八年（前219）来到秦王的宫廷，声称他愿为始皇去《山海经》上面记载的蓬莱、方丈、瀛洲三座仙岛取不死之药。第一次东渡，徐福并没有带回长生之药，他告诉始皇，东方的确有神药，但是神仙要三千童男童女、各种人间礼物，同时，海上航行有鲸鱼拦路，他要强弓劲弩射退大鱼。秦始皇全盘答应，助他再次东渡。结果，徐福一去不复返，在东方"平原广泽之地"（今天的日本）自立为王，再也不回来复命了。

祝岛，地处日本濑户内海，在九州、本州、四国三岛环绕之间，人烟稀少。自古以来就流传，在它的深谷腹地有一种神奇的植物果实，俗名"寠寠"，日本古书中名为"千岁"，大小如核桃，汁浓，味甘，据说食用可保千年不死，闻一闻也可增寿三年三个月。这种"千岁"的确是一种稀有植物，藤状灌木，以根和果实入药，有调中理气、生津润燥、解热除烦、活血消肿之功效。果肉绿色，果皮软而带毛，今天已经有了人工栽培的品种，果实个头也增大了几倍，常吃可以强身健体，延年益寿……它还有个中国名字，叫作"野生猕猴桃"。

秦始皇倾天下之力寻找的，就是它！但他做梦也没有想到，朝思暮想的长生不老果和不老不死药就近在咫尺，生长在太白山里。

如今陕西秦岭一带，特别是太白山区，就是野生猕猴桃和改良后的优质中华猕猴桃的最佳优生区之一。这东西怕是徐福归来，也无颜再称珍贵稀奇了吧。关于这堪称闹剧的真实事件，唐代大诗人李白在其《古风》（其三）中，用不乏揶揄的语气这样写道："秦王扫六合，虎视何雄哉。挥剑决浮云，诸侯尽西来。明断自天启，大略驾群才。收兵铸金人，函谷正东开。铭功会稽岭，骋望琅琊台。刑徒七十万，起土骊山隈。尚采不死药，茫然使心哀。连弩射海鱼，长鲸正崔嵬。额鼻象五岳，扬波喷云雷。

鬒鬣蔽青天，何由睹蓬莱。徐市载秦女，楼船几时回。但见三泉下，金棺葬寒灰。"

汉文帝刘恒 （前202—前157）刘邦第四子。在位期间，继续执行与民休息和轻徭薄赋的政策，使汉朝从国家初定走向繁荣昌盛。后世将这一时期与其子景帝执政时期统称"文景之治"。他的政绩主要有巩固皇权，封赏功臣、宗室，镇压诸侯王叛乱，安民为本，减省租赋，减轻徭役，令列侯归国，弛山泽之禁，躬修节俭等。由于采取了上述方针和措施，使得当时社会经济获得了显著发展，社会秩序井然有序。西汉初年，大侯封国不过万家，小的五六百户；到了文帝和景帝时期，流民归田园，人口迅速繁衍，整个国家比过去殷实多了。后元二年（前162），汉文帝巡游至雍，幸凤泉汤沐浴罢，返回长安宫中养生。

汉景帝刘启 （前188—前141）汉文帝长子。在位期间削诸侯封地，平七国之乱，巩固中央集权，勤俭治国，发展生产，与父亲一起开创了"文景之治"。他曾避暑于太白山下的竹峪洞清庵（今丹阳观）。

汉武帝刘彻 （前156—前87）景帝刘启第十子。十六岁登基，在位五十四年。在位期间击灭匈奴，吞并朝鲜，遣使出使西域。独尊儒术，首创年号。其雄才大略，文治武功，使汉朝成为当时世界上最强大的国家。作为中国历史上一位杰出而特殊的人物，被公认为是最伟大的皇帝之一，其功业对中国历史进程和后来西汉王朝发展影响深远。元鼎五年（前112）十月，汉武帝自长安西行至雍，幸凤泉汤沐浴后祠五畤。继而又经陇地登崆峒山。十一月，玄泰一（即太乙）祠坛，始拜。太初元年（前104），刘彻至太白山麓的楼观谒祀老子，敕令扩建庙宇，修筑殿坛。

后元二年（前87）二月，刘彻驻跸太白山北麓五柞宫（约在今周至县尚村、九峰一带），病重，十四日逝世。

宋代李纲《念奴娇·汉武巡朔方》词云：

> 茂陵仙客，算真是、天与雄才宏略。猎取天骄驰卫霍，如使鹰鹯驱雀。鏖战皋兰，犁庭龙碛，饮至行勋爵。中华强盛，坐令夷狄衰弱。

追想当日巡行，勒兵十万骑，横临边朔。亲总貔貅谈笑看，黠虏心惊胆落。寄语单于，两君相见，何苦逃沙漠。英风如在，卓然千古高著。

汉宣帝刘询　（前91—前49）武帝曾孙，戾太子（刘据）之孙。元平元年（前74）昭帝死后，因无子嗣，霍光等大臣奏请皇太后迎立刘询为帝，是年十八岁。宣帝统治期间，"吏称其职，民安其业"。史书记载："政教明，法令行，边境安，四夷亲，单于款塞，天下殷富，百姓康乐，其治过于太宗（**汉文帝**）之时。""孝宣之治，信赏必罚，文治武功，可谓中兴。"他与前任昭帝刘弗陵的统治被并称为"昭宣中兴"。作为政治家的宣帝在训斥太子刘奭时讲出一句名言："汉家自有制度，本以霸王道杂之，奈何纯任德教，用周政乎？"元康三年（前63）春天，数万鸟类栖息太白山，宣帝下诏予以保护，严禁捕射。从今天的观点看，我们不能不惊叹他卓越的环保意识。

汉成帝刘骜　（前51—前7）公元前32年至前7年在位。在位时专宠赵氏姐妹，谥号孝成皇帝，葬于延陵，庙号统宗。在中国古代昏君的排行榜上，汉成帝是赫赫有名的。历史上对他的定评是"湛于酒色"。他自甘堕落，迷恋酒色，荒淫无道，不理朝政，最后竟死在"温柔乡"中。由于成帝昏庸失政，"赵氏乱内，外家擅朝"，便留下了王莽篡汉的祸根。建始元年（前32），成帝敕建太白山祠，祀《列仙传》中的谷春。祭祀时，令童男童女为乐以助兴。

汉光武帝刘秀　（前6—57），东汉开国皇帝，谥号光武皇帝。公元前25年，刘秀于河北鄗南千秋亭登基称帝，为表刘氏重兴之意，仍以"汉"为其国号，史称"东汉"。

经过长达十二年的统一战争，刘秀先后平灭了关东、陇右、西蜀等地的割据政权，结束了自新莽末年以来长达近二十年的军阀混战与割据局面。刘秀在位三十三年，大兴儒学、推崇气节，东汉一朝也被后世史家推崇为中国历史上"风化最美，儒学最盛"的时代。

相传刘秀随农民起义军揭竿造反后，有一次作战失利，落荒而逃，王莽紧追不舍，把刘秀一路赶到了周至。刘秀疲于奔命，却总逃不出王莽的手心。他东躲西藏，骑马沿着周至辛口峪弯弯拐拐绕进了太白山的深山老林。太白山腹地有一条宽约两丈的河流，刘秀自那日从辛口峪钻沟越岭进入太白山腹地到河边，湍急直下的流水挡住了他的去路。他只好牵着马溯流上行。正行间，所骑玉花骢突然惊跳起来，马缰绳从手中抽脱，身后一股寒森森的凉气喷颈而来。刘秀忙闪身一旁，执剑在手，回头一望，竟是一条大桶粗细、浑身像裹着紫花缎被面、闪亮光滑的大蟒蛇。刘秀斩杀大蟒蛇于此，后人便把这条河叫作大蟒河，当时的居民村落也因此河得名大蟒河村。

蜀汉后主刘禅 （207—271）字公嗣，又字升之，小名阿斗。刘备之子，母亲是昭烈皇后甘氏。三国时期蜀汉第二位皇帝，223年至263年在位。263年，蜀被曹魏所灭，刘禅投降曹魏，被封为安乐公，后在洛阳去世。后人常用"阿斗"或者"扶不起的阿斗"形容庸碌无能的人。与此相关的歇后语有：阿斗当皇帝——软弱无能；阿斗的江山——白送；刘备摔阿斗——收买人心。

刘禅被俘后被封为安乐公，封地在今天太白山下斜峪关外的岐山安乐乡。该地至今仍保留蜀地风俗，其语言、习俗一如四川一带，当地人叫"乡亲"，在齐镇、安乐等地还有不少与三国有关的地名、传说，如积谷寺、晏驾坡等。

针对刘禅乐不思蜀的历史传闻，清代眉县学士李柏有诗曰《此间乐》，原文极尽戏谑刘禅之意：

> 乃公马上定三分，乃子座上弃三分。
> 汉官威仪出剑阁，锦城无如魏土乐。
> 豫州之牧英雄姿，功名未立叹髀肉。
> 谁知生子豁达度，此间安乐不思蜀。
> 才如武侯难补天，而况伯约之孤独。
> 堪兮堪兮徒一哭！

河间王司马颙 （？—306）字文载，晋宣帝司马懿三弟安平献王司马孚之孙，太原烈王司马瓌之长子，司州河内温县（今河南温县）人，西晋河间王。西晋光熙元年（306），八王之乱中，西晋河间王司马颙兵败长安，逃遁太白山。他年少已有清名，轻财爱士，与诸王一同朝见晋武帝时，武帝认为他可作为诸王的模范。他在西晋八王之乱中摇摆不定，东斗西争，翻手为云，覆手为雨，可谓左右逢源，八面玲珑，但最后只落得个极为可叹的下场。

前秦王苻健 （317—355）字建业，略阳临渭（今甘肃秦安）人，氐族，苻洪第三子，十六国之前秦开国君主，亦称前秦景明帝。苻健继父亲统领部众成功入关，定都长安（今西安），建立前秦。后屡次作战征服其他反抗前秦的关内势力，更击败北伐的晋军。

皇始元年（351），被苻氏驱逐的杜洪引东晋梁州刺史司马勋伐前秦，苻健于是率兵在太白山西侧斜谷北五丈原击退了司马勋。司马勋败归汉中后，杜洪被其部将张琚所杀。不久苻健领军二万攻灭张琚，更派兵掳掠关东，助后赵豫州刺史张遇击败东晋将领谢尚，后掳张遇及其部众回长安，并授官给张遇。后张遇谋反事败，引发雍州孔特等人举兵反抗前秦。最终苻健亦派军成功平定。

皇始五年（355）六月乙酉日，苻健病逝，享年三十九岁。苻健死后谥为景明皇帝，庙号世宗（后改称高祖）。

前秦王苻坚 （338—385）祖父苻洪，本姓蒲，原为氐族部落酋长。皇始五年（355）六月，苻健去世，太子苻生继位。苻生系残忍好杀、喜欢溜须拍马之辈。寿光三年（357）六月，苻坚联合庶兄苻法发动政变，格杀苻生。苻坚登基，但撤销皇帝称号，只称天王。他登基后即励精图治，整顿吏治，处决奸佞，惩处豪强，广纳贤才，提拔了被誉为孔明再世的王猛。同时开办学校，培养人才，鼓励农桑，兴修水利。在一系列政策的作用下，前秦的国力明显增强。建元二十一年（385）五月，苻坚听信预言"帝出五将久长得"，轻率离开长安，在五将山被后秦军俘虏。八月，苻坚杀死两个女儿，自己被后秦武昭帝姚苌缢死，皇后、幼子一同自杀。位于太白山以北的秦王岭，据旧志记载，即昔日前秦天王苻坚放牧战马之地。

隋文帝杨坚 （541—604）弘农华阴（今陕西华阴）人。北周时袭为随国公。北周静帝于大定元年（581）禅位杨坚，其建立隋朝。隋开皇九年（589）统一南北，结束了南北朝长期分立的局面。在位期间（581—604），大力进行改革，创立三省六部制，简化地方行政机构，裁汰冗员，创科举制，改府兵制，推行均田制，整顿赋役和户籍，统一钱币和度量衡，兴漕运，倡节俭，置仓积款，使生产得到恢复和发展，经济空前繁荣，史称"开皇之治"。仁寿四年（604）杨坚在仁寿宫去世，葬于太陵（今杨陵区五泉镇王上村），俗称杨家陵。

开皇十五年（595），他敕命在眉县汤峪口建凤泉宫，以昭示胜迹，并备避暑、沐浴。十一月，隋文帝幸临凤泉汤，后返回大兴城（今西安）。开皇十八年（598），敕建仙游宫。仁寿元年（601），宫内建塔，安葬佛舍利子于塔下，名法王塔。仁寿四年（604），杨坚耐不住京城的酷热，来此消夏避暑，一到此地便觉凉爽宜人，如同到了仙境，高兴之余自诩"羲皇上人"，给行宫命名为仙游宫，后来这座金碧辉煌的宫殿随着隋王朝的灭亡而被毁。唐代初年在此建观，称为仙游观。后世易观为寺，称仙游寺。

隋炀帝杨广 （569—618）华阴人，隋文帝杨坚与文献皇后独孤伽罗次子，隋朝第二位皇帝。仁寿四年七月继位。在位期间修建大运河（如开通永济渠以及江南运河等），营建东都、迁都洛阳，开创科举制度，亲征吐谷浑，三征高句丽。因为滥用民力，造成天下大乱，直接导致了隋朝的覆亡。大业十四年（618）在江都被部下缢杀。

相传他当太子时，孙思邈在太白山采药炼丹，行医治病，由于医道高明，被人称作"药王"。杨广体弱多病，太医院的医师把药用遍了，也没治好他的病。医师听说孙思邈在太白山采药，就差人到太白山用轿去接，并说："看好太子的病有重赏。"

孙思邈进京后给太子号了脉，说："殿下不宜用药，太白山上有一株灵芝草，你要亲自去采，若其他人采了，你的身体就会毁于一旦。"杨广答应亲自采灵芝草。因他久病体虚，还没走多远就晕倒在路上，被人抬回京城。这时,杨广觉得这是孙思邈有意刁难他,但京城又没有比他高明的医生,所以只好默不作声。杨广被抬回后,孙思邈赶忙开药方,太子服药之后身体有所好转。隋文帝一看药方中没有人参、鹿茸等滋补之药,都是苦杏仁等普通药物,便质问孙思邈。孙思邈说:"殿下之病系久居宫廷,心思多虑所致,苦杏仁之类能治心肺两亏,殿下服后身体必能渐渐康复。"在用药过程中,孙思邈告诉杨广要继续上山采摘灵芝草,找够七七四十九天,病情才会慢慢好转。而后,孙思邈托故要上山采药,离开了京城。

孙思邈回到太白山后,碰到一位久病的樵夫,生命垂危,他便立即采药炼丹,精心医治。杨广得知孙思邈外出为樵夫治病之事,大为恼怒,便差人找到他,说他不在朝廷看病,却奔波于乡野行医,犯了欺骗太子之罪。孙思邈对来人说:"我是医生,视人平等,看病不分高低贵贱,殿下有病要看,百姓有病也得看,这人命关天,不得脱身。殿下若要医病,请上太白山,一来可寻灵芝草,二来我可伺奉,早除贵恙。"来人回京后将孙思邈所言禀报杨广,杨广气得七窍生烟,要把孙思邈处死。太医连忙说:"太子不可动怒,处死孙思邈,何人来治病?不如前去太白山,既可郊游散心,又落个屈尊敬贤,岂不两全其美!"杨广闻言,觉得有理,便去了太白山。一路上,花红柳绿、莺歌燕舞、农夫荷锄、樵夫负薪,天高地广、气象万千。行进几日,顿觉精神渐爽,食欲大增。杨广见了孙思邈,忙问:"何处有灵芝草?前边带路,我要去采!"孙思邈笑着说:"这么大的灵芝草,你都看见了,何用我领你去找!"杨广不解地问:"在哪里?我怎么看不见?"孙思邈说:"我说的灵芝草,就是太白山!你亲自到太白山来,一路上活动了筋骨,解除了瘀气,现在贵恙已除,可以乘兴回京了!"杨广猛然醒悟,连声赞道:"先生真神医也!"说罢,游览了太白山景,便兴冲冲地回京了。

唐高祖李渊 (566—635)字叔德,祖籍陇西成纪(今甘肃秦安),出身于北朝的关陇贵族,七岁袭封唐国公。隋末天下大乱时,李渊乘势从太原起兵,攻占长安。618年五月,李渊称帝,国号唐,定都长安,不久之后便统一了全国。武德六年(623)二月,驾幸太白山下凤泉汤。玄武门之变后，李渊退位成为太上皇。贞观九年（635），李渊病逝，谥号太武皇帝，庙号高祖，葬在献陵。

唐太宗李世民　（599—649）唐朝第二位皇帝，627年至649年在位，年号贞观。贞观十四年（640），李世民临幸温泉汤；贞观十六年（642）腊月，临幸温泉汤；翌年腊月及第三年正月均临幸温泉汤；贞观二十二年（648）正月，临幸温泉汤。他还曾到太白山下的泥峪口、车峪口游山、狩猎，现在太白山还有走马岭、唐王井、中军岭等遗迹。相传吏部尚书王珪（眉县人）陪同唐太宗李世民到眉县太白山下凤泉汤避暑时，畅饮了当地所产的美酒后，欣然命笔："闻香十里远，隔夜知味长。何得此琼液，恒寒雪花浆。"

唐高宗李治　（628—683）650年至683年在位，字为善，李世民第九子。即位之初，继续执行太宗制定的各项经济制度，李勣（徐懋功）、长孙无忌、褚遂良共同辅政。君臣们萧规曹随，照太宗时法令执行，故永徽年间边陲安定（击败西突厥的进攻），百姓阜安（人口从贞观年间的不满三百万户，增加到三百八十万户），史称"永徽之治"。弘道元年（683）腊月去世，葬于乾陵。谥号天皇大帝、天皇大圣皇帝、天皇大圣大弘孝皇帝。永徽三年（652），高宗入眉，临幸凤泉宫。

唐玄宗李隆基　（685—762）出生于洛阳，712年至756年在位，唐朝在位最久的皇帝。睿宗第三子，谥号为至道大圣大明孝皇帝，故亦称唐明皇。清朝时，为避讳康熙皇帝之名"玄烨"，多称唐玄宗为唐明皇。唐玄宗多才多艺，知晓音律，擅长书法，仪表雄伟俊丽。逝后葬于泰陵。

开元元年（713）十月，唐玄宗第一次来到太白山麓，临幸温泉汤，第二年再幸温泉汤。开元十一年（723）十月，临幸温泉汤，敕命扩建凤泉宫，十二月再至凤泉汤。开元十八年（730）十月，驾临凤泉汤。清乾隆《眉县志》载：开元三年（715），玄宗幸临凤泉汤沐浴，并御题《幸凤泉汤》诗一首。天宝八年（749），玄宗夜梦神人示言，随即遣御史王铦入山，求得玉版书，敕封太白山为神应公。

相传这位风流天子自独宠杨贵妃，顿觉"六宫粉黛无颜色"，朝朝暮暮与杨贵妃厮守，使得"春宵苦短日高起，从此君王不早朝"。不久，玄宗就四肢倦怠，双目茫然，日渐消瘦。太医们为了玄宗的健康，四处寻医，遍求秘方。一天出访，太医在太白山下凤泉汤之西某山村见一老翁，童颜鹤发，精神矍铄，此老翁堂前子孙二百余人，大儿子已一百二十三岁，玄孙弱冠及第，而老翁的新婚妻子所生之幼女方庆满月。太医将此情况密奏玄宗，他便携杨贵妃驾幸太白山下的凤泉汤召见此老翁，问其健康长寿之秘诀。老翁回奏："太白山灵池大寒仙水乃万药之神，百花之精，用此水酿造的酒，对症加入几味雷公根炮制的草药，常饮所致。"玄宗听罢赞道："高龄、美酒，汝乐在王之上。"天子口里无戏言，此翁被人尊为"王之上"，他住的山村亦更名为"上王村"，至今犹在。玄宗得老翁酿造的酒，饮之果然见效，遂语杨贵妃："朕得长生酒，卿可同饮。"贵妃饮此酒后，越来越贪杯，不止一次地醉于宫中，于是便有了贵妃醉酒的故事。后人据此编了《贵妃醉酒》这出戏。

天宝十五年（756）六月，唐玄宗驾幸四川，经褒斜道南行。途经留坝县的营盘（今留坝闸口石），连日奔波，饥肠辘辘，身体几乎不能支撑，遂求于当地山民："卿家有饭否？不择精粗，但且将来。"百姓忠厚善良，纷纷拿出各家山货、腊肉，加以物料烹好献上。平日吃腻了珍馐佳肴、山珍海味的皇亲国戚们"争以手匊食之，须臾而尽，犹未能饱"。唐玄宗感慨万千，吩咐随从付了饭钱，并赐名"八大碗"，留传至今，已是留坝人民逢年过节，招待贵宾的必备佳肴。有民谣为证："山美不过紫柏山，好吃还算八大碗。"

唐代宗李豫 （727—779）肃宗长子。原封广平王，后改封楚王、成王，唐朝第八位皇帝，762年至779年在位，谥号睿文孝武皇帝，葬于元陵。代宗宝应元年（762）九月曾下令金牛、骆谷、子午谷等路沿途关卡，要严查旅客所带武器与通行凭证的登记是否相符，若不相符，即予扣留。可见此时傥骆道上行旅渐盛。唐代宗宝应二年（763）二月，兵部尚书来瑱被贬为播州县尉，出长安不久，被赐死于傥骆道。傥骆道这时已成为解送贬官、罪犯的驿道。还有杜鸿渐以丞相出任剑南西川节度使，赴任与还朝均走傥骆道。据沿途官员盛厨以事招待的记载，知傥骆道已为驿道。

唐德宗李适 （742—805）代宗李豫长子。唐代宗即位之初，李适被任命为天下兵马元帅，肩负与安史叛军余孽最后决战的使命。平定叛军后，因功拜为尚书令，与郭子仪、李光弼等八人一起被赐铁券，图形凌烟阁。

建中四年（783）十月，泾原兵变，朱泚盘踞长安，德宗被迫先逃往奉天，后又南经武功、周至入傥骆道，逃往山南西道的梁州（今陕西汉中）避乱。一直到次年七月，德宗才因为李晟在五月打败朱泚收复京师而重返长安，结束了颠沛流亡的生活。据说，德宗在离开京城时，曾打算逃亡成都，说明他在朱泚反叛以后对自己能否重回京师感到绝望，对能否消灭叛乱的藩镇和长安的朱泚感到前景渺茫。如果不是李晟和山南西道节度使严震的劝阻，他也许真的会远逃四川了。史书记载："皇太子、王韦二妃、唐安公主及中人百余骑以从……既入骆谷，怀光以骑追之，赖山南兵以免。"前来接驾的是镇守汉中的大将严震，今洋县田家岭清凉寺即当初严震接驾处。德宗进入傥骆道的时间是冬季，皇宫里的公主、驸马、嫔妃们忍受着饥饿、寒冷、泥泞、恐惧等生死考验，境况极为恓惶。德宗的大女儿唐安公主抱着病恹之躯，勉强走出太白山，在山南的华阳倒下了。于是她被葬在傥骆道旁的马畅镇。后人在此建有唐安寺，将她的墓冢称为"安冢"。这段发生在傥骆道上的凄婉故事，在1989年洋县东郊的一次考古发掘中被证实，出土的唐安公主墓志铭详细记载了事件的来龙去脉。公主当年二十三岁就离开了人世，一年后的十月二十二日，德宗已经返回京城，难忘被临时安葬在傥骆道上的爱女，遂命令京兆尹李齐监护，将爱女墓冢迁至长安城东龙首原。

德宗建中年间修建华阳镇得意阁，《舆地纪胜》辑录的《华阳寨摩崖石刻》记有此事。1977年1月，汉中地区文物工作者在洋县华阳镇南约一百米处，发现该石刻在河西南石崖上，高七十五厘米，宽四十厘米，以楷书从右向左直行书写雕刻了四行，共二十七字。全文为"建中三年造此得意阁并回河镇，同节度副使张大侠、石工沈长俊记"。这是唐代修筑傥骆道极为珍贵的实物资料。

贞元三年（787），唐德宗在南山打猎时，来到一个叫赵光奇的农民家中，德宗问："百姓们生活得好吗？"赵回答说："不好。"德宗说："今年庄稼获得了丰收，你为什么说不好？"赵回答道："国家的诏令不守信用。前边说的是除两税以外不再有其他徭役，现在除了两税之外的各种强迫收费比两税还要多很多。后来又说这是和籴，实际上是对百姓巧取强夺，而且还不给百姓们钱。开始时说收百姓的粮食由官府到百姓家中收取，现在却强迫百姓们把粮食送到几百里外的京西行营。由于路途遥远，很多人家干农活的牲口被累死了，车也坏了，导致家庭破产，生活难以维系。人们的生活如此愁苦，有什么可高兴的呢！国家每次发布的优恤百姓的政策，只不过是一纸空文而已！圣上深居在防卫森严的皇宫里，哪里会知道这些呢！"德宗因而下令免除了赵光奇家的赋税和徭役。司马光评点这段历史时说："唐德宗真是太难以悟透治国之道了！自古统治者所担忧的，是君主的恩泽被下属截留而百姓得不到实惠，民间的真实情况被官吏隐瞒，上边被蒙在鼓里。所以君主虽然心里经常挂念着人民，不断出台优惠百姓的政策，但百姓却由于得不到实惠而并不买账；老百姓愁困怨愤，而君主却无从知晓，以至于百姓和国家离心离德而走上反叛的道路，导致国家危亡，政权的消亡大都是由此造成的。德宗偶尔因打猎来到百姓家中，正赶上赵光奇敢于直言又了解民间的疾苦，这是千载一遇的事情。德宗本来应当彻查有关部门搁置朝廷政令、残酷搜刮百姓、横征暴敛和贪污盗窃国家资财之事，以及身边那些天天都说五谷丰登百姓欢乐的阿谀奉承之徒，将他们绳之以法。然后细察民情，改革弊端，推行新朝政；摒弃浮华没有用的东西，废除虚而不实的文风；出台政令谨慎务实，鼓励勤勉诚信的社会风气；仔细审查事物的真伪，辨别忠奸贤佞，帮助和扶持穷困的人；严格执法，为遭受冤屈的人昭雪申冤。这样天下太平的大业才可以实现。唐德宗抛开正事不做，只是免除了赵光奇一家的徭役。以天下四海之广大，亿兆黎民百姓，又怎么可能人人都有亲自向天子进言的机遇，而令所有的人都能享受到国家惠民政策的甘露呢！"

唐僖宗李儇　（862—888）唐懿宗第五子，在位十五年，病死，葬于靖陵（今陕西乾县东北十五里的鸡子堆）。广明元年（880）十一月，黄巢起义军攻克洛阳；十二月，轻易拿下潼关逼近长安。僖宗君臣束手无策，相对哭泣，宰相卢携畏惧自杀。翌年正月初八，僖宗带随从官宦仓皇出逃。田令孜率五百神策军匆忙护卫僖宗和少数宗室离开京城，沿太白山麓经傥骆道仓皇逃奔汉中、成都。途中在周至骆峪接见了凤翔节度使郑畋，并封郑为京城四面诸军行营都统，郑畋刺血盟誓："完城堑、缮器械、训士卒。"约同朔方节度使唐弘夫、泾原节度使程宗楚一起讨伐黄巢，后在岐山龙尾坡大败黄巢军尚让部。僖宗成为继玄宗之后又一位避难逃往四川的皇帝。在僖宗出逃的当晚，农民军占领唐都城长安。同月十六日，黄巢在长安称帝，国号为"大齐"，改年号为"金统"。唐末诗人罗隐（一作狄归昌）有《帝幸蜀》诗咏其事：

马嵬烟柳正依依，又见銮舆幸蜀归。

泉下阿蛮应有语，这回休更怨杨妃。

号称"秦妇吟秀才"的唐末进士韦庄《立春日作》与此意境相同：

九重天子去蒙尘，御柳无情依旧春。

今日不关妃妾事，始知辜负马嵬人。

僖宗在四川躲避了整整四年，光启元年（885）正月自川中启程，三月重返长安。返回时所走路线依然经过太白山区。

明太祖朱元璋　（1328—1398）明朝开国皇帝，俗称朱洪武，原名重八，后更名兴宗，字国瑞，生于濠州钟离之东乡（今安徽凤阳）。二十五岁时参加红巾军反元，1368年击破各路农民起义军后，于应天府称帝，国号大明，年号洪武。他出身平民，早年参与元末起义，通过连年征战最终统一中国，建立了历史上另一个大一统的明王朝。在位期间通过廷杖大臣、废相、设锦衣卫、大杀功臣（也包含惩治贪赃枉法的元勋）等毒辣手段建立起一套维护皇权的体制。这些举措使明朝二百七十六年内无外戚专权或军阀割据，党争现象亦未形成似唐末"牛李党争"的祸乱。他没有很高的文化，后来竟成为一位很有作为的皇帝。民间关于他的传说很多，所以他也是一位传奇皇帝。

相传元至正年间，朱元璋为一游方和尚，云游天下，四处联络势力，欲图驱除鞑虏，恢复大宋。一日自汉南来到太白山北麓的眉县。他带着沿途发动起来的民众，驻扎在太白山脚下的眉县秦王岭下的九寨三村。九寨分别是上范家寨、下范家寨、赵家寨、上河寨、中河寨、下河寨、铁河寨、田家寨、小寨，三村是岭上村、岭下村、黄家坡村。上述这些村庄至今保留不少与之有关的遗迹与传说。如在下洪寺村南有一个塄坎，传说是朱元璋当年集合部众点名的地方，至今仍叫"典台"；存放粮草的地方也在此，代代流传仍叫"仓房"；村西南有一处偏僻凶险之地，传为当年朱元璋行刑之地，叫"阎王边"。如今太白山营头口里边半山腰的菩萨大殿，据说是朱元璋登基后，为了当年在太白山的一段奇遇还愿所修。传说那年他在九寨三村的势力越来越大，引起朝廷注意，发来大兵围剿，他率领的义军力不能支，遂退入太白山中，利用山间地形顽强抵抗，朝廷军队久围不撤，他们陷入极大的困境。一天夜晚，朱元璋愁闷不已，无心睡眠，心烦意乱地转于山间，突然他发现后山的林间有一处灯光闪耀，感到很奇怪，就悄悄地走近去看，发现一座茅庵里有位五十多岁的尼姑在一盏油灯前念经。见此，他上前躬身施礼说："老人家，我是逃难之人，困乏至极，可否容我在此歇息片刻？"老尼闭目答道："小小茅庵脏乱不堪，施主若是不嫌，尽管休息好了。"于是他倒头便睡，一觉睡到第二天才醒，睁眼一看大吃一惊，昨晚明明进的是一座茅庵，怎么突然变成了一座小庙？他心里恍然明白这是菩萨显灵了，便连忙跪倒在地，口中念念有词："菩萨慈悲，我朱元璋今日落魄在此，求菩萨助我一臂之力，度过此难，日后但能大功告成，定在此修建庙宇三间，重塑金身，以谢搭救之恩。"说来也巧，第二天朝廷的追兵就撤走了，朱元璋趁机带着义军穿越太白山往南去了。数年后，朱元璋在应天府建立政权，经过艰苦征战，把元顺帝一直赶到漠北不毛之地。但他始终没有忘记在太白山许下的愿，天下初定，他即派人在太白山半山腰修建了菩萨大殿，每间房顶用一页金瓦，其余都用铁瓦。

还在他曾经住过的岭下村（今日下洪寺村）修建了一座大寺院，起名为洪武寺，将山上的菩萨大殿作为上院，将山下的寺院作为下院，由九寨三村的民众管理。起初，岭下村被叫作洪武寺村，久而久之被简称为洪寺村。后世的传说里，说当地老百姓在修洪武寺时，特别制作了一块大匾，上书"菩萨山大殿"，但在挂匾时连续三天发生奇异的事情，第一天挂上去，第二天就掉下来了，百姓百思不得其解。就在大家不知所措的时候，突然门外来了一位白胡子老头，手指牌匾出口便道："修庙还愿是恩缘，不该篡改他人权。此山早归太白管，何故变成菩萨山？"说罢腾云而去。庙里的信众看见这一幕，恍然大悟，才明白原来是太白爷降罪来了，于是赶紧把大匾中间的那个"山"字去掉重新挂匾，这下果然稳稳当当地挂了上去，再也没有掉下来。这个神奇的故事传到南京被朱元璋知道后，随即下旨：秦岭山腰菩萨殿，方圆四十归菩萨。庙殿已占太白畔，往西还他百里远。根据这道圣旨，九寨三村的会首在当地官府衙门的协同下，上山划了菩萨大殿的界址，议定以菩萨大殿为基点，东至麦磊石以腰路为界，西至火场寺以仙人桥为界，南至滴水崖以平安寺为界，北至支腰石以二里关为界，分别栽石为界，刻碑刊石，留传至今。

永寿王朱尚灴（1390—1420）明朝秦愍王朱樉第五子，谥号怀简，武宗朱厚照封其为秦地永寿王。他曾登太白山顶峰，在汤峪温泉沐浴疗疾。流连太白山水期间，他看见汤峪河边有一个奇观"神功石"，甚为惊奇，遂派人验证。他这样记述道："温泉南数里有一巨石，相传曰'神功'，一夫撼则动，经数夫则不动矣，余虽聆而未之信……因遣一夫撼之果动，神功之名不虚耳。"他还著有《幸温泉长短歌》，命人勒石立碑，记述了他来汤峪沐浴疗病、查验神功石的事情。对山间奇石、乔木、山谷、云雾描述甚详，尤其对神功石之描绘，若非亲临观摩，殊不可得。歌云："最喜登山今到顶，举目遥望太白峰……太白名山予所慕，一见此山如故旧。"

清圣祖爱新觉罗·玄烨（1654—1722）即康熙帝，清朝第四位皇帝、清定都北京后第二位皇帝。他在位六十一年，是中国历史上在位时间最长的皇帝，是统一的多民族国家的捍卫者，奠定了清朝兴盛的根基，开创出康乾盛世的大局面。谥号合天弘运文武睿哲恭俭宽裕孝敬诚信功德大成仁皇帝。他是中国历史上最英明的君主之一，后世评价他有刘邦豁达大度的胸襟和李世民知人善任的智慧。康熙大帝的汉文水平很高，中国历史知识丰富。"城高千仞卫山川，虎踞龙盘王气全。车马往来云雾里，民生休戚在当前。"这首《登高诗》被誉为帝王诗。其平生题词很多，如为镇江金山龙禅寺题"江天一览"，为济南省城书院题"学宗洙泗"。康熙二十三年（1684），康熙皇帝为眉县张载祠御书"学达性天"匾。康熙四十二年（1703），帝至西安，召见李颙，颙称病未往，赐"操志高洁"匾，赐中楼观名丹阳观，御书"丹阳观"，现镶嵌在复建的玉皇楼门洞上方。这两块题词匾额充分表明康熙高深的汉文水平和丰富的中国历史知识，题词的书法也遒劲大气。

第三章

隐士篇

伯夷、叔齐、周贲　（生卒年不详）伯夷、叔齐是商朝末年孤竹国（政治中心在今河北卢龙县西，包括迁安、迁西、滦县等地）国君的长子和三子。生卒年无考。孤竹国国君在世时，想立叔齐为王位的继承人。他死后叔齐要把王位让给长兄伯夷。伯夷说："你当国君是父亲的遗命，怎么可以随便改动呢？"于是伯夷逃走了。叔齐仍不肯当国君，也逃走了。百姓就推孤竹国国君的二儿子继承了王位。

伯夷、叔齐兄弟之所以让国，是因为他们对商纣王当时的暴政不满，不愿与之合作。他们隐居渤海之滨，等待清平之世的到来。后来听说周国在西方强盛起来，周文王是位有德的人，兄弟二人便长途跋涉来到周国。此时，周文王已死，武王即位。武王听说有二位贤人到来，派周公姬旦前往迎接。周公与他们立书盟誓，答应给他们兄弟第二等级的俸禄和与此相应的职位。他们二人相视而笑说："奇怪，这不是我们所追求的那种仁道呀！"

他们认为西周见到商朝政局败乱而急于坐大，崇尚计谋而行贿赂，倚仗兵力而壮大威势，用宰杀牲畜、血涂盟书的办法向鬼神表示忠信，到处宣扬自己的德行来取悦民众，用征伐杀戮来求利，这是推行错误的行为来取代商纣的残暴统治。他们两个人对投奔西周感到非常失望。当周武王带着装有其父亲周文王尸体的棺材挥军伐纣时，伯夷拦住武王的马头进谏说："父亲死了不埋葬，却发动战争，这叫作孝吗？身为商的臣子却要弑杀君主，这叫作仁吗？"周围的人要杀伯夷、叔齐，被统军大臣姜尚制止了。

周武王灭商后，成了天下的宗主。伯夷、叔齐却以自己归顺西周而感到羞耻。为了表示气节，他们不再吃西周的粮食，隐居在太白山的首阳山，以山上的野菜为食。周武王回师西岐后派大将周贲去寻找，想请他们下山，谁知周贲到了太白山也不愿回去了，情愿跟着两位王子一同在太白山修道。

从此他们三个人同声共气，拒绝出山仕周，就在太白山中靠采集野菜度日。后来，一位山中妇人对他们说："你们仗义不食周朝的米，可是你们采食的这些野菜也是周朝的呀！"妇人的话提醒了他们，于是他们就连野菜也不吃了。到了第七天，快要饿死的时候，他们唱了一首歌，歌词大意是："登上那首阳山哪，采集野菜充饥。西周用残暴代替残暴啊，还不知错在自己。神农、舜、禹的时代忽然隐没了，我们的归宿在哪里？哎呀，我们快死去了，周朝的命运已经衰息。"于是他们饿死在首阳山脚下。

姜子牙封神时，被他们的至仁至义精神所感动，便把他们封为太白山之神，称"无号广天尊"，并让他们三个人每年轮流掌管太白山，于是便有大太白、二太白、三太白诸神之说。传说到了后世，有位当地官员从营头进山祈雨，受到为太白神站岗放哨的龙、虎肆意刁难，加之龙、虎长期玩忽职守，不理民情，态度傲慢，惹怒了太白山神。于是三太白神周贲手执宝剑，斩了龙、虎二将，龙、虎的血水顺着山谷流下，染得河里的石头和两边的崖壁也成了红色，后来人们就把这条河流称为"红河"了。

伯夷、叔齐兄弟在当时的历史条件下，不为王位相争而相让，是可贵的。因此有关伯夷、叔齐的美德，自古以来就广为人们传颂，对于谦恭揖让民族传统的形成产生了一定影响。

唐代大诗人李白写过一首《杂曲歌辞·少年子》云：

青云少年子，挟弹章台左。
鞍马四边开，突如流星过。
金丸落飞鸟，夜入琼楼卧。
夷齐是何人，独守西山饿。

白居易也写过一首《续古诗》，全诗云：

朝采山上薇，暮采山上薇。
岁晏薇亦尽，饥来何所为？
坐饮白石水，手把青松枝。
击节独长歌，其声清且悲。

> 枥马非不肥，所苦长絷维。
> 豢豕非不饱，所忧竟为牺。
> 行行歌此曲，以慰常苦饥。

清代文士李柏以《太白山》（二），歌颂伯夷的高洁品质。诗云：

> 太白去天三百尺，山草古雪皓西极；
> 若教伯夷居上头，山是蚁蛭雪如墨。

鬼谷子（生卒年不详）名王诩。《史记·索隐》云："扶风池阳、颍川阳城并有鬼谷墟，盖其人所居。"《隋书·经籍志》引皇甫谧注曰："鬼谷子，周世隐于鬼谷。"因其所居之地山深林密，幽不可测，似非人所居，故云鬼谷。自号鬼谷子，人称鬼谷先生。其人为纵横家鼻祖，撰成《鬼谷子》十四篇（其中第十三、十四篇已失传）、《本经阴符七术》七篇。前者侧重于权谋策略，言谈辩论之技巧，与儒家的仁义道德大相径庭，颇受后世尊儒者讥诋；后者则偏重于养神蓄锐，心志外用。道教奉他为洞府真仙，位居第四座左位第十三人，后世尊其为玄微真人，又号玄微子。相传，他有隐形藏体之术，混天移地之法，会脱胎换骨，善纵横捭阖。其门下弟子有苏秦、张仪、孙膑、庞涓，皆为当时外交、军事方面的奇才。由太白山东边的周至县骆峪进沟五公里处之天坛寺，相传为鬼谷子讲经处。还有一处孙膑坐洞遗迹尚在，传孙膑被剔膝盖骨后遁隐于此。相传，鬼谷子曾在太白山汤峪河谷的鬼谷洞居住并修炼。战国时的苏秦、张仪曾在此向鬼谷子学习"合纵连横"的策略。鬼谷先生的学说，既有对道的体悟，又有纵横之术的策略，非常深奥玄妙。一般的平庸浅薄之辈，只重术，而轻道，很难得其真传。鬼谷先生所收的苏秦、张仪恰恰是急于求成的追求权术之辈，他们急着学点本领去游说各国的诸侯，用口舌之能施展狡辩之术去博取个人的成功，而不是用道家的主张去感化诸侯，消除征战和纷争。对此，鬼谷先生感到非常失望。他常常一面流泪，一面给苏秦、张仪讲解道家理论，但苏秦、张仪始终不开窍。后来，苏秦、张仪掌握合纵连横之术后，准备离开鬼谷先生。临行前，先生想通过道术，使两人能够迷途知返，就脱下一只鞋，变化成一只狗，为他们领路。苏秦、张仪贪恋人间富贵，俗心不改，根本不理解先生的用意，竟一走了之。鬼谷先生仰天长叹："吾道无传也！"

韩　康（生卒年不详）字伯休，汉桓帝时长安人。时采药于太白山、终南山，出售草药于长安，为人治病三十余年，救人无数，声名远播。汉桓帝多次请他做官，皆推辞不就，隐居太白山等处从事医药活动。当时有一个说法：清名满天下，无处匿韩康。是说他虽然出身望族，却不慕名利，致力医药，采药于名山，卖药于长安，"口不二价，三十余年"，以此表明信誉为重，所售药是货真价实的。他平常喜爱隐居太白山中，自以为做到了隐姓埋名。有一次在长安街上，有女子从韩康那里买药时讨价还价，韩康守价不让，那女子生气地说："你不让价，难道你是韩伯休吗？"韩康感叹地说："我本想埋名隐姓，今天连一个小女子都知道我的姓名，我还卖药做什么？"后来朝廷知道韩康的学问和才气，授予博士。汉桓帝派人持厚礼以车辆接他，使者奉诏书到韩康家中。迫不得已，韩康才答应遵命，但他不乘朝廷的车辆，而乘自己的牛车，在天未亮时驾车先行。走到一个地方，亭长因韩康要从这里路过，就动用人力和畜力来修路筑桥，见韩康这般模样，以为他是种田翁，叫人夺下他的牛。朝廷使者赶到，看见被夺牛者是韩康，欲处死这个亭长，韩康说："这怪我自己，不能怪亭长。"发生这两起事后，他深感尘世喧嚣，无意仕途，便遁入终南山隐居而终。

孙思邈（541—682）京兆华原（今铜川市耀州区孙原村）人。北周大成元年（579），他以王室多变故，离开家乡，隐居太白山长达八年。隋大业六年（610），再次来太白山隐居十年，专事采药、修炼及为民治病。唐高宗永徽三年（652），在他一百一十一岁高龄时，第三次到太白山隐居七年，精研医药。

他三次隐居太白山，悟天地之道，求度世之术，为其写成《备急千金要方》《千金翼方》两部医药学巨著积累了丰富的资料。他一生致力草药医学研究，有二十四项成果开创了中国医药学史上的先河。由于他医术精湛，医德高尚，被世人尊崇为"药王""医圣""药圣"。宋徽宗封其为"妙应真人"。

他历经北周、隋、唐，于唐永淳元年（682）逝世，享年一百四十一岁。"初唐四杰"之一的诗人卢照邻，壮年时曾经卧病居于长安光德坊官舍，遇见应唐朝皇帝召请居此的孙思邈，对于孙思邈，最鲜明的文字描绘当数卢照邻的记述了。他这样写道："君道洽今古，学有数术。高谈正一，则古之蒙庄子；深入不二，则今之维摩诘及其推步甲子，度量乾坤，飞炼石之奇，洗胃肠之妙，则甘公、洛下闳、安期先生、扁鹊之俦也。自云开皇辛丑岁生，今年九十二矣。询之乡里，咸云数百岁人矣。共语周齐间事，历历如眼见，以此参之，不啻百岁人也。"一个是年过百岁仍形神健壮，一个是正值壮年却卧病为半命之体，两相比照，卢照邻在所作《病梨树赋》中感触道："嗟乎！同托根于膏壤，俱禀气于太和，而修短不均，荣枯殊质。"大意：唉！同为天地中的人，为何生命之间居然有如此大的差距。其在辞赋中描述孙思邈："百岁人也，然犹视听不衰，神形甚茂，可谓聪明博达不死者矣。"

太白山上今仍遗存药王坪、碓窝坪、药王殿、药王庙，供有孙思邈的塑像。汤峪河谷内二十三公里处之碓窝坪，是他隐居之地；距此不远的药王栈道遗迹尚存；山前祭祀、供奉药王的庙宇洞府遍布村野。最著名的遗迹有太白山南坡的玉皇池药王宫，南天门上下的药王祠和药王殿，都督门上边的药王殿，汤峪沟内碓窝坪药王庙，汤峪口太白庙侧药王殿和钟吕坪，远门口的药王殿，第五村韩家沟药王洞，渭北杨家村药王洞等几十处。

民间有不少关于他采药行医的故事，就连塑像左前方那只老虎也有着一段引人入胜的传奇。传说，孙思邈在太白山隐居时，常赶着一头驮药的毛驴为人治病。有一次他出外为人诊病时，只顾救病人，毛驴溜到山上被老虎吃掉了。他气愤之余，画了张符把整座山上的老虎全部拘来，喝道："吃驴的留下，其余的走开。"结果真的有一只老虎伏在地上，老老实实地听候发落。从此，这只老虎便代替毛驴为他驮药，成为他忠贞不贰形影不离的旅伴。

据说他当年隐居太白山时别出心裁地利用葱管插进病人尿道,成功地为病人解除了尿潴留的痛苦,是世界上首位发明导尿术的人。虽然现在导尿已经使用金属导管或橡胶导管,但原理是一样的。

至于手儿参的美丽故事,更是在太白山区世代流传。相传药王在太白山上采寻草药,发现了一个白白胖胖的人参娃娃,药王很喜欢,就让人做了一件绣着五毒的肚兜,穿在他的身上。人参娃娃东蹦西跳,极为快活。药王要出门了,嘱咐何首乌和白头翁两个代为照料人参娃娃,结果有一天,他们两个疏忽大意了,贪玩的人参娃娃偷偷溜下了太白山。人参娃娃沿着渭河一直向东走,不知不觉就到了长白山,抬头一看,哎呀,这长白山真大呀!这里有白桦林、青竹林,还有比大爷海还大的天池呢。人参娃娃高兴极了,就不由自主地一头扎进这莽莽苍苍的原始森林里,玩得不知道回家啦。

药王回到太白山后,发现人参娃娃不见了,赶紧查询,这时候车前子跑来报告药王说:"我那天从山下回来时,看见人参娃娃往东北方向去了。"药王想了想,叫来金不换,让他带着青龙筋、鸡屎蔓、金钱草、黑虎七、凤尾七去把人参娃娃找回来,走时再三叮咛:"要想办法把人参娃娃哄回来,千万别伤着。"金不换他们一路往东北方向寻找,一直找到了长白山,费尽千辛万苦,在一棵大松树下找到了人参娃娃,人参娃娃正躺在软软的乌拉草铺就的窝棚里睡觉呢。大伙一再哄劝,可是人参娃娃就是不愿回去。于是大家各施本领,把人参娃娃的双手用鸡屎蔓、青龙筋紧紧绑住,几人轮流拖着人参娃娃走了七天七夜,到了太白山山上回头一瞧,才发现人参娃娃不见了,只剩下一双白生生胖乎乎的小手。药王见人参娃娃死得这样惨,流下了伤心的眼泪,他将这双手埋在了太白山上。过了不久,太白山上居然长出了"手儿参",从此,它就成了太白山的特产。说来也怪,从那时起,长白山的人参酷似人形,但就是缺两只手,而太白山的人参,独独就只有两只手。

孙思邈一生追求宗教的宽容,规范自己的言行,钻研天人合一的"至道",他身上所体现的精神追求,直到今天仍在太白山上得到发扬,所谓"三教合一"乃是中国人日渐趋同的人生观。自古名山僧占多,而太白山以其博大的胸怀,包罗万象,将众多的宗教信仰融合在一起,形成独具特色的"三教合一"——以佛修心,法法圆融;以道养性,头头是道;以儒治身,生生不息。唐代贞观初年,唐太宗李世民召孙思邈到京师长安,欲授其爵位,他固辞不受,仍返回太白山中。为此李世民大发感慨,挥笔写成《赐真人孙思邈颂》,对其人品学识大加赞叹,全文如下:

凿开径路,名魁大医;羽翼三圣,调和四时。

降龙伏虎,拯衰救危;巍巍堂堂,百代之师。

彭发安 (生卒年不详)鹑觚人,声闻不彰,息影山林,隐居太白山多年。隋代开皇十一年(591)无疾而终,享年九十有八。

苏　则 (生卒年不详)字文师,扶风郡武功县人。年轻时就以学问操行好而闻名,被推举为孝廉和茂才,朝廷征召,他都没接受。后来以平民身份出任酒泉太守,调任安定郡、武都郡郡守,所到之处皆传颂他的威名。据《魏书·地形志》记载,武都就是今天虢镇以东至眉县西部地区。曹操征伐张鲁,经过这里从太白山西侧的斜谷入汉中,这是曹操初次见到苏则,交谈之后,对他很欣赏,命他担任部队的向导。苏则带领曹魏大军穿过褒斜栈道,打败了张鲁后,被调任金城太守。他十分谨慎地安抚流民,对外招抚羌人、氐人等部落,短短一个月的时间,流民都从外地返回,一共有几千家。他亲自教百姓耕种,当年就获得了大丰收,因此前来归附的人越来越多。因为他治理地方有功,朝廷征拜他为侍中,与董昭为同事。一次,董昭枕着苏则的膝盖睡觉,苏则把他的头推下去,说:"苏则的膝盖,不是阿谀奉承之辈的枕头。"他屡次进谏,不畏强权,弄得魏文帝曹丕很尴尬,但也因正直赢得了文帝赞誉。然而也正因为苏则经常拂逆上意,最终被文帝忌惮。黄初四年(223),降职担任东平相。途中病死,谥号刚侯。他在武都郡做官时,公余之暇,十分喜爱太白山,多次畅游其间,被后世视为太白山高士,收为太白山隐士,见于史乘。

苏　威 (534—623)隋代宰相,字无畏。其家是京兆武功(今陕西

武功西北）大族，父苏绰，西魏名臣。北周时，苏威袭爵美阳县公。苏威很有才能，历任要职，京兆府万年县人高颎多次称他贤能，杨坚也一向重视他的名望，就征召他。苏威去见杨坚，到了之后，杨坚请他进卧室，跟他交谈得非常投机，遂任命他为太子少保，不久又让他兼作纳言、度支尚书。苏威上书陈情辞让，杨坚下诏说："大船当负荷重载，骏马当长途奔驰。因为你一人兼有许多人的才华，不要推辞多任事务。"苏威只好接受任职。当初苏威的父亲在西魏任度支尚书，因为国家资财不足，制定了征税的法令，被认为赋税很重。不久苏威的父亲就感叹说："现在做的就如同拉紧弓弦，不是平常时代的法令制度，后代的君子，谁能够放松它呢？"苏威听到这些话，常常把这作为自己的责任。到了此时，苏威奏请皇上，减轻赋税和劳役，致力采用较轻的制度，皇上全都听从了他。苏威见到皇宫中用白银做帷幔的钩子，就极力陈说节俭的美德来告诫皇上。皇上为此而改变了神色，对于旧有的雕琢纹饰的器物，全都命人清除毁坏。不久苏威又兼任了大理卿、京兆尹、御史大夫。梁毗认为苏威兼任五个职务，贪恋繁多的权位，没有举荐贤能代替自己的心思，就上表极谏弹劾苏威。皇上说："苏威早晚勤勉不懈，有远大的志向，虽然在举荐贤能方面有些缺点，但为什么要逼迫他呢！"于是就对朝中的大臣说："苏威没有遇到我，就没有办法施行他的见解；我没有得到苏威，又靠谁来实行我的主张？杨素才辩，天下无双，至于说到古今得失，帮助我宣扬教化，是无法与苏威匹敌的。"于是依旧重用苏威。当时朝廷的法令规章杂乱无序，皇上命令朝臣制定新的法令作为一朝通用的典章制度，法令的标准样式，大多是苏威制定的，世人都认为他有才能。

苏威一生曾经两次遁入太白山中。第一次是当初北周的宇文氏取代西魏称帝时，权臣宇文护很看重他，把自己的女儿新兴公主嫁给他为妻，但他很厌恶宇文护的专横跋扈，一度逃走隐遁太白山中。第二次是因为国子博士何妥上奏揭发苏威和礼部尚书卢恺等人相互勾结，成为朋党，皇上就命令蜀王杨秀、上柱国虞庆则等人共同处理这个案件，所揭发的事情都得到了验证。皇上拿《宋书·谢晦传》中有关朋党的史事让苏威阅读。苏威害怕，脱下官帽叩头认错。皇上说："唉，认错已经晚了。"于是就免除了苏威的官职和爵位。由于苏威而获罪的有名士人一百多人，惧罪之下，不得已逃入太白山中。事见《隋书》卷四。

郭　休　（生卒年不详）《开元遗事》载："太白山居士郭休有运气绝粒之术，以绳系一铁片子，鸟兽闻之即集庭下，名曰'唤铁'。"曾长期隐居太白山，有运气绝粒之术，在山下建屋百余间，有炼丹洞、朝元坛、集神阁、修正亭、注易亭、白云亭等。

韩思复　（？—725）京兆长安人。祖伦，贞观中为左卫率，赐爵长山县男，思复少袭祖爵。初为汴州司户参军，为政宽宏，不行杖罚。在任丁忧，家贫，鬻薪终丧制。时姚崇为夏官侍郎，知政事，擢授司礼博士。景龙年间，韩思复因吏部考核多次被评为优而升迁，一直升到给事中这个高位。这时左散骑常侍严善思因为谯王李重福（谋反）的事受到牵连，被有关部门抓起来关进监狱，理由是："严善思曾经做过汝州刺史，与谯王李重福十分要好。后来严善思被召回京师，竟然没有告发谯王李重福准备谋反的事，仅仅是一句'东都有可能发生动乱'。按照这个情况，他犯了隐匿造反的罪行，请给予绞刑的处罚。"韩思复驳斥道："议狱缓死，列圣明规；刑疑从轻，有国常典。严善思在当时韦氏擅内，恃宠宫掖，谋危宗社的情况下，能够跑到相府去有所举报，已经相当不容易了。如果仅仅因为没有大胆奏闻，就处以极刑，这是非常不恰当的。"随后他再三为严善思进行激烈的辩护，最终皇上采纳了他的建议，免去严善思的死刑，配流静州。韩思复后因治理山东蝗虫，得罪宰相姚崇，被一再贬职，不久后转为太子宾客。史书记载他性恬淡，好玄言，安仁体道，非纪纲之任。晚年隐居太白山。卒年七十余。

王　休　（生卒年不详）唐代隐士，在太白山寻访山水多年，与郭休并居。不亲势利，日与名僧异人往返寻访山水，自谓结物外游。

杜　淹　（？—628）字执礼，京兆杜陵（今西安市长安区）人，北周豫州刺史杜业之孙、河内太守杜征之子，唐初良相杜如晦的叔父。杜淹幼时聪明而多才艺，有美名，与同郡韦福嗣交厚。他曾对韦福嗣说，陛下好用隐士，不若隐居太白山。两个人因此不出仕，隐居太白山。隋文帝知道实情后，非常生气，把他们流放到长江以南。大赦天下后，杜淹回京。隋炀帝大业末年，官至御史中丞。玄武门之变后，太宗即位，拜杜淹为御史大夫，封安吉郡公，赐实封四百户。唐太宗贞观元年（627），杜淹以御史大夫检校吏部尚书，参与朝政，成为宰相之一。太宗曾经对杜淹笑着说："卿在隋朝，可以说因官位小而不言；仕王世充，为何不极谏？"杜淹回答："亦有谏，但王世充不从。"太宗说："王世充若修德从善，当不灭亡；既然他无道拒谏，卿怎么能免祸？"杜淹哑然。太宗又问："卿在今日，为宰相之一，会陈辞极谏吗？"杜淹回答："臣在今日，必尽死无隐。当年，百里奚在虞国时，虞国亡；在秦国时，秦国霸。臣窃自比之。"太宗笑。当时，杜淹兼有二职，而无清廉之誉，又素与长孙无忌不睦，招致许多非议，这与他向来投机取巧、明哲保身的做法有很大关系。

祝素琚 （生卒年不详）居于太白山，号太白山人。唐肃宗乾元三年（760）二月，朝廷征拜祝素琚为谏议大夫。

田游岩 （生卒年不详）陕西三原人。唐永徽时补太学生、崇文馆学士，后入太白山。他每看到山林景致颇佳就感到非常可意，常流连忘返于其间。其母亲与妻子和他有共同志趣，喜爱并徜徉于山水间，他们一同遁迹名山佳水三十年，事载于《旧唐书》卷五。《凤翔府志》卷一二记载："田游岩入太白山，高宗幸其门，谓曰：'先生此中佳否？'答曰：'臣所谓泉石膏肓，烟霞痼疾。'"

韦自东 （生卒年不详）美阳（今陕西扶风）人。唐贞元年间曾游历太白山。据《传奇》记载，他性格刚毅，很讲义气，住在太白山下段将军的府上，段将军也素知他的为人。有一天，他们望见远山有一条小路，好像有人走过的痕迹，韦自东便问这条路通向何处，段将军说："从前有两个和尚住在山顶，山上有座庙宇，非常宏伟，附近的山林和泉水也很好，这庙是唐开元年间由万回大师的弟子修建的，堪称鬼斧神工，绝不是几个人就能建起来的。听打柴的人说，那两个和尚后来被怪物吃掉了，已经有两三年没有看见他们的踪影了。现在有两个夜叉住在上面，谁也不敢到山上去了。"韦自东一听大怒："我向来就愿意干铲除强暴打抱不平的事，夜叉是什么东西，竟敢吃人？你等着，我今晚就把夜叉的头砍来扔在你的门外！"段将军一听急忙拦阻道："空手斗虎、徒步过河都是鲁莽人干的事情，冒险丧命，难道你不后悔吗？"韦自东表示死而无悔，遂整理好衣服，手持一把宝剑，勇不可当地直奔山上。段将军暗想："这人是自讨苦吃啊！"韦自东手攀藤萝，脚蹬石缝，用力地爬上山，进庙后不见人影，两个和尚的住处门敞开着，鞋子和锡杖，床上的枕头、被褥都在，只是落了厚厚的一层灰尘。又见佛堂里长满了小草，好似有大兽躺卧过的痕迹，墙上挂了好多野猪、黑熊之类半生不熟的肉，旁边还有锅灶和柴火，便知道樵夫们说这里有怪物的话不是假的。趁着夜叉尚未回来，他拔了一棵碗口粗的柏树，顶在大门背后，又用一尊石佛堵在门后。这天夜里，月明如昼，半夜时，一个夜叉扛着一只鹿回来了，见门被堵住，就怒吼起来，用力撞门，撞断了石佛，夜叉也跌倒在地上，韦自东乘机抡起柏树朝夜叉打去，两下就打死了。过了一会儿，另一个夜叉也回来了，它用头猛烈地撞门，结果跌倒在门槛上，韦自东又抡起柏树把它打死。韦自东看到雌雄两个夜叉都死了，就关上门煮着鹿肉吃了起来。天亮后，他割下夜叉的头，拿上剩下的鹿肉下山给段将军看，段将军大惊失色地说道："你真的比得上那位除三害的勇士周处啊！"周围的人听见后纷纷来看夜叉的头颅，人群里走出个道士，向韦自东深施一礼，说："贫道有个心事想向您倾诉，不知行不行？"韦自东说："我一生专爱救人急难，你说嘛。"道士道："我在太白山顶修道炼丹，两三年前，一位神仙为我配了一炉龙虎金丹，我在山洞里专心致志地炼这炉丹，眼看就要炼成，没想到有妖魔几次三番来捣乱，砸我的丹炉。我希望勇士能前往保护我，让我炼成金丹，我和你平分此丹，不知道可不可以？"韦自东一听高兴地说："这是我平生最大的心愿了。"然后他就带着宝剑，跟着道士走了。走了好多崎岖险峻的山路，他们来到太白山上的一座高峰，峰的半腰有一个石洞，进洞百余步就是道士炼丹的屋子，有一个徒弟在里面。道士对韦自东说："明天五更时分，请你手持宝剑站在洞口，如果看见有怪物来，你就使劲用剑砍杀它。"韦自东说:"我记住了。"韦自东在洞口点了一支蜡,躲在一旁等着。不一会儿,一条几丈长的大蛇,金目白牙,裹着浓浓的烟雾来到洞口。韦自东急忙挥剑猛砍,好像砍中了蛇头,大蛇化成一股烟雾而去。隔了一顿饭工夫,洞口又来了一个美貌妇人,手里拿着一枝荷花,袅袅婷婷地走来。韦自东又砍了一剑,那女子化成一片云又不见了。过了好一阵,天就要亮了,只见一个道士骑着仙鹤驾着彩云,带着很多侍从,从空中降下,对韦自东说:"妖怪已经除尽,我弟子的仙丹也要炼成了,我很高兴。我现在作首诗,希望你也能和一首。"说着他就念了起来:"三秋稽颡叩真灵,龙虎交时金液成;绛雪既凝身可度,蓬壶顶上彩云生。"韦自东一听,以为这个仙人就是炼丹道士的师父,就收起宝剑准备施礼。谁料那骑鹤的道士却突然冲进洞里去了,接着就是一声剧烈的爆炸,炼丹道士放声痛哭。韦自东这才知道上当了,后悔莫及,深觉懊悔惭愧。随后他帮着道士舀了些泉水,洗净炼丹的鼎,然后喝了几口就下山了,谁料他从此以后面容居然显得年轻了许多。后来韦自东去了南岳,谁也没有再见到他,但他住过的段将军府还在。

胡　僧　(生卒年不详)太白山有胡僧,不知几百岁,眉长数寸,身不着缯,衣以草叶,有降龙伏虎之术。商山赵叟采茯苓,深入太白,常遇此僧。

孙一元　(生卒年不详)字太初,明陇西秦安(今甘肃秦安)人。年十八,入终南,继入太白山,嚼草木,居息大石崖上。时有所得,赤脚散发走最高峰,持古松根叩巨奇石以歌。

契虚姑藏　(生卒年不详)本姑藏李氏子,当年爆发安史之乱,唐玄宗李隆基逃难避乱前往蜀地,他隐入太白山做了隐士,采集柏叶为食。一日,有个姓乔的道士引他去游稚川,来到一个大殿上,有个头戴玉簪、手执笏板的人,坐在玉石案几前。道士让他拜谒这个人,并给他说:"这是真君。"真君召契虚问道:"你能不能忘却三彭之仇啊?"契虚不知道该怎么回答他。真君说:"你千万不能在此地久留。"契虚就回去了,从此就在太白山结庐而居,修炼绝粒吸气之术,过着朝看水东流、暮观日西坠的闲适生活。贞元年间他移居到华山下居住，最后不知所终。

许栖岩 （生卒年不详）岐阳人。起初在太白山昊天观习业，这时韦皋镇守蜀地。他打算去蜀地，到长安城里买了一匹马，踏上了去蜀地的栈道，结果他和马都坠入崖下。见到一个洞穴，他走了进去，走了十余里，忽然出现了平川。有一道士，卧于石上。二位玉女在旁侍候，说这是太乙真君。许栖岩把他的行止告诉了真君，真君问他："你好道吗？"他回答说："读过《庄子》《老子》和《黄庭》之类的书。"真君命他坐下，和他用小杯子对饮了起来，给他说："这是石髓。"住了半个月后，他思念故乡想要回家，太乙真君将自己骑乘的马送给他，说："这匹马，是我洞中之龙啊。你回到人间后，把它放在渭河河滨，不要留。"别离后，须臾之间已到虢县，问乡里人现在是什么时候，才知道已经过去了六十年。出洞时，二位玉女托他购买虢县田婆针，他去买了系在马鞍子上，放开马，马即化为一条龙腾空而去。大中末年，他再次进入太白山隐居。

裴氏子 （生卒年不详）贞元中居太白山左掩洞，避安史之乱，隐入太白山。

王方翼 （622—684）并州祁（今山西祁县）人，唐高宗王庶人的堂哥。祖父王裕，武德初为随州刺史，王裕的妻子就是唐高祖的妹妹同安大长公主。太宗时，因公主辈尊年长，所以太宗对她特别敬重，不同一般，多次亲临王裕的宅第，赏赐的东西成千上万。王方翼的父亲王仁表，贞观年间为岐州（今陕西凤翔）刺史。王仁表去世，妻子李氏被公主赶出家门，住在太白山下凤泉别墅（今眉县汤峪口）。当时王方翼还很小，就与雇工合力辛勤耕作，苦心经营。功夫不负有心人，几年间开垦田地几十顷，修建装饰馆舍楼宇，遍种翠竹绿树，于是成为富裕人家。公主死后，他们便回到长安。友人赵持满犯罪被杀，尸体被抛弃在城西，内外亲属没有人敢前去探视收尸。王方翼感叹道："栾布哭祭彭越，是大义之举；周文王掩埋朽骨，是仁厚之行。弃绝对朋友的大义，泯灭对主君的仁爱，怎么来侍奉国君？"于是他去收殓了赵持满的尸体，按照礼仪埋葬了朋友。高宗听说后大为感叹称赞，王方翼因此知名。

永隆年间，车簿人反叛，围攻弓月城。王方翼率领军队前去救援，到达伊犁河，叛贼在此抵抗。王方翼驰逐进击，大破敌军，斩首千余。不久，三姓咽面派出十万人马，与车簿人合力抵抗。王方翼把军队驻扎在热海，与叛军接连大战，一支流箭穿透他的手臂，他决然举起佩刀截去了那条手臂，身边的人竟未觉察。叛军大败，活捉了首领突骑施等人，西域被平定。永淳二年（683），王方翼在奉天宫拜见了唐高宗，被赐予食物并与皇上交谈。王方翼衣服上有从前苦战时留下的血迹，高宗问那是怎么回事，王方翼便将热海苦战的情形全都讲述了一遍。高宗让他脱下衣袖看他的伤疤，感叹道："你真是我的亲信。"王方翼所受赏赐很丰厚。不久遇绥州白铁余兴兵反叛，唐高宗诏命王方翼为程务挺的副将讨伐白铁余。叛贼被铲平后，王方翼封爵太原郡公。

王方翼还有一个极大的功劳便是在西域时亲自督率将士筑起了碎叶城。碎叶城曾是唐王朝经营西域的"安西四镇"之一，是唐朝在西域的一个重要的政治军事中心。由于清政府腐败无能，在1864年签订《中俄勘分西北界约记》后被俄国侵占。碎叶城又作素叶城、素叶水城，因其依傍素叶水而得名。其故址在今吉尔吉斯斯坦托克马克城西南八公里处的阿克·贝希姆，传说是诗仙李白的诞生地。

武则天当朝理政后，因王方翼是被贬为庶人的王皇后的近亲，私下想把他除掉。到程务挺被杀后，便以王方翼与程务挺合作任职时一直相处很好为由，把王方翼追捕捉拿到京城关押进监狱，后流放崖州而死。

第四章

文士篇

挚恂 （生卒年不详）字季直，东汉长安人。他博学多才，娴于文辞，常隐居于周至南山。东汉著名经学家马融曾跟随挚恂学习。东汉顺帝永和年间，朝廷博求名儒，公卿们举荐挚恂，公车征召，挚恂推辞不应。大将军窦武举荐挚恂为贤良，他也坚辞不受，一时很有清名。当时人称其"行侔颜闵，学拟仲舒，文参长卿，才同贾谊，实瑚琏器也，宜在宗庙，为国硕辅"。《世说新语》里记载："刘景择婿杜广，厩卒何惭；挚恂定配马融，门徒有幸。"说的是唐代的刘景为刺史，他为爱女择婿二十年不遇，后来他发现马厩中养马人杜广是一个人才，便毫不犹豫地把女儿嫁给了他。汉代的挚恂隐居太白山中授徒，他发现学生中的马融有才学，就把女儿嫁给他。且对刘景、挚恂慧眼识英才，不问门第、财产，不论地位、职业挑选女婿的智慧之举，进行了高度评价。

井丹 （生卒年不详）字大春，东汉右扶风郿县（今眉县汤峪镇井沟村）人，东汉初期著名经学家，"东汉四贤"之一。他自幼酷爱读书，肯钻研，最后进入最高学府——太学深造，精通儒家五经，以学识渊博，能言善论，被京城士人誉为"五经纷纶井大春，未尝书刺谒一人"。井丹才冠京师，不慕荣华富贵，洁身自好，且十分鄙视那些趋炎附势的士人。他从不接待造访的达官贵人，就连曾作《五经论》的沛王刘辅等五位亲王的邀请，也一概拒绝。信阳侯阴就——光烈皇后阴丽华的弟弟，善论雄辩，派人将井丹挟持到府，设麦饭葱叶招待，意在观其言行。丹推不食，以言讥讽："君侯宴享宾客，必定甘脂美味，所以上门拜访，谁想皇亲国戚竟然如此轻薄无礼！"说罢起身要走。阴就没有想到井丹敢在众王面前讥讽他，本欲压服井丹，不料反受难堪，忙命重设丰盛肴馔，请井丹入席。井丹不事王侯、不畏权贵的品格，使其声名大振。他不愿再次卷入名利场中，隐居太白山脚下，杜门谢客，以山为伴，专心研讨经学，后以高寿而终。

马融 （79—166）字季长，东汉扶风茂陵（今兴平市茂陵镇）人，伏波将军马援的侄孙，将作大匠马严的儿子。马融长相英俊，善于言辞，很有才气。据《武陵记》记载，马融年少时非常勤学，曾经梦见一林，花如锦绣，梦中他摘花而食，等到醒来后，天下文辞无所不知，时人号为"绣囊"。他跟随关西名儒挚恂学习儒术，挚恂赏识他的才学，将自己的女儿嫁给了他。

马融才高学博，被人称为"通儒"，教授学生达千余人。涿郡卢植、北海郡郑玄都是他的学生。他擅长演奏琴，喜欢吹笛子，性情放达率真，不拘泥于儒士礼节。居室服饰器皿，大都有比较讲究的装饰。常常坐在高堂上，挂着绛色的纱帐，前面教授学生，后面排列着女乐，学生们按顺序往下传递他讲授的内容，很少有能进入他室内的人。他曾注解《左氏春秋》《三传异同说》《孝经》《论语》《诗》《周易》《三礼》《尚书》《列女传》《老子》《淮南子》《离骚》，所写赋、颂、碑、诔、书、记、表、奏、七言、琴歌、对策、遗令凡二十一篇。东汉延熹九年（166）卒，享年八十八岁，遗命薄葬。

马融自幼好学，无固定的老师，后跟随当时的名儒挚恂游学。挚恂有个女儿名叫碧玉，见马融自恃年少聪明，不肯刻苦学习，于是提出要和马融比比学问，以此挫挫马融的那股傲劲儿。马融哪里把碧玉放在眼里，两个人便一起来到挚恂面前，要求出题比试。挚恂明白女儿的心思，在地上写了句"一牛生两尾"的字谜叫马融和碧玉猜。马融搔头抓耳好半天，想不出谜底。碧玉却不假思索地在地上写了个"失"字。马融心里不服气，要求再出一谜。挚恂又在地上写了"牛嫌天热不出头"，马融苦思冥想后抢着说："是'伏'字。"挚恂摇摇头。接着，碧玉不慌不忙在地上写了个"午"字，挚恂赞许。

马融心里很不是滋味，强辩道："学生平日推理周易，未习字谜，还是再考一次吧。"挚恂笑了笑，又出了个题：有一个妇女，在兵荒马乱的年代和丈夫孩子失散，寄宿在庵堂里。一天晚上，她做了一个梦，梦见庵内尼姑命她推磨磨麦子，妇女累得浑身无力，越想越伤心，就扑河寻死了，满塘荷花也觉伤情，花瓣全部落下。这个梦该怎样解释？马融如堕五里雾中，好半天才硬着头皮说："恐怕是妇女思念丈夫、孩子心切，精神有了毛病了吧。"挚恂很生气，严厉地瞪了马融一眼，转身叫女儿回答。碧玉想了想，说："磨麦，可见麸（夫）面；莲花落瓣，则可见子。妇女此梦当和丈夫、孩子重逢。"三个题目，马融都没有回答对，一气之下，独自一人来到仙游寺旁，劈石筑室，发愤读书。几易寒暑，研究了诸子百家经典，对许多名篇倒背如流。如此勤学苦练后，更加才思敏捷，写起文章妙笔生花，成了名噪一时的通儒。

马融早年曾入仕为官。永初二年（108），有位叫邓骘的大将军想任命马融为舍人，但这并不是马融想要做的。因此马融没有去军营接受这份差事，而是搬到武都郡的平阳县（今眉县）暂避、隐居，以等待时机施展自己的抱负和才华。据《汉书》记载，在此期间，他独卧平阳坞中，听见一个洛阳的客人在馆舍中吹笛，其音多思乡之情，其调多激越之声，大为感慨，遂挥笔而就《长笛赋》一篇，成为千古之佳作，至今流传广泛，影响深远。

有一个马融石室，传与马融当年受朝廷征召有关。永初二年，马融师从挚恂学于太白山下的仙游寺石室，名震一时，皇帝命大将军邓骘召马融于此，并拜马融为校书郎。邑人荣之，遂将这个古老的村子改名为马召村。后世仰其高风，历代名士纷纷参观马融石室，吟诗作赋。苏东坡《马融石室》诗云："未应将军聘，初从季直游。绛纱生不识，苍石尚能留。岂害依梁冀，何须困李侯。吾诗慎勿刻，猿鹤为君羞。"清道光九年（1829）进士、刑部主事王禹堂（周至人），曾写诗《马融受诏处》曰："马融隐此山，忽拜朝廷诏。半世坐谈经，反为梁冀笑。"

史书记载马融不仅"才高博洽，为世通儒"，而且"达生任性，不拘儒者之节"。这样的双重人格揭示了东汉中后期社会思潮已经由经学向玄学潜行，马融一生的行为正是这种社会变迁的表象反映。

法 真（100—188）字高卿，号玄德先生。扶风郡郿县（今眉县）人，他的家位于太白山下的法仪堡（今眉县金渠镇八寨村大法仪嘴），是东汉末年南郡太守法雄之子，也是三国时蜀汉集团谋士法正的祖父。

法真好学，所习不限于一家之言，他博通内外图典，是关西一带著名儒生，有许多学者风闻其名声，纷纷远道而来向法真求学，如河南陈留名士范冉等。法真生性恬静，不好功名，清心寡欲，隐然自守，隔绝世俗。时扶风太守意欲礼聘法真出仕，邀请法真到府相见，法真头戴幅巾往见太守。太守引鲁哀公与孔子君臣作喻，希望法真能够出任功曹。但法真却说："以明府见待有礼，故敢自同宾末。若欲吏之，真将在北山之北、南山之南矣。"（大意为："我是因为太守大人您招待有礼，才敢来充当小小的宾客。如果想聘我为吏，我会从此遁迹山林了。"）太守见法真不出仕之心坚定如斯，也不敢再提要求了。同郡人田弱曾向汉顺帝推荐法真，汉顺帝闻其贤名，四次征召，法真皆不肯往，更决绝地隐居到他所说的"南山"，即今天的太白山，始终不肯屈身出仕。他的友人郭正称赞他是"百世之师"，于是连同乡党刻石歌颂其德，并称法真为"玄德先生"。中平五年（188），法真以八十九岁高龄逝世。他的同乡田弱这样评价他："处士法真，体兼四业，学穷典奥，幽居恬泊，乐以忘忧。将蹈老氏之高踪，不为玄𫄸屈也。臣愿圣朝就加衮职，必能唱《清庙》之歌，致来仪之凤矣。"他的好朋友郭正说："法真名可得闻，身难得而见，逃名而名我随，避名而名我追，可谓百世之师者矣！"

卢照邻　（约636—682）字升之，唐代诗人，幽州范阳（今河北涿州）人。曾在太白山居住，与王勃、杨炯、骆宾王并称"初唐四杰"。

卢照邻擅长诗歌骈文，他的诗以歌行体为最佳，意境清迥，以韵致取胜。明代胡震亨说他"领韵疏拔，时有一往任笔，不拘整对之意"。其代表作《长安古意》，诗笔纵横奔放，富丽而不浮艳，为初唐脍炙人口的名篇，"得成比目何辞死，愿作鸳鸯不羡仙"成为千古名句。他正值年富力强之时却不幸染上风疾（风痹症），先是一条臂膀残废掉，后来一条腿也瘫痪。手足软垂，口眼歪斜，语音蹇涩，步履不正。这突如其来的重病如同当头一棒，给他的心理带来沉重的打击。在经历过灰心绝望之后，走上了漫漫求医之路。

当代才子卢照邻生病，惊动了药王孙思邈，年过九旬、白发苍苍的孙思邈亲自为其医治。其间，卢照邻还曾以弟子的身份向药王学医。孙思邈一再要他坚定康复的信心，稳定情绪，并且对如何养生、处世提出了自己的高见，核心要义是两个，一个是要自慎自珍，一个是要有忧畏之心。"形体有可愈之疾，天地有可赈之灾"，他们就医治疾病的话题曾经有过深入的交流。《新唐书》《太平广记》等这样记载道：照邻问曰："高医愈疾，奈何？"思邈答："天有四时五行，寒暑迭居，和为雨，怒为风，凝为霜雪，张为虹霓，天常数也。人之四肢五藏，一觉一寐，吐纳往来，流为荣卫，章为气色，发为音声，人常数也。阳用其形，阴用其精，天人之所同也……"在孙思邈的精心调理下，卢照邻的风疾一度趋于好转。后来由于药王追随唐高宗龙驾西游，后又回乡颐养，他不能及时得到药王的治疗，只好居住在长安附近的太白山，服丹养病，以自疗度日。他像一只孤独的羔羊，以古树为伴，朝霞作邻，强撑病体，在暗室之中，隔窗而望寒暑易节。在山中，他度过了最为艰难的时日。那是一种与世隔绝的生活，能排遣精神上的寂寞与肉体疼痛的，只有一堆书。太白山内"寂寂寥寥扬子居，年年岁岁一床书。独有南山桂花发，飞来飞去袭人裾"。他在病中仍然坚持阅读，坚持写作，也享受着山中的无边风月，朝朝暮暮，度过了无数不眠之夜，直至白发丛生，双鬓如染。"钟鼓玉帛兮非吾事，池台花鸟兮非我春。"他就好像是一尾伤鳞之鱼、一只折翅之鸟，心力交瘁，难以排遣的，还是阵阵袭来的不可名状的失意之悲。

最终由于政治上的坎坷失意及忍受不了长期病痛的折磨，他投颍水自杀，年仅四十七岁。卢照邻投江自尽的那年，他的师父孙思邈先他逝世。于是民间有人认为，卢照邻是为了追随他的师父而去的。

卢照邻工诗，尤其擅长七言歌行，对推动七言古诗的发展做出了贡献，杨炯誉之为"人间才杰"。其代表作《长安古意》，诗笔纵横奔放，富丽而不浮艳，为初唐脍炙人口的名篇，但仍未摆脱六朝诗风影响。在宫体余风尚炽的初唐诗坛，卢照邻"放开粗豪而圆润的嗓子"，唱出如此歌声，压倒那"四面细弱的虫吟"，在七古发展史上确是可喜的新声，从他的诗歌本身的艺术价值而论，他被誉为"不废江河万古流"是一点不为过的。

他曾经在穿越秦岭太白山时写下一首著名的《早度分水岭》："丁年游蜀道，班（斑）鬓向长安。徒费周王粟，空弹汉吏冠。马蹄穿欲尽，貂裘敝转寒。层冰横九折，积石凌七盘。重溪既下漱，峻峰亦上干。陇头闻戍鼓，岭外咽飞湍。瑟瑟松风急，苍苍山月团。传语后来者，斯路诚独难。"

李　　白（701—762）字太白，号青莲居士。陇西成纪（今甘肃省静宁西南）人。唐代诗人，被世人誉为"诗仙""诗侠""酒仙""谪仙人"等，与杜甫合称"李杜"，唐宋以降，在中国诗坛享有崇高地位。其作品天马行空，浪漫奔放，意境奇异，才华横溢；诗句如行云流水，宛若天成。天宝年间，李白入朝受到权贵排挤，情绪低落，西游邠岐，登太白山作《登太白峰》（诗二首），抒发了他仕途无门、失意苦闷，既想出世超脱，又隐存期冀的复杂思想感情。同时他还写有千古传唱的《蜀道难》等有关太白山的诗作。

李白的诗以抒情为主，其诗风格豪放、飘逸、洒脱，想象丰富，语言流转自然，音律和谐多变，善于从民歌、神话中汲取营养素材，构成其特有的瑰丽绚烂的色彩。他"天生我材必有用"的非凡自信，他"安能摧眉折腰事权贵"的独立人格，他"戏万乘若僚友，视同列如草芥"的凛然风骨，那种与山水自然冥合的潇洒风神，曾吸引过无数士人。在诗歌的艺术成就方面，他那气挟风雷的诗作，使后世无数诗人为之倾倒；那变幻莫测的想象、壮丽而优美的意境、清新明快的语言、豪放飘逸的风格，对后世的影响是多方面的、深远的。他在中国诗歌史上的地位是不朽的。

在李白现存的大量诗作中，有三篇描写了太白山的雄浑和壮美。一是《登太白峰》，二是《蜀道难》，三是《古风》（其五）。其中《登太白峰》是描写秦岭主峰太白山雄峻高耸的名篇。"西上太白峰，夕阳穷登攀。太白与我语，为我开天关。愿乘冷风去，直出浮云间。举手可近月，前行若无山。一别武功去，何时复更还？"

太白峰高耸入云，终年积雪，俗语说："武功太白，去天三百。"在诗中，诗人的想象新颖活泼，富有情趣。李白为描述太白峰的高峻雄伟，幻想和太白金星侧耳倾谈，悄语密话的情景，生动鲜明地表现出太白山高耸入云的雄姿。"愿乘泠风去,直出浮云间……一别武功去,何时复更还?"一种对太白山的壮美景色流连不舍的感情油然而生。

李白对大自然有着强烈的感受力,他善于把自己的个性融入自然景物中去,使他笔下的山水丘壑也无不具有理想化的色彩。他笔下的山峰高耸峻拔,峥嵘奇峭:"连峰去天不盈尺,枯松倒挂倚绝壁。"(《蜀道难》)他用胸中之豪气赋予山水以绝世的美感,他对自然伟力的讴歌,也是对高瞻远瞩、奋斗不息的人生理想的礼赞:"西当太白有鸟道,可以横绝峨眉巅。"气势雄伟的时空画卷、超凡的自然意象和傲岸的英雄性格在他的诗歌里成为浑然的整体。

也许人们总会把太白山与李太白之间有意无意地做某种联系,甚至会一厢情愿地认为,因为李太白的诗歌,此山被称作太白山,或者诗人因为喜爱这座名山而自称太白。其实都不是。但要说这座名山和这个名人之间没有一点联系,那也不是。据《汉书·地理志》记载,太白山因冬夏积雪,望之皓然而得名。唐时,已有太白山,而李白首登太白山时,曾写下"西当太白有鸟道,可以横绝峨眉巅"的佳句。李白曾多次登临太白山,写下千古名篇流传世间,人与山交相辉映,可谓珠联璧合。

在太白山下流传着一个故事,李白豪饮西府"太白酒",留下千古名篇《蜀道难》。唐天宝元年(742),李白送友人入蜀后,从故乡(今四川江油)出发去长安,他沿着当年诸葛亮北伐中原的褒斜栈道,翻秦岭、出斜谷、经齐镇,慕名来到眉县。走到太白山下一酒肆中,他略感疲乏,便要了几坛当地老酒,自斟自饮,"举杯邀明月,对影成三人",觉着酒味绵甜,醇香幽远,酒兴渐浓,多饮几杯,带着几分醉意,住进客栈。夜不成寐,披衣下床,太白雄姿,蜀道艰险,感慨万千……李白斗酒诗百篇,太白美酒醉诗仙,李白诗兴大发,一挥而就写成千古名篇《蜀道难》。李白以奔放的感情、夸张的描写、雄肆的语言,歌颂了祖国奇险壮丽的山川,留下了"蜀道之难,难于上青天"的千古绝唱。李白到长安后,以此诗谒见贺知章,贺不禁拍案叫绝,赞美曰:"公非人世之人,可不是太白星精耶!"李白与贺知章交好,与之成为当时有名的"酒中八仙"。从此李白就有"谪仙太白"的雅号。李白在《对酒忆贺监并序》中忆及那次奇遇："四月有狂客，风流贺季真。长安一相见，呼为谪仙人。""谪仙太白"的美名使李白与"太白酒"结下不解之缘，也使太白酒在唐代名声大振，进入昌盛时期。长安店家、酒肆纷纷悬挂"太白遗风""太白酒家"，太白酒由关中走向全国，香飘九州。

杜　甫　（712—770）字子美，号少陵野老等。唐代现实主义诗人，其诗以写实著称。河南巩县（今巩义市）人，祖籍湖北襄阳。因曾任左拾遗、检校工部员外郎，因此后世称其杜拾遗、杜工部；又因为他搭草堂居住在长安城外的少陵，也称杜少陵、杜草堂。杜甫被后人尊称为"诗圣"，与"诗仙"李白并称"李杜"。

杜诗像一面镜子，广泛深刻地反映了"安史之乱"前后唐代社会由盛而衰的真实历史面貌，自唐以来即被公认为"诗史"。诗人本人也被看作一代诗宗，被尊为"诗圣"。

在思想上，杜甫悲天悯人，忧国忧民，洋溢着仁民爱物的情怀和浓烈的爱国主义色彩。他善用理智去仔细观察人生社会的实况，从自己的生活经验去体会人民的苦乐，有强烈的政治意识，继承并发扬《诗经》、汉乐府民歌及建安文学的写实精神。

在艺术上，杜甫力倡"转益多师"，注意吸收融合各家之长，又坚持"别裁伪体"的批判精神，成就极高。他开创了"即事名篇"的新乐府诗，描写民生疾苦；其写作态度非常严肃，语言精练，用字准确，形象生动，多姿多彩，并善于运用民间口语；他众体兼擅，尤工五七言古体、律诗绝句。他往往用不同的诗体表达不同的内容，叙事多用较少格律限制、便于铺叙描写的古体诗，抒情则多用近体诗。其作品内容广泛，技巧纯熟，注重声律对仗，格律严谨，语言精练，使七律创作臻于成熟，达到极高的成就，为后世典范之作。杜诗看似主要风格是沉郁顿挫，其实风格多样，丰富多彩，或雄浑奔放，或清新细腻，或沉郁悲凉，或辞藻富丽，或平易质朴，或通俗自然。

与李白相比，杜甫更多的是对国家的忧虑及对老百姓困难生活的同情，他的诗被称作"诗史"，全方位反映了唐朝由盛至衰的过程。

天宝末年发生安史之乱，玄宗仓皇逃往成都。太子李亨即位于灵武，是为肃宗。这时，杜甫已将家搬到鄜州（今陕西富县）羌村避难，他听说肃宗即位，立即在八月只身北上，投奔灵武，途中不幸为叛军俘虏，押至长安。杜甫困于长安，至乾元元年（758）七月，弃官去秦州（今甘肃天水），开始了"支离东北风尘际，漂泊西南天地间"的人生苦旅。在漂泊的旅途中全家备尝艰辛，一度濒临绝境。十月，缺衣少食的杜甫携家离开秦州，南赴同谷（今甘肃成县）想解决衣食之忧。不料到同谷后，生活状况不仅未改善，反而完全陷入绝境。杜甫在诗歌中用字字血泪记录下这段最为艰苦的岁月："男儿生不成名身已老，三年饥走荒山道。长安卿相多少年，富贵应须致身早。山中儒生旧相识，但话宿昔伤怀抱。呜呼七歌兮悄终曲，仰视皇天白日速。"十二月初，无奈之下他再次逃难，携家离开同谷避走四川，最后到了成都，在严武等的帮助下在城西浣花溪畔建成一座草堂，世称"杜甫草堂""浣花草堂"。这一时期，他辗转于秦蜀间，在太白山傥骆道留下了珍贵的足迹和极其哀痛的回忆，其诗云："二十一家同入蜀，惟残一人出骆谷。自说二女啮臂时，回头却向秦云哭。"

在他最后漂泊西南的十一年间，虽过着"生涯似众人"的生活，却写下了《茅屋为秋风所破歌》《闻官军收河南河北》《秋兴》等上千首堪称诗史、造就诗圣的伟大诗作，占到现存杜诗的七成之多。世上疮痍，诗中圣哲；民间疾苦，笔底波澜。杜甫诗风沉郁顿挫，韵味长久，堪称一代诗宗，成为中华诗词发展史上的一座高峰。大历五年（770）冬，杜甫因"风疾"病逝于湘江舟中。

岑　参　（约715—770）河南南阳人，唐代著名诗人。其诗歌富有浪漫主义的特色，气势雄伟，想象丰富，色彩瑰丽，热情奔放，尤其擅长七言歌行。在唐代边塞诗人中颇负盛名，与高适并称"高岑"。

他于天宝三年（744）中进士，授兵曹参军。天宝八年（749），充安西四镇节度使高仙芝幕府书记，赴安西。天宝十年（751）回长安。天宝十三年（754）又作为安西北庭节度使封常清的判官再度出塞，至德二年（757）才回朝。出塞的某个秋冬之际，他往游太白山，闻太白胡僧故事，作《太白胡僧歌》，先后宿于太白东溪老翁张公处和仙游寺南凉堂，并写下优美的诗句，记述其游山见闻和人生感慨。其《骆谷行》诗，除惊叹古道的壮美险峻外，也展现他鄙视名利、崇尚自由的人生观。岑参的诗题材很广泛，除一般感叹身世、赠答朋友的诗外，他出塞以前曾写了不少山水诗，诗风颇似谢朓、何逊，但有意境新奇的特色，"雄奇瑰丽"是其突出特点。

岑诗的主要思想倾向是慷慨报国的英雄气概和不畏艰难的乐观精神；艺术上气势雄伟、想象丰富、夸张大胆、色彩绚丽、立意新奇、风格峭拔。他擅长以七言歌行描绘壮丽多姿的边塞风光，抒发豪放奔腾的感情。他的诗，形式丰富多样，但最擅长七言歌行。有时两句一转，有时三四句一转，不断奔腾跳跃，形象丰满、生动夸张、慷慨激昂、奇峻壮阔、气势磅礴、想象丰富，语言变化自如。他还写过一首与太白山关系密切的诗歌，叫作《因假归白阁西草堂》："雷声傍太白，雨在八九峰。东望白阁云，半入紫阁松。胜概纷满目，衡门趣弥浓。幸有数亩田，得延二仲踪。早闻达士语，偶与心相通。误徇一微官，还山愧尘容。钓竿不复把，野碓无人舂。惆怅飞鸟尽，南溪闻夜钟。"诗歌表达了作者安贫乐道的现实主义思想，语言风格生动夸张、慷慨激昂、奇峻壮阔、气势磅礴、想象丰富、变化自如。他写的另一首与太白山关系密切的诗是《酬成少尹骆谷行见呈》，全诗见本丛书之诗词歌赋卷。

《凤翔府志》录有他的一首《终南云际精舍寻法澄上人不遇归高冠东潭石淙望秦岭微雨作贻友人》，此诗描写雨中的秦岭（太白山），景色细致入微，兼具怀古幽情，颇堪玩味。诗云："昨夜云际宿，且从西峰回。不见林中僧，微雨潭上来。诸峰皆青翠，秦岭独不开。石鼓有时鸣，秦王安在哉？东南云开处，突兀猕猴台。崖口悬瀑流，半空白皑皑。喷壁四时雨，傍村终日雷。北瞻长安道，日夕生尘埃。若访张仲蔚，衡门满蒿莱。"

卢纶（约737—799）字允言，祖籍范阳（今北京西南），出生于河中蒲县（今山西永济）。中唐大历十才子之一，语言简练，擅长写景状物，多有佳作。其诗以五七言近体为主，多唱和赠答之作。他年轻时因避乱寓居各地，对现实有所接触，有些诗篇也反映了战乱后人民生活的贫困和社会经济的萧条，如《村南逢病叟》。其他如前期所作七律《晚次鄂州》，写南行避安史之乱旅途夜泊的心情和体验，真实生动，感慨深长。

少年时可能因父亲去世较早，他本人又多病，生活并不好，有好长一段时间是在舅舅家度过的。他在《赴池州拜觐舅氏留上考功郎中舅》诗中说："孤贱易蹉跎，其如酷似何。衰荣同族少，生长外家多。别国桑榆在，沾衣血泪和。应怜失行雁，霜霰寄烟波。"

过了几年后，卢纶走举试之途，又多不顺利。有《落第后归终南别业》诗道："久为名所误，春尽始归山。落羽羞言命，逢人强破颜。"《纶与吉侍郎中孚》中说："方逢粟比金，未识公与卿。十上不可待，三年竟无成。"由这些诗可知，卢纶天宝末年落第后，曾在终南山居住读书，又几次应举，但均未能及第。他曾经登上太白山后宿于西峰，与车、祝二尊师长谈于石室。

韩　愈（768—824）字退之，谥号"文"。河北昌黎人。唐代诗人、文学家，"唐宋八大家"之一。曾游历太白山，其诗云："西南雄太白，突起莫间簉……林柯有脱叶，欲堕鸟惊救……"至今山上遗存有祭祀他的文公庙，历经千年巍然屹立，香火不绝，被民间尊奉为掌管太白山的神仙之一。苏轼称赞他"文起八代之衰，道济天下之溺，忠犯人主之怒，勇夺三军之帅"，有"文章巨公、百代文宗"之名。

韩文公名愈，字退之，说起这名和字，倒有一段佳话：韩愈父母早亡，从小就由哥嫂抚养，转眼到了入学的年龄，嫂嫂郑氏一心想给弟弟起个既美又雅的学名。这天，郑氏翻开书来，左挑一个字嫌不好，右拣一个字嫌太俗，挑来拣去，过了半个时辰，还没有给弟弟选定一个合意的学名。韩愈站在一旁观看，见嫂嫂为他起名作难，便问："嫂嫂，你要给我起个什么名呢？"郑氏道："你大哥名会，二弟名介，会、介都是人字作头，象征他们都要做人群之首，会乃聚集，介乃耿直，其含义都很不错。四弟的学名，也须找个人字作头，含义更要讲究的才好。"韩愈听后，立

即说道:"嫂嫂,你不必再翻字书了,这人字作头的'愈'字最佳了,我就叫韩愈好了。"郑氏一听,忙将字书合上,问弟弟道:"愈字有何佳意?"韩愈道:"愈,超越也。我长大以后,一定要做一番大事,前超古人,后无来者,绝不当平庸之辈。"嫂嫂听后,拍手叫绝:"好!好!你真会起名,好一个'愈'字哟!"韩愈怎么会给自己起一个这样又美又雅的名呢?原来他自幼聪慧,饱读经书,从三岁起就开始识文,每日可记数千言,不到七岁,就读完了诸子之著。那超凡的天赋和文化素养,使他早早就抱定了远大志向,这个"愈"字,正是他少年胸怀的表露。他十九岁时,已经是一位才华横溢的蓬勃少年。这年恰逢皇科开选,郑氏为他打点行装,送他进京去应试。到京城后,他自恃才高,以为入场便可得中,从未把同伴搁在眼里。结果别人考中了,他却名落孙山。

后来,他在京中一连住了几年,连续考了四次,最后才算中了第十三名。之后,一连经过三次殿试,也没得到一官半职。由于银钱早已花尽,他由京都移居洛阳去找友人求助。在洛阳,友人穿针引线,他与才貌双全的卢氏小姐订了婚。卢小姐的父亲是河南府法曹参军,甚有尊望,韩愈就住在他家,准备择定吉日与卢小姐完婚。卢小姐天性活泼,为人坦率,一方面敬慕韩愈的才华,一方面又对韩愈那自傲之情有所担忧。她曾多次思忖,要想郎君日后有所作为,现在就应当规劝他一下,可是如何规劝他呢?这天晚饭后,花前月下,二人闲聊诗文。畅谈中,韩愈提起这几年在求官途中的失意之事,卢小姐和颜悦色地说道:"相公不必再为此事叹忧,科场失意乃常有之事。家父对我总是夸你学识渊博,为人诚挚,我想你将来一定会有所作为的。只是这科场屡挫,必有自己的不足之处,眼下当找出这个缘由才是。"韩愈听后,频频点头,心中暗道:"卢小姐果有见地。"遂说道:"小姐讲得甚是有理,俗话说,自己瞧不见自己脸上的黑,请小姐赐教。"卢小姐一听,扑哧笑出声来,说道:"你真是个聪明人啊!"随即展纸挥笔,写道:"人求言实,火求心虚,欲成大器,必先退之。"韩愈手捧赠言,一阵沉思:"此乃小姐肺腑之言啊!自古道,骄兵必败。自己身上缺少的正是谦虚之情,这个'愈'字便是证据。"于是,他立即选用

"退之"为字。

韩愈与皇甫湜有一次看到李贺写的诗,十分惊奇,但不知道其人,互相说:"这个写一手好诗的人若是古人,我们不知道就罢了,若是同时代的人,我们怎能不知道呢?"在文友们聚会时,有人将李贺的父亲李瑨肃的简况告诉了他们。于是,韩愈与皇甫湜相约结伴骑马前去登门造访,请李瑨肃将李贺唤出来让他们看看。不一会儿,从内室走出一位扎着两个鬓髻、披着衣裳的孩子。韩愈和皇甫湜不相信眼前这个孩子就是名动京师的诗人,请李贺当场作篇诗给他们看看。李贺欣然遵命,拿起写诗的木板,在墨池中蘸好笔,旁若无人地挥笔疾书起来。诗题叫《高轩过》,内容是这样的:

> 华裾织翠青如葱,金环压辔摇玲珑。
> 马蹄隐耳声隆隆,入门下马气如虹。
> 云是东京才子,文章巨公。
> 二十八宿罗心胸,九精照耀贯当中。
> 殿前作赋声摩空,笔补造化天无功。
> 庞眉书客感秋蓬,谁知死草生华风。
> 我今垂翅负冥鸿,他日不羞蛇作龙。

韩愈与皇甫湜看罢大惊,于是他们将来时骑的马的嚼子连在一起,携李贺返回,亲手为他束发。李贺尚未成年,就遭受艰难的生活。后来他想参加举拔乡贡进士的科考,又遭世人诽谤他不避家讳。为此,韩愈写了一篇文章《讳辩》为他辩护。

元 稹 (779—831)字微之,别字威明。河南洛阳人,居京兆万年(今西安),北魏鲜卑族拓跋部后裔。晚唐著名诗人,早年和白居易共同提倡"新乐府",与白居易友善,文学观点相近,常相唱和,世人常把他和白居易并称"元白"。一日,元稹游仙游寺、骆口驿,见壁上白居易题诗,遂和之,写成《骆口驿二首》传世。《骆口驿二首》其一云:"邮亭壁上数行字,崔李题名王白诗。尽日无人共言语,不离墙下至行时。"人们为了读到这些好诗,甚至竟日"不离墙下"欣赏题壁诗。唐代题壁诗骤然大增，遂成风气。唐宪宗元和间，白居易、元稹诗歌盛行一时，题元白诗歌于壁者到处可见，据元稹《白氏长庆集序》载："二十年间，禁省、观寺、邮候墙壁之上无不书，王公妾妇、牛童马走之口无不道。"元白二人也亲为题壁。葛立方《韵语阳秋》卷三云："元白齐名，有自来矣。"

白居易　（772—846）字乐天，晚号香山居士。其先祖为山西太原人，后迁居陕西下邽（今渭南市临渭区）。与李白、杜甫并称"李杜白"，现实派诗人。元和元年（806）四月，罢校书郎，撰《策林》七十五篇，登"才识兼茂明于体用科"，授周至县尉。这一时期，他时常盘桓于太白山前一带唱和酬答，留有不少佳作，《观刈麦》就是这个时期他深入民间，体察百姓劳作辛苦的写实之作。此诗多数人耳熟能详。

同一时期，他先后写了多首反映太白山的诗歌，如《送王十八归山寄题仙游寺》云："曾于太白峰前住，数到仙游寺里来。黑水澄时潭底出，白云破处洞门开。林间暖酒烧红叶，石上题诗扫绿苔。惆怅旧游无复到，菊花时节羡君回。"另外如《黑龙潭》《官舍小亭闲望》《新栽竹》《仙游寺独宿》《宿杨家》《骆口驿旧题诗》等，均脍炙人口。

唐宪宗元和元年五六月间，他和周至名士陈鸿（《长恨歌传》作者）、王质夫结伴出游仙游寺，唱和作《长恨歌》。

《长恨歌》是白居易在太白山下的仙游寺里完成的，也是他一生写得最成功、流传最久远的作品，其艺术表现上的突出特点是抒情因素的强化。与此前的叙事诗相比，这篇作品虽也用叙述、描写来表现事件，但却把事件简到不能再简，只用一个中心事件和两三个主要人物来结构全篇。诸如颇具戏剧性的马嵬事变，作者寥寥数笔将之带过；而在最便于抒情的人物心理描写和环境气氛渲染上，泼墨如雨，务求尽情，使诗的进程始终伴随着动人的情感力量。除此之外，这篇作品的抒情性还表现在以精选的意象来营造恰当的氛围、烘托诗歌的意境上。如《长恨歌》中"行宫见月伤心色，夜雨闻铃肠断声"等类诗句，将凄冷的月色、淅沥的夜雨、断肠的铃声组合成令人销魂的场景，其中透露的凄楚、感伤、怅惘意绪，为诗中人物、事件统统染色，也使读者面对如此意境、氛围而心旌摇荡，不能自已。

21世纪初，太白山麓仙游寺里还供奉着白居易的神位，当地人把它保存在"传仙游堂上历代师祖龛室"里，在一块一眼望去便知经历了久远年代烟熏火燎的残破木牌上镌刻着小字：唐太子少傅刑部尚书赠尚书右仆射白公神位。这是对他创作这首千古名诗的最佳褒奖。

白居易的诗歌语言优美、通俗，音调和谐，形象鲜明，政治讽喻性强。叙事长诗《长恨歌》是他的感伤诗中最为著名的篇章，整首诗形象鲜明，情节连贯，语言优美，脍炙人口。诗中既有对唐玄宗和杨贵妃爱情故事的歌咏，又有对"汉皇重色思倾国"的寄讽，更有"此恨绵绵无绝期"的感伤和同情。叙事曲折，写情入微，善于铺排烘托，声韵流畅和谐，流传甚广。据说《长恨歌》写成后，很快轰动朝野，人们争相传诵，长安城里的歌伎以自己能歌诵这首诗自夸，对来往客人说道："我诵得白学士《长恨歌》，岂同他伎哉！"直到他逝世后，唐宣宗李忱还写了一首诗吊唁他，内中提到《长恨歌》的事情："缀玉连珠六十年，谁叫冥路作诗仙。浮云不系名居易，造化无为字乐天。童子解吟《长恨》曲，胡儿能唱《琵琶》篇。文章已满行人耳，一度思卿一怆然。"

据宋人尤袤《全唐诗话》记载，白居易十六岁时从江南到长安，带诗文谒见大名士顾况。顾况看了名字，开玩笑说："长安米贵，居大不易。"但当翻开诗卷，读到诗中"野火烧不尽，春风吹又生"时，不禁连声赞赏说："有才如此，居亦何难！"连诗坛老前辈也被折服了，可见此诗艺术造诣之高。

同诗仙李白、诗圣杜甫、诗豪刘禹锡、诗鬼李贺等一样，白居易也因为他在诗歌方面的杰出贡献，被称为"诗魔"。它曾在太白山骆峪驿站的北壁题字，内容为翰林白居易题《拥石》《关云》《开雪》《红树》等，语出元稹《骆口驿二首》诗前序言。

柳宗元（773—819）字子厚。祖籍山西永济，出生于京都长安。世称"柳河东""河东先生"；因官居柳州刺史，又称"柳柳州""柳愚溪"。他与韩愈共同倡导唐代古文运动，并称为"韩柳"，是唐宋八大家之一。

柳宗元出身于官宦家庭，少有才名，早有大志。他四岁那年，父亲柳镇去了南方，母亲卢氏带领他住在京城西边太白山下的庄园里。卢氏信佛，聪明贤淑，很有见识，并有一定的文化素养，她教年幼的柳宗元背诵古赋十四首。正是母亲的启蒙教育，使柳宗元对知识产生了强烈的兴趣。卢氏勤俭持家，训育子女，在早年避乱到南方时，宁肯自己挨饿，也要供养亲族。后来柳宗元获罪贬官，母亲以垂暮之年，跟随儿子到南方，无丝毫怨言，在她身上体现了中国古代妇女的很多美德。贞元元年（785），柳镇到江西做官，柳宗元随父亲宦游。贞元九年（793），柳宗元中进士，贞元十四年（798）登博学鸿词科，授集贤殿正字，回到了长安。在长安任官期间，他曾写下一段文字，与太白山结下千年不解之缘，使得名人与名山交相辉映。直到今天，仍是后世考究太白山重要的历史资料。这段话是："雍州西南界于梁，其山曰太白，其地恒寒，冰雪之积未尝已也。"

柳宗元的散文也很出名，尤其是游记、寓言，为后世留下了极其优秀的作品，如"永州八记"为中国古代山水游记名作。柳宗元还写了不少寓言故事，《黔之驴》《永某氏之鼠》等，也已成古代寓言名篇。有的寓言篇幅虽短，但同他的山水游记一样，被千古传诵。

陈　鸿（生卒年不详）字大亮。唐贞元二十一年（805）进士，登太常第，曾任太常博士、虞部员外郎、主客郎中等职。于长庆元年（821）担任婚礼使判官，远送太和公主出嫁回鹘。唐宪宗元和元年（806），他与白居易、王质夫同居周至县，三个人同游太白山。据说就在唐代仙游寺的南凉堂里，他们三个人举樽饮酒，闲话玄宗，其间话及唐玄宗、杨贵妃事，叹息一个本来很有作为的皇帝，居然由于贪恋美色，听信奸佞，最终酿成安史之乱，几乎使国家倾覆灭亡。当时王质夫举起酒杯，请求白居易用他的多彩之笔将这段往事写下来。就在白居易踌躇之际，陈鸿心血来潮，也端起酒杯怂恿诗人说：写吧，你写歌，我写传。在两位挚友的催促下，白居易一口答应了下来。随后白居易的《长恨歌》和陈鸿的《长恨歌传》分别问世，在中国文学史上留下了极其瑰丽的色彩。传奇小说《长恨歌传》，创作地在太白山下仙游寺，取材于史实而加以铺张渲染，寓有劝诚讽喻之意。此传先述开元时杨妃入宫，迄天宝末缢死于马嵬坡的始末；后写玄宗自蜀还京，思念不已，方士为之求索贵妃魂魄，见之于海上仙山，贵妃乃为言天宝十年（751）七夕与玄宗盟誓之事。后段叙述为此前唐人诗文中所未见，当是得之于民间传闻，描写也相当细致。篇中对玄宗晚年的纵情声色、政治腐败有所暴露，即如杨贵妃是玄宗从其子寿王府邸娶来一节亦直书不讳。篇末议论，则归之于"惩尤物，窒乱阶，垂于将来也"。此传与《长恨歌》相辅而行，流传颇广。北宋时乐史撰长篇传奇《杨太真外传》，曾取材于此传。后世演为戏曲者尤多。其中以元代白朴《唐明皇秋夜梧桐雨》杂剧及清代洪昇《长生殿》传奇最为著名。

林 宽（生年不详，873年前后在世）福建闽侯人，唐代诗人。

林宽游太白山，作《送僧游太白峰》诗，云：

> 云深游太白，莫惜遍探奇。
> 顶上多灵迹，尘中少客知。
> 悬崖倚冻瀑，飞狖过孤枝，
> 出定更何事，相逢必有诗。

他平生喜与林泉下人交往，在多首诗作中表达了这种情怀，如《长安遣怀》云：

> 醉下高楼醒复登，任从浮薄笑才能。
> 青龙寺里三门上，立为南山不为僧。

《终南山》云：

> 标奇耸峻壮长安，影入千门万户寒。
> 徒自倚天生气色，尘中谁为举头看。

梅 询（964—1041）字昌言。安徽宣城人。宋端拱二年（989）进士，初授利丰监判官，后升集贤院。因事降杭州通判，历知苏、濠、鄂、楚、寿、陕诸州，为两浙、湖北、陕西转运使。任陕西转运使期间，游太白山，宿于远门口之山神庙，作诗《宿山祠》云："苍苍千仞接烟霓，蹬（磴）道微茫挂柏梯。萝月半珪山未曙，洞房清唱有仙鸡。"

苏　轼（1037—1101）字子瞻，一字和仲，号东坡居士。眉州眉山（今四川眉山市）人，祖籍河北栾城。北宋豪放派词人的主要代表。

其诗词赋及散文均成就极高，且善书法和绘画，是中国文学艺术史上罕见的全才，也是中国数千年历史上公认的文学艺术造诣最杰出的大家之一。其散文与欧阳修并称"欧苏"；诗与黄庭坚并称"苏黄"，又与陆游并称"苏陆"；词与辛弃疾并称"苏辛"；书法名列"苏黄米蔡"北宋四大书法家"宋四家"之一。他和父亲苏洵、弟苏辙合称为唐宋八大家中的"三苏"。世人说："门下三父子，都是大文豪。"清人张鹏翮撰联："一门父子三词客，千古文章四大家。"

宋嘉祐七年（1062）二月，苏轼奉朝廷诏令，以凤翔府签书判官的身份前往属县，减决（案犯）囚禁。十五日抵眉县，夜宿清湫太白庙。《太白山祷雨》诗云："平生闻太白，一见驻行骖。"此后，前往周至，沿路游历楼观台、仙游潭等名胜，诗作有《留题仙游潭中兴寺》《至终南山》《题石室责马融》，诗中多有歌颂太白山水者。自仙游潭回至黑水路上，见居民姚氏山亭，高绝可爱，复憩其上，欣然作诗《姚氏山亭》。十六日与张、李二君同游南溪。醉后，三人解衣濯足，吟咏韩公《山石》之篇，慨然知其所以乐而忘其在数百年之外也，次其韵，成诗《南溪》。同年三月，他三次在太白山祈雨，天公沛然作雨，很见成效。他兴致大增，不但写了祷雨文，奏请恢复太白山神的爵位，还不惜大肆渲染，写出极富文采的《迎送词》（五章），以记山神泽润众生之功德。该碑至今仍存于营头口高庙村太白庙神殿前。

翌年，关中又遇干旱，他再赴太白山祈雨。七月二十七日到达斜谷蟠龙寺时诗兴大发，作《横槎晚渡》《南望斜谷口》。当天他还一路游历，至下马碛，憩于北山僧舍。当地有个怀贤阁，南至斜谷口，西临五丈原，是当年诸葛亮出师北伐时囤粮之处，名"邸阁"，后人仿邸阁作阁，名曰"怀贤"以怀念诸葛亮。苏轼于此作五言律诗："南望斜谷口，三山如犬牙……"当时苏轼与商州令章惇关系很要好。二人结伴同游太白山，到了黑水峪的仙游潭，那里有绝壁，章惇过桥用绳系树，爬到悬崖峭壁上题字

"章惇苏轼来游"，神色自若。苏轼非常害怕，不敢过去。事毕，笑言章子厚能杀人。

宋治平元年（1064），苏轼又来到仙游寺，给这里留下一副手书的楹联墨宝，上联云：客远红尘丛中，到此俗缘尽了；下联是：堂开白云窝里，从兹觉案齐登。可惜那副凹形木板楹联在"文革"十年浩劫中遭遇厄运，下联被人偷走，只剩下孤零零的上联尚存世上，为这段往事做着残缺的见证。

张　载（1020—1077）北宋著名哲学家、教育家、思想家，"关学"创始人，北宋"五子"之一。他祖籍大梁（今河南开封），生于长安，十五岁移居陕西眉县横渠镇。因长期在此设立书院讲学，故学者称其为"横渠先生"。又因张载弟子多为关中人，后世称他所创立的学术流派为"关学"。

张载祖父张复，进士，真宗时任给事中、集贤院学士等职。父张迪，进士，真宗天禧元年（1017）任长安县令，仁宗天圣元年（1023）任朝官殿中丞，后任涪州知州，景祐二年（1035）在涪州任上病故。母亲陆氏携张载、张戬兄弟二人扶张迪灵柩越巴山，过汉中，出斜谷，欲归葬开封，但行至眉县太白山下横渠镇时，因路资不足，无力继续前行，遂在横渠镇大振谷迷狐岭上安葬了张迪，从此便定居在横渠镇。

张载自幼聪颖过人，并有大志。时西夏常侵犯宋西北边境，朝廷派兵抵抗，互有胜负。仁宗康定元年（1040），西夏入侵，宋军失利。张载少时即向邠（邠州，今彬州、长武一带）人焦寅学习兵法，并试图组织兵力对西夏作战，"欲结客取洮西之地"。康定二年（1041），张载写成《边议九条》，上奏时任陕西招讨副使兼延州（今延安）知州范仲淹，并奔赴延州求见范仲淹。范仲淹听取张载关于军事防务、对敌作战、收复失地之策，甚为赞赏，但责之曰："儒者自有名教，何事于兵！"因劝读《中庸》。张载听从指教，回家苦读《中庸》，又读了许多老庄与佛教书籍，累年尽究其说，但仍不满足，进而研读六经，在儒释道学说中上下求索，苦心思考，终于建立了自己的哲学体系。著有《正蒙》《经学理窟》等，融合对于《周易》《中庸》等经义的解释，提出了气、人性、义理和封建伦常等理论。

所以能有如此见解，与宋儒突破旧注疏束缚，凭己意自由说经，形成怀疑古代儒家经典的风气大有关联。当时不少学者依据儒经，探讨有关宇宙包括自然界和人类社会的起源与构成的原理，各自建立起理论体系，理学就是其中最重要的一个学派。理学可以说是中国传统社会晚期最重要的儒家学派理论，学者以"理"或"道"为基本哲学范畴，探讨"性命义理"，故称"理学"，又称"道学"。

北宋儒学复兴，儒家强调经世致用，推动政治改革与变法，而理学家探讨宇宙人性的问题，有批判虚无思想、促进儒家哲学的作用。北宋理学家熟悉佛老学说，探讨问题时也会借助佛老的方法与资料，但基本观念与具体解释仍然用的是儒家内容，尤其在人生追求和精神境界上更是开启了儒家的新风气，与佛、道截然不同。

宋仁宗嘉祐二年（1057），张载赴汴京（今河南开封）应科举考试，时值欧阳修为主考官，张载与苏轼、苏辙兄弟同登进士。张载在候诏待命期间，应前任宰相文彦博之邀，在开封相国寺设虎皮椅开坛讲《周易》，学子云集听讲。一天，张载与洛阳著名学者程颢、程颐兄弟相会，交流对《周易》的学术见解。张载觉得二程对《周易》的见解比自己深刻，第二天就撤去虎皮椅，不再讲《周易》。张载是二程的表叔，长二程十多岁，能如此虚心待人，褒扬晚辈之长，足见其高尚学行。张载潜心研究《周易》，广泛吸收周敦颐、陈抟、司马光、范仲淹、王安石及二程等学者的研究成果，经过"仰而思，俯而读"，志道精思，终于写成《横渠易说》。

张载考中进士后，做过几任地方官，先任祁州（今河北安国市）司法参军、丹州云岩（今宜川县云岩镇）县令，后迁任著作佐郎、签书渭州（今甘肃平凉）军事判官公事等。在地方任职中，张载康国济民，敦本善俗，教化为主，关心国势民命，深得百姓爱戴。宋神宗熙宁二年（1069），御史中丞吕公著向皇帝推荐说："张载学有本源，四方之学者皆宗之，可以召对访问。"神宗即召见张载，"上问治道，皆以渐复三代为对。上悦之,曰'卿宜日见二府议事,朕且将大用卿'"(《横渠先生行状》)。经过问对,张载关于治国之道的见解得到神宗首肯,后来任命张载为崇文院校书。时值王安石变法革新,张载面对宋朝"积弱积贫"的社会现实,也力主改革,但他不同意王安石的"顿革之",而主张"渐化之"。由于对变法态度不一致,张载对王安石既不主动配合,也不公开反对。此间,其弟张戬已任监察御史,竭力反对王安石变法,在朝廷上与之发生激烈冲突,致使新旧两党公开决裂。随后,张戬被贬,迁任湖北江陵(**今湖北公安县**)知县。在张戬与王安石的激烈斗争中,张载无疑是赞同和维护张戬的。张载感到政治环境恶化,估计自己必然会因此受到株连,于是辞职回到横渠镇。此后,张载依靠家中数百亩田地维持生计,一面休养疗疾,一面讲学著书,研究义理,修行悟道,探求天地大道,从未停息。张载经过近十年的苦读精思,潜心研究,缜密构筑,终于在熙宁九年(1076)秋天完成《正蒙》这部重要哲学著作,形成了自己的哲学理论体系。张载在讲学的同时,还对古代礼仪进行潜心研究,对婚丧祭祀礼仪提出具体规定,并率弟子们身体力行,从而使百姓争相效仿,致关中风俗一变而至于古。

在研究哲学的同时,张载对于星相天文等自然科学也多有建树。清末思想家谭嗣同评价说:"不知西人之说,张子皆已先之……不知张子,又乌知天?"

张载一生大半时间从事教育,《正蒙》既是一部哲学著作,同时也是一部重要的教育理论著作,对人的早期教育、道德教育及知识技能教育,都有独到而深刻的见解。

张载在辞官回乡后,关注民间疾苦,并没有停止对社会改革的思考和实践。为了解决"贫富不均"的问题,主张推行"井田制"来解决土地占有的不合理状况。他在家乡购得数百亩地,分给无地农民耕种,并按照《周礼》的模式将数百亩田地划为若干个由九块地组成的"井田"。"井田"中间一块为公田,周围八块为私田;私田分给无地、少地农民耕种。同时他还组织当地民众兴修水利,改善耕种条件。他带领民众将大振沟、小振沟、桶瓦沟、珍珠泉四水合一，将汤峪沟、板桥沟、华阴沟、响泉沟四水合一，修成两条大渠，灌田近千亩。后人赞为"眉伯井田""横渠八水验井田"，流传至今。眉县横渠镇崖下村、横渠村、万家塬村，扶风午井镇，仍有遗迹可寻。张载实验井田，力图证明他的社会改革主张的可行性和有效性。张载认为自己的政治主张虽不能为朝廷采纳，施政于国家，但何不验之于一乡？可惜，"井田实验"尚未取得成果，他就去世了。

熙宁十年（1077），秦凤路（今甘肃天水）守帅吕大防上奏章向宋神宗推荐张载回京就职，神宗准奏。于是，张载带病赴京，被任命为同知太常礼院（相当于教育部副部长）。神宗下诏礼部推行张载创导的冠婚丧祭之礼，但礼官们安习旧常，认为新的礼节规定不宜推行，于是消极对抗。张载则认为可行，遭到同僚抵制。在这种境况下，张载不得志，致旧病加重，便又一次辞职回家。归乡途中，至临潼做短暂停留，并带病向当地学子讲学。

熙宁十年腊月，张载病情恶化，逝于临潼客舍中，享年五十八岁。元丰元年（1078）三月，在弟子们协助下，墓迁至太白山下眉县横渠镇大振谷迷狐岭，葬于其父张迪墓左下方。《宣统郿县志》载："先生墓在涪州墓左里人讹呼仙人坟。"南宋淳熙元年（1174），宋孝宗追谥赐封张载为"眉伯"，从祀孔子庙庭。嘉定十三年（1220），宋宁宗追赐谥号"明公"。明世宗嘉靖九年（1530）追谥"先儒张子"。

张载最高追求体现在横渠四句中，即"为天地立心，为生民立命，为往圣继绝学，为万世开太平"。是指要为社会建立一套以"仁孝"等道德伦理为核心的精神价值系统，为民众选择正确的命运，确立生命的意义；努力恢复中断了的学术传统，继承并延续这样的绝学；开辟不止于一时的鼎盛局面，要为千秋万代开创太平盛世的基业。

萧㪺（1230—1308）字惟斗，号勤斋。先祖北海人，其父到秦中做官，遂为奉元（今西安市）人。元初著名教育家、唯物主义哲学家。天性至孝，初任府吏，与上司语道不合而隐居太白山，后定居眉县槐芽镇。他博学多识，精于儒家经典，对天文、地理、历律、算学有很深的造诣。

当时学术界舆论："元有天下百余年，惟萧惟斗是有学识的人。"读书人到他门下求学的很多，他德行高尚，连强盗都很敬重畏惧。朝廷多次征召从官，他都婉言谢绝。元大德十一年（1307），七十七岁高龄的萧㪺被元武宗强召入朝，任太子右谕德（管理太子侍从赞谕）。他带病到京城大都入东宫，作《酒诰》一篇呈献给太子和皇帝，对朝廷中嗜酒成风、醉生梦死的腐败习气提出批评。不久因病发坚辞归里，次年辞世，诏谥"贞敏"（取意"清白守节曰贞，好古不怠曰敏"），葬于槐芽镇南塬上（今范家寨村西），其墓人称萧家阙（1959年毁）。今槐芽镇东萧家祠堂院有一通记载萧㪺生平事略的"萧公贞敏石碑"，村以其萧姓取名"萧里沟"。

萧㪺注重实践，治学严谨，以《小学》为基础，重视教习章句；文章立意精深，言浅而旨远；其理学思想以孔孟为本，以周敦颐、程颐、程颢、朱熹的解说为据，与张载关学有一定距离。当时关中士子多出自他的门下，最著名的有吕思诚、第五居仁、鲁羽中等，号为一代醇（纯）儒，著作颇多，有《三礼说》《小学标题驳论》《九州志》《勤斋文集》等。大德年间，关陇、河东地区地震月余，萧㪺与吕域各设问答数千言，探究地震发生的道理。

何景明 （1483—1521）字仲默，号白坡、大复山人。河南信阳人。明代著名文学家，"前七子"之一，与李梦阳并称文坛领袖。其诗取法汉唐，一些诗作颇有现实内容。性耿直，淡名利，对当时的黑暗政治不满，敢于直谏，曾倡导明代文学改革运动，著有辞赋三十二篇，诗一千五百六十首，文章一百三十七篇，有《大复集》。明正德末年，何景明任陕西提学副使，在任三年而殁。其间游历关中各地，曾作《太白山歌》云："我闻太白横西域，百里苍苍见寒色。灵源万古谁穷探？雷雨窈冥岩洞黑。中峰迢迢直上天，瑶宫玉殿开云烟。千盘万折不到顶，石壁铁锁空高悬。阴崖皑皑积古雪，绝壑长松几摧折。鸟道斜穿剑阁云，龙潭倒映峨眉月。高僧出世人不知，飞仙凌空笙鹤随。洞天福地在咫尺，怅望尘海令人悲。"

在明代著名的"前七子"之中，他的地位仅次于李梦阳，"天下语诗文，必并称何李"。正德年间，"四方学士咸愿知公，车马填门巷"。但他的复古主张单纯从形式上着眼，并未注重继承古代文学的现实主义传统，使文学创作走上歧途。因此，他的大多数作品思想平庸，艺术上缺乏特色。著有《大复集》三十八卷。

何景明在明代可谓是一流作家，明代盛行台阁体，讲究粉饰太平、华贵；注重形式，盛行八股文。何景明中进士之后，与当时的李梦阳、康海、王九思、边贡、徐祯卿、王廷相等，倡导文学复古，当时合称"明代前七子"。其主要主张是"文必秦汉，诗必盛唐"。文章以适用为主，诗歌以反映现实、有韵味为好。

中国历史上，凡是社会有重大变革，都会在文学复古运动中显示出来，如韩柳古文运动、欧阳修诗文革新运动等，并且复古运动都会推动文学的革新与发展。因为任何时代的文章写多了，都会慢慢变成官样文章，没有内容，只重形式。何李的复古运动使中国文风在明代中期为之一大变。

当时这些人拼命地学习唐诗，亦步亦趋，后来何景明发现这又将诗歌创作带到了死地，没有创新。所以他在回到信阳后，接触到民间文学、诗歌，发现真正的文学是反映现实生活的诗歌，是有韵味的诗歌，便认为老杜的诗没有韵味，反而不如初唐四杰的好。他反对模仿，要求独创，立身能主持正义，宁折不弯。宦官刘瑾窃权乱政，朝中大臣敢怒不敢言，何景明毅然上书给吏部尚书许进，劝其伸张正义，抑制刘瑾弄权，语极激烈。刘瑾得知后趁机打击报复，何景明虽被追削官职，仍不屈服。

康　海　（1475—1540）字德涵，号对山，别号浒西山人、沜东渔父。陕西武功县武功镇浒西庄人。弘治十五年（1502）状元，任翰林院修撰，明文学家。与李梦阳、何景明等合称"前七子"。

康海自幼机敏，童年事邑人冯寅为蒙师，习小学；冯出仕后，又入关中理学名家习毛诗。成化二十二年（1486），其父康镛从平阳知府任上归田，常为之讲授古今贤圣掌故，期其效法。父退，康海嬉戏如忘，父怒欲捶楚，问所授，他从容复述无可责。孝宗弘治七年（1494），康海入县学，时提学副使杨一清督学陕西，见康海文，盛赞其才，言必中状元。二十四岁，他与三原马理同举于乡，次年赴京会试落榜。弘治十五年（1502），康海复参与会试，顺利通过殿试，对策称旨，遂大魁天下为状元被授翰林院修撰兼经筵讲官，曾参与修宪宗、孝宗两朝实录。武宗正德三年（1508），李梦阳入狱，为救文友，康海往见刘瑾，不日梦阳获释。八月，康海奔母丧，途经顺德遇盗。正德五年（1510）八月，刘瑾事发，康海以同乡受其株连，被削职为民。对此，梦阳不曾进一言以救，遂以文为身累，倦于修辞。乃曰："辞章小技耳，壮夫不为，吾咏歌舞蹈泉石间已矣！"曾有人劝他向朝廷申辩其冤，以图起复，他断然拒绝。从此放形物外，寄情山水，广蓄优伶，制乐府，谐声容，自操琵琶创家乐班子，人称"康家班社"。他与户县（西安市鄠邑区）王九思共创"康王腔"（即今之眉户戏），扶植周至张于朋、王兰卿组建张家班。曾广集千名艺人，参与秋季赛神活动。他自己动手创作的《中山狼》和《王兰卿服信明忠烈》杂剧，被之管弦，自比俳优。在康家班基础上组建的张家班，又名华庆班，在历史上活动长达五百年之久，为重振北曲，为秦腔艺术的发展，建立了不朽的功勋。《中山狼》原剧本剧名下有"正名：东郭先生误救中山狼，杖藜老子智杀负心兽"。此剧以东郭先生好心救助中山狼，而反遭恶报的寓言故事为基础编写而成，传说该剧含有对李梦阳负义之举的无情鞭笞之意。

　　康海放歌泉林三十余年，初衷不改。殁时，遗命以山人巾服成殓。检其遗资，"借金百余"，而大小鼓却存有三百多面。除诗文集外，还著有散曲《沜东乐府》。所著《武功县志》，明清时皆推第一。

　　康海一生畅游关中胜迹，谒后稷庙，游横渠书院，拜周公庙，流连太白山水；游凤泉汤，著《汤峪温泉》诗，有句曰："凤凰山下藏太阳，不施炉灶自成汤。"弘治七年（1494），在神往太白山已久的情绪里，他奋笔写成《梦游太白山赋并序》，以浪漫的笔法描述太白山的险峻神秘，抒发了遁世情怀和隐居思想。

　　康海正德年间游历周至写就《读书石室》。在仙游寺作《次仲默》，笔触简约明了，颇承元散曲小令之风，写景清新明丽，饶有韵味，诗云：

地僻柳条初绽，春深小桃未花。
草房凹口云散，荞麦山头日斜。
傍壑数椽僧舍，隔溪三老人家。
龙窟千寻俱水，苍烟四望无涯。

李梦阳 （1473—1530）字献吉，号空同子。庆阳（今属甘肃，明代属陕西）人，明代文学家。二十一岁时中陕西乡试第一名，时与康海、王九思等号称"十才子"，次年中进士。因当年其母高慧去世，两年后其父又去世，李梦阳一直丁忧在家，未授官职。一直到他二十七岁时才拜户部主事，当上了一个正六品的官，开始了他的宦海生涯。李梦阳出身寒微，兼之他为人犟直，入仕不久，在监税三关时，第一次触犯权贵而下狱。弘治十八年（1505）四月，因弹劾"势如翼虎"的寿宁侯张鹤龄，得罪皇后张氏，又导致了他第二次下狱，被囚于锦衣狱，不久宥出，罚俸三个月。出狱后，途遇张鹤龄，李梦阳扬马鞭打落其两齿，可见他疾恶如仇的强硬态度。正德元年（1506），因替尚书韩文写弹劾刘瑾奏章，被谪山西布政司，不久又因他事下狱，赖康海说情得释。刘瑾败，复起任原官，迁江西提学副使。后因替朱宸濠写《阳春书院记》而削籍。他曾多次登太白山。其诗句有"水绕褒斜出，山从周至围"。

李梦阳天资聪颖，禀赋超群，加上从小就好学多思，因而到十五六岁时，就已是才思敏捷、出口成章的才子了。十七岁那年，陕西长安府开科考试，他备齐行装，告别家乡父老，只身前往长安。谁知连试不第，尤其第二次非但榜上无名，考官学台大人竟然在李梦阳的考卷上胡乱批道"四等大秀才李梦阳"，以此来挖苦他。李梦阳万万没有想到考官会这样做，他愤愤而去。两次应试，并没有使李梦阳灰心气馁，相反，学习更加刻苦。弘治五年（1492），李梦阳再次告别家乡，前往长安应试。这一次，为了回击学台大人的嘲弄，他在一只大灯笼上用红笔书写"四等大秀才李梦阳"八个大字。学台见他提着这样的灯笼招摇过市，不禁大吃一惊，又羞又怒，却又拿他没办法。

这次考试是即景赋诗。学台和那些貌似有韬略的考生瞧不起他，想让他当众出丑，在一旁密谋捉弄他。李梦阳并不把这些放在心上，镇定自若，胸有成竹，一边往高楼上走，一边赋诗道："一步一步登高楼。"学台和那些纨绔子弟一听起句如此平淡，都蔑视地笑了。李梦阳并不在意，又往上走了一步说："手扶栏杆望北斗。"学台及其他考生听后不语了，心里暗想这句还有点诗意。李梦阳说完继续上楼，随即又顺口成章："不是青山遮眼目，望尽天下十八州。"学台和那些考生听后瞠目结舌，心里不由得暗暗夸奖："高才！高才！"从此再也不敢轻视这位年仅十九岁的小秀才了。这一年梦阳考中解元，即举人第一名。第三年，又中进士，更使人刮目相看。

李梦阳做学台时，有一名学子与他同姓同名。李梦阳就把这名学子叫到面前说："你难道不知道我的姓名，怎么敢起与我相同的姓名来冒犯我？"这名学子回答说："姓名是由父母起的，明知与你的名字相同但不敢更改呀！"李梦阳想了一会儿说："我现在出一副对联的上联，来检验你的才学，你如果能对上，我就宽恕了你。"接着说："蔺相如、司马相如，名相如，实不相如。"上联的意思是说，你与我虽然姓名相同，我们可不是一样的人物。这名学子思索不久就应对道："魏无忌、长孙无忌，彼无忌，此亦无忌。"下联的意思是说，魏无忌和长孙无忌都不因为名字相同而有所顾忌，我们何必为此事计较呢。李梦阳听后，只好笑着将这名学子放走了。

吴　玉　（1586—1642）山西寿阳人，明代著名诗人。崇祯初年，曾任广西道监察御史、河南布政司参议。吴玉闻说太白山积雪，遂游太白山，作诗《望太白》，诗云："登临虽未得，人望已思衷。"

党维新　（生卒年不详）武功人。光绪元年（1875）夏，党维新登山，受庙内道人之请，分别为大爷海、三爷海撰写对联：

其一

谷口冻云开，万里寒光生积雪；
峰头初月上，四时好景孕灵泉。

其二

坐镇周原，误把山灵传泰伯；
媲隆汉畤，至今石上有清泉。

李　柏（1630—1700）字雪木，号太白山人，眉县曾家寨（今属槐芽镇）人。祖籍汉中府城固县，其七世祖徙居眉，遂为眉籍，兄弟三人，柏居其仲。明末清初文学家，与周至李颙（二曲）、富平李因笃（天生）齐名，世称"关中三李"。

李柏幼时，即受父亲熏陶，喜东晋陶渊明诗。后来入私塾读书，以渊明为师，在书斋前栽柳五棵，并题诗："茅屋果然如斗大，诗风酒月度年华。客来陋巷不知处，五柳柴门第一家。"

他天资聪颖，十岁便作文赋诗。喜读历史人物传记，凡忠义、圣哲，心拜而师；凡猎功名富贵而晨昏伏案钻研时艺八股的士子，则嗤之以鼻。为此他三次躲避"童试"。顺治八年（1651）六月，他二十二岁时第一次登太白山，作《太白山月歌》七古一首："我年廿二入雪岑，老母倚门戒山客……白昼披裘六月寒，夜来燃火冰雪宅。"次年，柏母病逝，他毅然弃家携眷隐居于太白山大雪崖洞（汤峪镇远门口内），躬耕山田，攻读诗书。他读书涉猎范围极广，尤对经、史、子、集造诣极深，对兵书、佛学、黄老学，乃至琴、棋、书、画皆有很深的研究。

康熙三年（1664），他联络岳含璞、赵琇、贾琨、薛胤等生员，上书刚上任的代知县梅遇，吁请复修远门口潭谷河上堰。梅知县采纳了他们的建议。李柏曾以《凿山开渠赠梅侯》诗称颂梅遇的功绩："感此功德深，路巷丰碑勒。千古眉阳道，行人欢颜色。"康熙四年（1665），因陇西发生战事，他便离开太白山，流寓周至等地设馆授徒。康熙六年（1667）二月，李柏与岳含璞、赵琇、贾琨、薛胤等人联名，撰《请梅侯开渠堰启》一篇，建议利用眉邑南依太白之利大兴水利建设。

康熙九年（1670）八月，李柏辞馆，复回太白山居，专心读书。康熙十一年（1672）二月中旬，潭谷河上堰水利工程开工，竣工后，李柏作

《凿山开渠赠梅明府品章》五古一首，其代撰的《潭谷河上堰水利碑记》也于此时完成。代知县梅遇撰《潭谷河上堰水利碑记》一篇："今年壬子，贾生琬等复有潭谷河渠之请。……役起二月中旬，竣于三月中旬。"是年李柏四十三岁，撰《为梅侯种柳叙》一篇。应作于"潭谷河治而九河之利始全"之时，即潭谷河水利工程竣工当年。

康熙二十一年（1682）六月二日，李柏负笈入太白山，作《槲叶集·答刘孟长先生》："壬戌六月，入太白山，遇梓人刘氏，敬问先生起居，渠为口悉。"觅得秦人旧居，伐茅作屋。作《寄茹公》书信一封："六月二日，登太白山，小结茆茨。"作《寄仝九挎》书信一封："乃于六月二日负笈入山，觅得秦人旧居，伐茅作屋如九苞。"作《寄辉玉》书信一封："六月登山，占得一峰白雪。"作《寄满老》书信一封，因信中内容与其他几封书信一致，故暂置壬戌年。作《寄张荩公》书信一封："桂树丛生兮山之幽。"此乃夏秋山景。作《寄翰垣》书信一封："今夏南登太白于水云窝里，觅得桃花洞口，风景颇佳。"作《寄赵静斋》书信一封："自入太白，虽云空山清寂，然渔樵以我为师，猿鹿以我为友，清风以我为故交，明月以我为知己，此山家之荣，于某足矣。"

康熙三十七年（1698）正月，为其侄完婚。《槲叶集·为焦卧云告松友之变》："近为家侄毕姻，不遑埋瘗（松友）。"先生排行为仲，有一兄一弟。关于其兄，只有萧震生在《太白山人槲叶集叙》中提及，先生三避童试，"或日暮投古庙，坐，达旦不寐；或深入眢井三日夜；或潜走旷野，危坐，连宵不归；或出亡于外，西渡汧水，南入云栈，东登首阳，拜夷、齐墓，其兄迹之回塾"，其后再未见诸任何文字；而其弟已于壬戌年（1682）去世。故从年龄推算，此家侄可能是其弟之幼子。另据眉县古时乡俗，父母为孩子娶亲多在新年伊始，即正月上旬选择吉日。之后，葬松友于太白山麓。《槲叶集·为焦卧云告松友之变》："俟来春，练以白布，葬之太白山麓，以沙书石题，曰'松友之墓'。"

康熙三十八年（1699），李柏一日酒后跌床，从此卧病不起。李穆庵恐其有失，忙派人将他细心护送回曾家寨。两年后，终因年高体弱，于康熙四十年（1701）七月二十四日逝世。

李柏一生在太白山大雪崖先后共生活了三十八年，朝讴夕吟，著书立说，写了许多脍炙人口的诗文。他因无纸张，又畅志山水间，每兴之所至，即顺手扯一片宽大的槲叶，信手挥洒。因诗文大多写于槲叶之上，所以后人辑其著作，刊印成书，起名《槲叶集》。

李柏同情劳苦民众，抨击社会不公，指出治理国家必须"以德得天下，即以民为重""功在天下，道行万世"，不能"利为一家，贼在天下"；认为明末社会动乱的原因是"笃实君子在草野，虚妄小人满朝廷。上欺其君，下虐其民，民不堪命，聚而为盗。盗满天下犹盗满朝廷也"；不满清廷民族压迫，立志"存铁心，养铁膝，蓄铁胆，坚铁骨，以铁汉老可也"。

他的著作还有《一笑集》《勤学通录》《麟山十二诗》《可以集》《蕉窗墨战》《汉南草》等。后人所辑《槲叶集》四卷为其代表作，今仍传世。他被收入《清代七百名人传》文学类。

冯云程　（1621—1708）字海鲲，明末清初人。世居眉县汤峪（今汤峪镇冯家堡），号峪泉生、峪泉子。七岁成孤儿，外侮内难使其自幼奋发图强，以自立从师肄业，刻苦努力，废寝忘食，学业大进，下笔如有神，见者无不惊异。十八岁补博士弟子，考试名列前茅，为督学使者赏鉴。清顺治四年（1647），恩科拔贡，六年廷试，八年副贡。十年赴部铨，在京候铨五载。顺治十四年北闱入试，次年四月，入朝掣签，授西奥古宾阳（广西滨州）判，以衣袭和资费匮乏，领凭辞朝返里，抵家弥月，趣装赴任，跋山涉水，风餐露宿，三月抵任。在任廉以持己，仁以及物，减供应，捐长例，弊绝风，清任甫。无奈滨州岚烟瘴雨之气，长（常）生疾病，难以久任，待至是年十月，以水土不习告解，上司以其办事干练，不忍让他离任，他恳辞而归。年已四十六岁，时尚嗣艰，遂入赘招亲于周至县大寨村。冯云程与眉人李柏、周至李颙相友善。耆儒王丽泽流寓周至二曲处，访友到眉县，被盗贼所劫。云程与绅士呈究，盗贼惧怕，即还所劫之物。康熙四年（1665）冯云程返眉。善写诗文，他的德业、文章，时与雪木并称。著文集二卷，取名《海鲲集》。

刘昆玉 （1869—1932）字玺侯，号退谷，初名宗关，周至县马召镇崇信巷人，清庠生。光绪三十二年（1906）被招募为新疆总督府测绘科科员，受命率领测绘小组，跋山涉水，行程万余里，历时年余，勘测中俄边界新疆段，并更换界碑。清政府授他一枚金质奖章，升任测绘科科长。1913—1914年，刘昆钰奉命谈判，并收缴新疆东北一带回、蒙等少数民族政权的印诏。民国政府嘉奖刘一枚红色勋章，晋升为陆军中校军务科长。此后，因家中老人病危回陕，在陕西省国民政府供职三年，年迈后辞职返回马召。回乡后，筹集资金，在马召镇西兴办鹿鹅学堂。1924年学校准备开学时被洪水冲毁。乡居期间，他怀揣笔纸，手提砚台，搜求地方资料，重新订正补充明代王三聘所写的县志，写成《广两曲志》。晚年，他回顾在新疆的经历，写成约十三万字的《游新记》，内容分为三部分：其一，测量中俄边境时的见闻，具体记述中俄边界两段五千余里的界碑位置变迁、周围地形、军事要塞和兵力分布，以及沙俄帝国侵略中国西北边疆等情况；其二，边疆一带几个县的县志，重点写军事要塞；其三，回民领袖肖格尔起义始末。同时，将从新疆回西安途中见闻加以整理，写成约六万字的《省亲记》。这两部书已成为近代重要的军事地理著作。他还著有《周至六朝石墨集》《续终南仙境志》《天山山脉志》《中俄边界志》《新疆地理志》《平弧实用》《金石草》《历史金石大纲》等书。

芬茨尔 （1896—1936）德国士巴燕邦人，林学博士。1933夏，应国立西北农林专科学校（今西北农林科技大学）之聘，第二次来到中国，任林学教授兼林场主任。芬茨尔不辞艰辛，四出考察，掌握实情后，在太白山下的眉县齐家寨和咸阳北塬上创办西农教学实习林场。次年，被省政府聘为高等顾问，兼任陕西省林务局副局长。

同年7月，芬茨尔应于右任和省政府主席邵力子的邀请，同登太白山，对原始森林进行考察。后越过秦岭，到达汉中，对陕南森林做实地调查。由汉中回关中后，他不辞辛劳，草拟出《陕西省林务局组织计划》，并先后建立长安草滩、周至西楼观、眉县槐芽、朝邑平民等国有林场。

1935年，他应甘肃省政府主席朱绍良之邀，由陕西到甘肃，又绕道宁夏和青海，对大西北森林资源进行调查。根据考察所得，草拟《甘宁青三省林业之大计》。当年夏，在结束甘、宁、青三省之行后，又调查筹办陕西陇县关山林场，冒暑跋涉，回到西安，略觉不爽，抱病筹备，昼夜操劳，遂得失眠症。省政府主席邵力子劝其"暂赴青岛，短期休养"。他接受劝告，决定于8月14日去青岛治病。不料13日午后，病态转剧，遂由省林务局德籍视察员罗特陪伴送入西安市广仁医院（今西安市第四医院）。次日凌晨3点，神经错乱，行动不能自控，竟以剃刀自戕。经与德国驻华大使馆派来之代表毕德商妥，芬茨尔的遗骸葬于西安市莲湖公园。

芬茨尔为中国林业"殚精竭虑，擘画周详"的功绩，集中表现在他的遗著中。其著作有《中国森林问题》《广东省造林工作及苗圃设施之实际方法》《西北造林论》《西北引渭治黄中林业将来之任务》《陕西省林业发展之十年计划》《陕西省各县苗圃设置及直接造林方案》《建设陕西渭河以南道路建议书》《甘宁青三省林政之概况及其改进之刍议》《秦岭天然林之护育及治黄治渭滩地林之培植》《西北林务总任务与其工作程序》《中国将来森林政策之实施及自然之基础与木炭汽车之燃料出产关系》《陕南林务实施办法》等十余种。

于右任（1879—1964）原名伯循，字诱人，而后以"诱人"谐音"右任"为名；曾用名刘学裕、原春雨，号髯翁，别署骚心、髯翁，晚年自号"太平老人"，笔名有骚心、大风、神州旧主、剥果、半哭半笑楼主、啼血乾坤一杜鹃、关西余子等。祖籍陕西泾阳县，生于三原县东关河道巷。1926年，与冯玉祥、刘觉民等人一道率国民军联军解救西安之围，出任驻陕总司令，放手起用共产党人和国民党左派人士。后来曾任国民政府监察院院长达三十四年之久。抗战期间，仍公开支持国共两党再次合作。晚年在台湾仍渴望祖国统一。擅长诗词书法，所创"标准草书"深受海内外学人欢迎。著有《于右任诗词集》《标准草书千字文》等。

1933年8月，他由上海返陕，邀约陕西省政府主席邵力子同游太白山。从眉县营头口入山，经蒿坪寺、大殿、向阳寺（放羊寺）、文公庙一线，登临太白绝顶——拔仙台。沿途观赏山色美景后，沿鸡上架、石守关、神仙桥、骆驼树一线下山,在山中,他为道士书写"风调雨顺,国泰民安"八个大字。事后,于右任写了长达一千二百字的《太白山纪游歌》,以记其事。

于右任的书法雄豪婉丽,冲淡清奇,特别是晚年,他的草书更是达到了出神入化的境界,真是字字奇险,绝无雷同。在他的笔下,将草书熔章草、今草、狂草于一炉,时呈平稳拖长之形,时而作险绝之势,时而与主题紧相粘连,时而放纵宕出而回环呼应,雄浑奇伟、潇洒脱俗、简洁质朴,给人以仪态万千之感。他将推广标准草书"易识、易写、准确、美丽"的原则用于实践,做到笔笔随意,字字有别,大小敧正,恰到好处。结体重心低下,用笔含蓄储势,变化万千。他在书法上成为一代宗师,日本朋友称他为"旷代草圣"。他曾草书张载的"横渠四句"条幅,真迹存世者不少。

1933年夏秋之际,他以五十五岁的年龄,徒步登上太白山。按他在后记中说的,本来他是想写成一篇游记的,但又一想写成韵文可能更容易让人记住,因此就写成了那篇脍炙人口的《太白山纪游歌》。这是有史以来最长篇幅的关于太白山的诗歌,作者极力铺陈、描写、抒发了自己对祖国名山大川的喜爱之情,文辞优美,层次错落有致,感情跌宕起伏。特别是借景抒情之际,表达了忧国忧民的爱国情怀,韵脚转换自如,语言雅俗共赏,使得千古名山更加名副其实。

林散之　(1898—1989)原名林霖,又名以霖,字散之,号三痴、左耳、江上老人等,以字行世。祖籍安徽和县乌江镇七棵松村,生于江苏南京江浦县乌江镇江家坂村(今属南京市浦口区)。中国近代书法家、画家。林散之幼年开始作画,1930年拜入黄宾虹门下学画,是当代杰出的书法大师、诗人、画家,被誉为"草圣",他的草书被称为"林体"。

1934年,林散之遵黄宾虹教导,费时八个月,孤身作万里游,遍游苏、皖、鲁、晋、豫、陕、川、鄂等九省名山大川,行程约十六万里,历尽艰难险阻,沿途观摩历代刻石书法,胸襟与眼界大开。途中他一边游走,一边吟诗作画,共创作画稿八百余幅,诗作近两百首。次年撰成《漫游小记》,连载于上海《旅行杂志》。

这次外出遨游中,他登临了西北名山太白山。1934年6月8日(农历五月初九），林散之雇用汉中人张益荣为向导兼背工，由眉县营头口（林先生散文游记中记为"云头"，口音不同所导致）进山，经萨（沙）坡寺、蒿坪寺、交（蛟）龙寺、黑虎关、中山寺、菩萨大殿、子阳台、黑风岭、松花坪、二仙山、斗姆宫、平安寺、救苦岭（林）、寒风关、冲天岭、雷神峡、放羊寺、分天岭、文官（公）庙、孤魂洼、金锁关、大太白池，于6月13日清早登临太白山绝顶——拔仙台。然后他于当日下拔仙台后，经稻地洼直趋二爷海（二太白池）、三爷海（三太白池）、玉皇池、佛池、三清池、南天门，饥寒交迫穷途末路之际，遇一伐木人家李姓少妇以鸡子（鸡蛋）济食，始得走出困顿。当时他和那位救他性命的少妇有段对话颇有意思，他问："君一妇人，处此深山，无所畏否？"少妇笑答："君一文人，游此深山，亦无所畏否？"林散之非常惊讶她的回答，觉得这位少妇颇堪敬重。第二天，天气十分寒冷，他身体十分疲惫，遂在李妇家逗留一天，当晚夜不能寐，他索性点燃蜡烛，连夜整理积日写生稿。6月16日晨，作别李妇，至后镇（即周至县厚畛子），经黄草坪、都门（即都督门），夜宿村前荒庙。17日，经金索岭、朝元洞，到达洋县华阳镇，并在此逗留一日。翌日，出华阳镇南门，经华阳桥至南坡岭，夜宿观音阁。20日，经石柱岭过渭水河宿一黑店，险遭杀身之祸。21日，到达汉中城固，始上坦途。

根据他后来写的《漫游小记》记述，此行他共计费时十四天，行程五百余里，作画二十三幅，作诗七首，收获颇丰。其中有画作《云头口》《萨坡寺》《蒿坪寺道中》《黑虎关》《太白山之云海》《子阳台》《放羊寺》《救苦岭》《孤魂洼》《大太白池》《太白顶》《南天门》，诗作《下太白山阻雨山村》《宿李妇家》等陆续发表在1936年《旅行杂志》第十卷第三期上。林先生文笔独到，所写均为所见所感，沿途艰难险阻，恐怖惊心，如在眼前；道中四顾彷徨，进退维谷，读来令人叫绝。20世纪30年代，太白山纯粹为自然原始的荒芜状态，山路不开，野兽出没，人迹罕至，他以文弱书生之身，不畏艰险困苦，冒着生命危险，竟于农历五月徒步横穿太白山。其对于艺术追求的执着、对祖国名山大川的热爱，非常人所能企及，值得后世景仰。

第五章

烈士篇

栗政通 （1923—1949）河北省平山县北冶乡杜家庄人。1937年入伍，编入八路军第一二〇师第三五九旅第七一八团。1938年入党，历任侦察员、政治指导员、连长、副营长、教导员、营长等。在王震将军率领下参加了抗日战争，亲历了百团大战、保卫延安的战斗、南泥湾大生产运动，南征北战。解放战争中，他参加了孟良崮战役、淮海战役。1949年参加了西北战场从根本上扭转战略形势的扶眉战役。是年6月12日，在扶眉战役金渠镇战斗中，栗政通同志任中国人民解放军第一野战军第一兵团第二军第六师第十八团独立第一营营长。他带领全体战士勇猛杀敌，与金渠镇东南马家山及以北二郎沟敌第三十六军第一六五师第四九五团进行了反复激烈的阵地争夺战，战斗中歼敌一部。残敌往金渠镇方向溃逃，纷纷进入我军的口袋阵。黄昏时候，团首长接到师部命令，我军一部由马家山西塬张家坡下山，经过永安村、烟霞村，直插金渠镇西南的斜峪关，以防北出增援之敌。另一部配合我军第四师、第五师由东向西分南北两路向金渠镇进攻。当晚，我军包围了金渠镇守敌第一六五师，经过一夜激战，于次日拂晓歼敌一部分，并俘虏了敌师长孙铁英及其部下二千二百余人。在马家山追击敌人的战斗中，栗政通营长带领战士们冲锋在前，奋勇杀敌，但邪恶的枪弹击中了他的腹部和头部等处，伤势严重，卫生员抢救时，他对政治干事花玉春说："你告诉李教导员，我不行了，叫他好好领导，完成光荣任务。我牺牲了不要紧，中国还有四万万五千万同胞，革命一定会成功的！"话音甫落，栗营长壮烈牺牲，为革命献出了年仅二十六岁的生命。战后，他被葬在太白山脚下的二郎沟西塬边一棵皂角树下。

孙林宽 （？—1946）中原军区三五九旅七一七团二营五连副连长。1946年6月，中原解放军在李先念带领下实施分路突围。其中三五九旅七一七团团部直属队、第一营、第二营一个半连、旅干部队一部四百余人从陕南翻越秦岭，8月13日从周至马召进入眉县，行军路线始终沿太白山麓向西。为了截击解放军，国民党军在太白山北麓各山口都驻扎了地方保安武装，把渭河上的民船一律封锁在北岸。8月14日上午，解放军部队到达槐芽以南的屈刘堡、下冯家堡等村吃饭后稍事休息，又向西进军。部队经过柏家窑和上孟家之间的一块洼地时，遭遇了眉县保警队岳生华部，随即展开激战达两小时多。战斗中二营五连副连长孙林宽不幸身负重伤，生命垂危。下午，尖嘴石村里的几个老年妇女还给受重伤的孙林宽送去水和饭，但由于子弹穿透了孙副连长的胸脯，他已经无法吃喝。据她们后来回忆，孙林宽体格很壮实，黑红色脸膛，穿的灰色军装，打的绑腿，腰间扎着一根很宽的皮带。解放军摆脱敌人的袭扰后，一路急行军，傍晚在马家山吃饭、宿营。其间部队领导集合讲话，批评了大家在战斗中互相照顾不周，导致孙林宽负重伤掉队。这时候，部分战士表示不能就这么扔下他不管，坚决要求趁着夜色返回寻找孙副连长。最后部队首长同意，战士们打着手电返回找到孙副连长，但人已经不行了。无奈，他们怀着无比悲痛的心情告别孙林宽，离开了。后来汤峪尖嘴石村的王贵友、于得水、郭德才亲手掩埋了孙林宽烈士的遗体。1954年，烈士遗骨被迁入扶眉战役烈士陵园安葬。

刘景伯 （1918—1949）太白山下周至县马召镇人。幼年时先后在马召小学、民兴中学读书，转入西安一中后，深受革命启发，与中共地下党组织取得联系。1939年5月加入中国共产党，后考入南京政法大学。1946年底，因患肺病休学在家，以马召小学校董事身份为掩护积极发展党员，先后发展李生政等人为中共党员。1948年年底，国民党残匪秦岭中部警备司令部组建时，马召镇地下党组织派共产党员刘巩伯、刘遇时等人打入敌军内部，于次年5月策反敌一个连起义。同时，印发由刘景伯起草的《告秦岭区武装同志书》《告秦岭区民众书》等传单，动员人民，瓦解敌军。国民党秦岭中部警备司令部残部，于1949年6月再次进驻马召镇一带，大肆屠杀共产党员和进步人士。6月21日，刘景伯主持召开党组织紧急会议，让其他同志暂时隐蔽，自己留下坚持工作。会后被捕，身受各种酷刑，坚贞不屈，怒斥敌人。敌人恼羞成怒，用棉絮、毛巾等物塞住他的口，次日拂晓，将他拖至马召镇西门外活埋。中华人民共和国成立后，周至县人民政府处决了杀害刘景伯的刽子手同树林，将刘景伯遗骨葬在马召镇北革命烈士墓。

孙　鸿　（1915—1960）又名孙宏，化名华生、石坚，陕西洋县华阳镇吊坝河人。1932年，孙鸿在洋县县立书院读书时加入中国共产党。翌年毕业回华阳山区从事中共地下工作。1935年3月，红二十五军在华阳建立苏维埃政权。孙鸿积极参加筹建华阳地区苏维埃委员会（办公地点设在他家），并任军事委员。5月底，驻汉中、洋县的敌人以重兵围剿华阳苏区，苏维埃政权遭到严重破坏。孙鸿家的房屋被敌人烧掉，他带几个游击队员撤退到太白山区隐蔽。6月下旬，他把母亲、兄嫂及侄儿转移到眉县金渠镇八练村八角寺居住。根据薛朗夫指示，他随红二十五军政治部北上到达陕北。不久，中共中央到达陕北后，党组织又派他回陕南，令其在红七十四师领导人、鄂豫陕省委书记郑位三领导下工作。

1936年春，孙鸿从陕北跋山涉水，通过敌人重重封锁，回到眉县，开始以眉县为中心的地下工作，长达七年之久。在鹦鸽咀（时属眉县，今属太白县）山区与郑位三接上关系，在汇报情况后，他们总结了华阳游击队失败的教训。郑位三指示他在秦岭南北做地下工作，发动、组织群众，建立秦岭游击队，随即约定通信代号：郑位三为"冯大"，孙鸿为"华生"。郑给孙叮咛道："万一通信联络被敌人切断，关系脱节，你应本着共产党的宗旨、目的，独立创造性地工作……"夏，孙鸿在眉县八角寺、太白山区白云峡和黄柏塬一带，以打短工做掩护，在农民和伐木工人中进行秘密宣传。这期间，他两次派人与郑位三联系，都没接上头；亲自进入深山老林寻找几个月，也未同党组织取得联系。他后来得知红七十四师已转移到鄂、豫、陕三省边界地区。在孤立无援、缺人少枪的情况下，他始终为筹建秦岭游击队而努力。

此后，孙鸿在眉县东坡村私塾任教，以教书为掩护，暗中筹建游击队。他白天教书，晚上跑几十里路，到太白山内联系人。一次，在蒿坪寺（今属眉县营头镇大湾村），为夺取敌逃兵的一支步枪，从山崖上跌下去，摔断了脊梁骨。伤养好后，他又投入新的战斗。

1939年夏，为加快组建秦岭游击队，他感到教书活动范围太小，于是便辞去教职，只身住进营头山区，在红河、李家河、胡家山一带，以结拜弟兄的办法，联系一些人。他喊出了众多口号，如"咱们到陕北去""咱们要革命""咱们组织游击队"等，宣传共产党的政策，揭露国民党的黑暗统治。冬天，他由红河移至鹦鸽咀、桃川一带，加入解板和搬运木材工人中，一面劳动，一面进行革命宣传和组织工作，仍以结拜弟兄的办法，把所联系的人，如小法仪东坡孙堂娃，横渠万家塬余德海，汤峪屈刘堡刘大治，齐镇张三成，龙丰木场牟定荣，鹦鸽咀张学敏、李登高、冉瑞亭等三十五人组织起来，名为组织弟兄会，实为组建游击队。他将齐家寨的龙丰木场作为秘密联络点。孙鸿动员弟兄们用背板、运木料挣来的钱，购买两支土造枪，还有李炳南赠送的三百发子弹，同郭明成在汤峪夺保警队长一支枪，在蒿坪寺夺得保安队一支枪，在斜峪关夺得水文站一支枪。

1942年年底，孙鸿联系失散的红军伤员、华阳游击队和在眉县一带结交的弟兄八十余人集结，有长短枪十六支。次年4月，在太白原板场成立秦岭游击大队，孙鸿任政治主任兼大队长。大队下设三个分队，迅速在眉县等秦岭南北八县山区开展打富济贫、剿匪除霸活动，深得民心。1945年6月，因白色恐怖，敌我力量悬殊，孙鸿秘藏武器，解散队伍，独身携带破旧枪支，以假言自首，被敌监禁汉中。

中华人民共和国成立后，孙鸿曾任洋县华阳、茅坪工作组组长，洋县建设科科长，第十二区（华阳）副区长、区长等职，1960年8月逝世。

李金泉 （1923—1973）字毅轩，太白山下眉县齐镇人。毕业于设在齐镇的陕西省农业职业学校。1947年暑期，李金泉在李骥德支持下，任鹦鸽咀（时属眉县）小学校长时加入中国共产党。眉县地下党负责人张衡指示他，发展党组织，建立地方武装，准备阻击南逃的胡宗南残部。他以结拜弟兄的办法，团结培养一批人，按照中共陕西省工委"打入枪窝子，在国民党乡政权内发展党组织"的指示，通过教育引导，先后发展乡长唐志贤、副乡长张志信等十三名党员，建立中共鹦鸽咀党支部，将各保枪支集中到乡上，从农村挑选二十多名进步青年加强乡公所警备班，为建立鹦鸽咀游击队打下基础。

1949年春，人民解放战争节节胜利，胡宗南军队沿长益公路（今西宝南线）向西溃退。5月22日，大批胡军从斜峪关向汉中溃逃。地下党组织决定，立即组织武装力量截击其后尾部队。这天，李金泉带领六十人，集中隐蔽在要地石嘴梁上，当胡军大部队刚一过去，他就指挥向敌后尾部队猛烈袭击，激战一个多小时，打死敌军一人，俘获两人，缴获六〇炮、八二迫击炮三门，长枪十多支，子弹两箱。李金泉和唐志贤把以警备班为主的全部武装人员带到柳树坪，宣布成立鹦鸽咀游击队，李金泉任指导员，唐志贤、王凤岐任正、副队长，下设三个分队。随后，李金泉在贾家寨村找到一野二军六师师长张仲瀚和政委曾涤，二人即任命钟仁亮为眉县游击大队队长，李金泉为指导员，肖富州为副指导员，并指示钟仁亮尽快起义，带兵下山，接受整编，还答应带兵入山追击敌军。次日，六师一部到达鹦鸽咀，敌军仓皇南逃，使当地人民免遭劫难。至此，眉县全境第一次获得解放。

6月初，李金泉随解放军和县级机关东撤到蓝田县张家村一带。7月11日黎明，他带着恢复游击队、配合大军消灭敌人的使命，随解放军先头部队西返鹦鸽咀后，游击队很快恢复。

1949年7月12日，眉县鹦鸽咀地方人民政权建立，但当时属岐山管辖的桃川尚被敌人占领。一天，鹦鸽咀游击队发现一股敌军从老爷岭下山，向鹦鸽咀方向移动。李金泉带游击队员立即登上马耳山梁射击，敌军被迫退回五里坡一带。不几天，敌军又在桃川灵丹庙街驻扎一批便衣部队，企图对鹦鸽咀解放区进行骚扰。他即派人向县大队求援，并派部分队员与县大队一个排的战士化装成便衣队，连夜包围灵丹庙街，激战后敌军狼狈逃窜，桃川地区获得了解放。他又带游击队主动出击，给窜入白云峡深处的一股敌军以沉重打击，缴获机枪两挺，长短枪三十多支，并遣散被缴械人员。鹦鸽咀、桃川虽已彻底解放，然地方社会治安混乱，匪首陈义海带四十多名匪徒，潜居深山放羊寺，经常下山抢劫，危害人民生命财产安全。一天，李金泉领导的游击队在茅庵梁下与陈匪一部遭遇，激战后，活捉匪徒两名。11月,游击队奉命派三十名精壮队员,按军分区和县大队剿匪部署,连夜踏雪上山,天亮前强占制高点,配合主力部队,一举歼灭了陈义海这股作恶多端的匪徒。中共眉县县委、县政府在庆功大会上,授予鹦鸽咀游击队"战斗英雄集体"称号。

中华人民共和国成立后,李金泉任鹦鸽咀区委指导员(未设书记),领导山区人民胜利完成土地改革。嗣后,任首善区(今首善镇街道办)区长、宝鸡专区供销合作办事处股长、陕西省轻工业局手工业研究所副主任。1963年,他调回眉县,任县人民委员会办公室主任。此后,李金泉因所谓的"历史问题",先后被下派到城关北兴村和金渠镇宁渠村蹲点,他同基层干部群众关系非常密切。"文革"中又蒙受不白之冤。其间,他患食道癌,病情不断加重,于1973年3月8日逝世。就在临去世的前几天,党组织派人到病床前,向他宣布当年中共宝鸡地委给他所做的历史结论是正确的,并推倒一切诬蔑不实之词。

张　衡　（1916—1960）原名效骞,太白山下眉县横渠镇武家堡村人。1939年在横渠念书时,经老师、地下党员王醒吾和郭培孝介绍加入中国共产党,开始革命生涯。1940年春,中共眉县县委送张衡到延安自然科学院学习,结业后先后在科学院下属玻璃厂、延安贸易公司、关中地委等单位做会计、统计、经理等工作。由于工作认真负责,他曾受到自然科学院院长徐特立的表扬。

1946年9月,张衡和周至籍党员张光天被派回周、眉,准备与当时的户县康行配合,在秦岭山区开展武装斗争。张光天在返回周至途中被捕。张衡又根据组织决定,和省工委随后派来眉县的马德接上关系,与先后派回眉县的余政、汶湃等一起开展地下活动,恢复中共眉县县委,马德、余政分别任正、副书记,张衡负责恢复、发展组织工作。

为在横渠地区站住脚,张衡与马德等商量决定做当地民间武装头目武彦昌的工作,把他们改造成革命力量。武彦昌在结伙杀了槐芽恶绅、县自卫队队长陈芳亭后组织起三十多人的武装,活动于眉、扶、周、户等县交界地区,当时正遭到国民党政府追捕。张衡针对武彦昌的处境,做了大量细致的争取工作，使武彦昌答应与地下党合作。

1947年春，胡宗南部大举进犯延安，国统区敌人气焰十分嚣张。张衡把家里仅有的一头牛卖了十多万元（法币），加上他在边区工作时积攒的二十万元，购买大量纸张，钻进地洞三十多天，抄写革命传单，带到五丈原诸葛庙会上散发。他还趁夜间从县南齐镇将传单撒到县东槐芽、横渠二镇，通过内线把传单贴在国民党县政府的大门和警察局的照壁上，塞进县长张源西办公桌抽屉里，搞得敌人惊慌不安。不长时间，他就在全县发展了一百多名地下党员。当时对党员只能采取单线联系，张衡秘密穿梭于党员之间收集情报，布置任务。张衡还善于做中上层人士的统战工作。横渠镇镇长钟仁亮比较开明，他便派人做工作，使钟成为"白皮红心"的镇长。国民党眉县县长得知张衡行踪，指令钟仁亮抓他时，钟却以"事出有因，查无实据"搪塞过去。另外，他还做县教育科科长董铎、督学曹子齐、原横渠镇镇长袁培诚等的工作，使他们成为地下党的统战对象，为眉县解放做了许多有益的工作。

1948年，解放军转入外线作战，张衡与郭培孝、王醒吾、陈壁光等多次商议，由汶湃组建渭北游击队迎接解放。西北野战军出击西府时，张衡立即指示游击队配合野战部队破坏敌人通信设施，炸毁眉县火车站供水塔，派打入秦岭警备区的地下党员准备抢渡渭河，迎接解放军进入眉县。10月，张衡派地下党员李金泉组建鹦鸽咀游击队，还组建实际由眉县县委控制的县保警大队第三中队。

张衡1946年由边区回来，到1949年7月12日眉县二次解放，在上级党组织领导和地下交通员协助下，先后发展党员一百六十六名，团员三十四名，向陕北输送干部二十六名；在全县七个区以及周至县青化、翠峰、哑柏、竹峪，扶风县绛帐、午井，岐山县五丈原、高码头等地，建立党组织；先后建立眉县游击队、鹦鸽咀游击队，策动武彦昌、东立武和钟仁亮三支武装起义。起义部队按照张衡的布置，在胡宗南残部溃逃时三次阻击，毙敌四百余名，为眉县解放做出重大贡献。

中华人民共和国成立后，张衡任中共眉县县委委员、组织部部长。由于长期艰苦的地下生活，他患上心脏病、胃病、关节炎等多种疾病，但他仍然坚持工作。在心脏病发作时，就用右手压着左胸办公；胃疼难忍时，就把烤热的砖头用纸包住，按在肚子上，继续工作。1952年，张衡因受组织错误处理，被分配到宝鸡地区农业技术指导站做一般工作。他报到后即下到眉县太白集体农庄蹲点，与庄员同吃同住同劳动。1953年，张衡被派任长武县造林站站长。

1957年，中共陕西省委第一书记张德生到眉县检查工作，得知张衡的处境后，立即指示县委调整他的工作，随即被调任县委统战部部长。反右派斗争开始后，张衡受到批判，不久经组织批准回家养病。1960年9月7日，张衡因病与世长辞。党和政府肯定他对革命的忠诚和贡献，陕西省人民委员会追认他为革命烈士。中共十一届三中全会后，县委宣布撤销加给眉县地下党组织的不实之词。

马成龙（？—1949）原籍甘肃。20世纪20年代，逃荒到眉县鹦鸽咀吉利沟，以打短工为生。1949年夏，参加鹦鸽咀游击队，任二分队班长，同年加入中国共产党。11月6日，随队参加剿灭盘踞在太白山放羊寺的土匪陈义海部时，不幸中弹牺牲。1987年，被追认为革命烈士，眉县人民政府在营头镇召开追悼大会和祭奠仪式，眉县与太白县政府共同在鹦鸽咀立碑，以示纪念。

张新奎（1957—1986）太白山浅山区眉县营头镇李家河村人。1975年加入中国共产党，次年1月参军，在八三八三五部队"好作风八连"当战士。后历任排长、副连长、连长、连指导员、团直政股长。

1983年任连长不久，他带领战士在戈壁滩上摔打两年多，使干部、战士练就侦察、捕俘、驾驶、攀登等硬功夫。1984年10月，原兰州军区在该连召开现场会，并在军区推广他结合实战进行训练的经验，他所在连队连续三年荣立集体三等功，被军区评为"训练先进连和建设社会主义精神文明先进集体"，党支部被评为先进党支部，他被评为优秀共产党员、干部标兵。为使战士安心训练，他悄悄为家庭困难的陈武州、马永瑞等三名战士家中寄去现金一百九十元。连续两年荣立三等功。

1985年8月，张新奎晋升团直政股长。当他得知上级将以该团八连为主，组建侦察连赴云南参加对越自卫反击战的消息后，要求重返八连执行作战任务。团部批准他的请求，任命他为侦察二连指导员。在1986年3月18日的战斗中，他带领战士英勇作战，摧毁敌人工事，炸毁敌火炮六门。胜利回撤时却遭到越军燃烧弹的袭击，张新奎置个人生命于不顾，在大火中多次用自己的身体保护营救战友，终因脸、背、足和手臂全被火烧伤，再度休克，被火海吞没，壮烈牺牲。1986年4月18日，中共眉县县委、县人大、县政府、县政协在眉县体育场为张新奎烈士举行隆重的追悼会，并在他的家乡修建墓地，立碑纪念。1987年7月12日，中央军委主席邓小平亲自签发中央军事委员会［（1987）军字第24号］命令，授予张新奎烈士"舍身救战友的模范指导员"荣誉称号。

杨志刚 （1950—1992）眉县汤峪镇楼观塬村四组人。农民，初小文化程度。1965年加入共青团，1970年12月参加中国人民解放军，1971年在部队加入中国共产党，1978年1月退伍回乡。他从部队回乡后，被社员选为生产队长，带领群众在村上建起与东干渠配套的滑峪抽水站，衬砌渠道八百米，既解决了全村人畜饮水困难，又改善了农业生产基本条件。他三年帮助困难户杨满娃、张桂香、杨宝来从不懈怠。1992年2月25日10时30分，村南滑峪沟西坡山林突发火灾，正在浇地吃饭的杨志刚闻讯扔掉饭碗跑到半山腰，追上国营汤峪林场运送救火队的汽车赶往现场。到现场后，他立即组织人砍防火带，两台灭火器刚修好后，他就背上一台扑向大火。忽然一股狂风卷来，火苗顿时蹿起十余米高，霎时将他和林场职工周根绪卷入火海。周大声喊他一同跑，而杨志刚一面奋力灭火，一面回答"不要紧"，倏忽被凶猛的烈火吞噬，英勇牺牲。人们在一片哭声中，继续与大火搏斗，终于在下午5时扑灭了这场森林大火。陕西省人民政府授予杨志刚革命烈士称号，眉县人民政府为他召开追悼大会。

张勤社 （1960—1985）眉县青化乡咀头村人。1974年加入共青团，1979年横渠高中毕业，1982年任大队出纳兼电工。1985年7月11日傍晚，本村青年周东良路过村东坝槽岸边，见三个孩子在钓鱼，他上岸接过鱼竿，弯腰时屁股碰在身后栏杆上，一头栽进水中。槽水深七米多，周东良不会游泳，在水中胡乱扑腾。"救人啊！救人啊！"岸上的孩子吓得大哭大喊。从田间回家路过的张勤社闻声飞奔而至，立即跳入水中，奋力向周东良游去。张勤社用肩膀把周东良扛出水，迅速游到岸边。可是，岸堤是石头砌的，上面长满青苔，张勤社托着周东良，几次在水中浮上浮下，就是找不到扒手的地方。周东良身体一软，从张勤社肩上滑下去，又掉入水中。天色越来越暗，张勤社在水中摸索着周东良，不料，被周东良抱住双腿，他使劲地挣脱着，怎么也脱不了身，最后两个人在水中挣扎着，摇晃几下，一起沉入水底。孩子跑到村里喊人，全村人很快来到截渗槽边，会水的人轮流下去寻找。由于天黑水深，直到凌晨 2 时，才将尸体捞上来。人们抱着张勤社的尸体悲痛不已，一位老太婆眼泪沾湿了衣襟，不住地哭诉着："娃呀！你给姨担水劈柴干了多年的活，现在你为啥连姨不看一眼就走了……"七十多岁的张景堂老汉老泪纵横，泣不成声："社娃，你给伯帮了多少忙伯数都数不清，伯还没有对你说声'谢谢'呢，你咋就合上眼了……" 7 月 13 日，中共咀头村党支部、村委会为张勤社召开千人追悼会。会后眉县报经省人民政府批准，张勤社被授予革命烈士称号。

第六章

劳模篇

杨德清 （1902—1971）眉县营头镇万户村人。中华人民共和国成立前，家贫如洗，父亲被债、饿折磨而死，弟妹死于大年馑。母亲对德清说："家，完了！咱娘儿俩各自逃命吧！"遂到邻村曲兴给富户邱家侍候老婆去了，全家只剩下德清一人。他家位于太白山浅山区，秃岭荒坡，十料庄稼九薄收。于是，他就在庄前屋后、地边场塄栽上白杨、柳树及果树。树眼看成材了，土匪、保长、乡丁看哪家有树就下毒条子，说是要交"官柴钱"，否则就要伐树。德清经常栽树不见树，憋着气又在人不常去的山旮旯里栽。1950年，村民选他当造林组长和护林员，他组织群众大规模植树，被评为县、省和西北区林业劳动模范，出席在西安召开的劳模大会。1951年农历正月初八起，他从铜峪村开始，逐村宣传、组织，十天工夫，全乡沿山村共植树四十五万多株，造林八十六点八公顷。1952年3月，杨德清加入中国共产党。一天下午，他从齐镇赶集回到家门口，发现山上林区起火，立即边敲锣边喊叫，顷刻有八十多人和他飞奔上林区，一场大火被扑灭了，森林得以保护。到1955年，万户峪大小九座山上，全都披上青衣绿衫，已有十多万株树成檩成椽，万户村成为林茂粮丰的好山村。1957年，中共眉县县委做出"远山深山森林山，近山低山花果山"的规划。杨德清带头落实，背粪、担水上山，硬是凭着自己的苦干，在万户村的山坡上栽活了两千三百多棵苹果树。齐镇政府为采种育苗和支援全县果树上山，决定办个园林场，派杨德清任场长。他带领十五名工人上山采种，白天翻山越岭钻老林，夜里寻个崖窝眠。一次在山上采种，已年过花甲的他，还爬上树同其他青壮年采回种子两千多公斤，除满足本场育苗，还给兄弟省、县支援了一千四百余公斤。第二年，嫁接出苹果苗两百万株，解决了全县（今眉县和周至两县）沿秦岭北麓八十多个村的果树苗困难。杨德清办场六年，年年超额完成上级下达的任务，曾七次被评为省和西北地区林业劳动模范。1958年，他出席国务院召开的"全国社会主义建设先进集体和先进个人代表大会"，受到党和国家领导人的亲切接见。1971年7

月，他因病去世。万户村干部群众遵照他生前的遗嘱，将其安葬在林区山中，一块"无字碑"默默地陪伴着他，向后世昭示着他植树育林的执着信念。

李世英 （1914—1993）周至县竹峪乡民主村人。20世纪60年代初，他响应毛泽东主席关于"植树造林，绿化祖国"的号召，带领全村人采种、育苗、造林，兴办民主大队林场并担任场长，林场经营面积达二百八十公顷，造林、育林、护林成绩显著。1963年，李世英出席陕西省社会主义建设先进工作者会议。1964年，他被评为"社会主义建设先进个人"，并荣获"劳动模范"称号。1982年，陕西省人民政府给李世英颁发"劳动模范"荣誉证书。

闵成林 （1948—2005）周至县二曲镇镇东村人，厚畛子林场工程师。闵成林一岁丧母，随父长大，自幼聪颖，读书刻苦。1969年毕业于陕西省林业学校。1970分配到陕西省宁西林业局工作，先后任施工员、勘察设计队技术员。1982年从事植物分类科研工作，发现并命名了单叶血藤、多花木兰、秦桑三种植物新种，其成果被录入《中国植物表》。尤其是单叶血藤的发现，改变了学术界一直认为该科、该属是中国特有的单种科、单种属的认识，对该科、属及邻近分类群的起源亲缘系统研究具有重要意义。他的研究成果被联合国粮农组织（FAO）录入罗马出版的检索刊物《农业科技文献索引》。他与西北林学院教授曲式甑合写的《大血藤属一新种》论文发表于《植物研究》1986年第2期；他撰写的《陕西桑属一新种》刊于《西北植物学报》1986年第6期；与时任西北林学院副教授王明昌合写的《陕西木兰属一新种》载于《西北植物学报》1992年第3期。1994年，闵成林由省宁西林业局调入省龙草坪林业局。1997年，由省龙草坪林业局调入周至县厚畛子林场，从事森林资源保护工作。2002年离岗。2005年在渭南从事工程监理期间，跌落桥下，不幸去世。

杨文洲 （1942—2000）眉县青化乡宣窝村人。太白山国家森林公园管理处原主任、党委原副书记，原中国林学会森林旅游和森林公园分会理事，宝鸡市第十一届人大代表，政协宝鸡市第八届委员会委员，宝鸡市、眉县劳动模范，全国旅游系统先进工作者。1958年7月参加工作，1973年1月加入中国共产党。因患脑瘤医治无效，于2000年7月28日14时52分不幸逝世，终年五十八岁。

经过十多年的艰苦创业，他把一个地处太白山北麓的县属小林场建成太白山国家级森林公园，把生命的全部献给了森林旅游事业。当地群众说：没有杨文洲，就没有太白山国家森林公园。

1958年，杨文洲在周至县化工厂参加工作。1961年11月至1969年9月，在眉县营头林场工作。1968年，眉县林业系统大改组，原汤峪、营头和槐芽三个林场合并为眉县林场，杨文洲先后担任营头林场工区负责人。1977年2月，眉县林场恢复为汤峪、营头和槐芽林场。1977年4月至1982年8月，他先后在眉县营头林场任工区主任、党支部书记、场长，开始了第一次创业。当时的场部十分偏僻，仅有十多间破烂不堪的小平房，房顶多处能望见天。他发动职工自己动手做土坯、挖地基、和泥垒墙，盖起了新房。紧接着，又克服各种困难，盖起了一幢三层场部大楼。作为一场之长，他带领大家一边努力改善生活条件，一边想方设法扩大生产，提高效益。没有路径，他攀高下低在杂草荆棘中踏勘；爆破没有炸药，他带领大家买来硝酸肥料自制炸药。他一连几个月不下火线，用蚂蚁啃骨头的精神，带领职工修通了从山口到大岔的生产公路二十公里。他还与县民政部门争取耕地，进行多品种林木树种的科学繁育，并克服种种阻力，钻深山勘察设计，聘请专业技术人员论证，编制造林规划。从1975年起，他每年春季带领职工上山植树，一连几个月吃住在山上。经过八年不懈努力，终于建成了万亩郁郁葱葱的油松林，受到了林业部和省上的表彰，也为今天红河谷森林公园开发建设奠定了基础。

1982年8月，眉县林业局调他到林产品经销公司担任党支部书记、经理，这是他的第二次创业。当时这个公司是新成立的，既无住房又无资金。他先在眉县体育场租赁地方，贷款开展业务，又积极与县城附近村组和单位联系，在东关购得一处大垃圾坑。垃圾坑一边紧靠公路，一边是大污水坑，另一边是三米多高的土崖，下面有八九孔窑洞。他带领职工清运垃圾，填平污水坑，将几孔窑洞整修后作为办公室。他们除经营本地木材外，多次到云南、广西、甘肃等地调运木材，在西安、宝鸡设立了经销点。1984年，又陆续购置了电锯、刨床等设备，办起木器加工厂，盖起了八间三层家具展销大厅兼办公楼，使企业效益连年名列全系统前茅。

1985年11月，杨文洲调入眉县汤峪林场（今太白风景林场）、太白山国家森林公园管理处工作，先后任汤峪林场党支部书记、场长，太白风景林场书记、场长，森林公园管理处主任、党委副书记等职。

1986年，杨文洲调任眉县汤峪林场场长兼党支部书记。不久，以守山伐木为主几十年的汤峪林场，因中低山林木已采伐殆尽，生产大幅度滑坡，效益直线下降。同时，县财政又停拨了林场的事业费，职工发不出工资，人心涣散，林场面临着生存危机。杨文洲感觉到身上的担子很重，他寝食不安，陷入了深深的思索之中：如果不开辟一条新的生路，继续靠伐木为生，那么必然导致森林资源越来越少，不仅解决不了林场的生存问题，而且还将成为破坏生态环境、遗祸后世的罪人。在外地创办森林旅游的启发下，他决定以森林风景资源为依托，创办森林公园，开发森林旅游。

1987年3月，他经过反复考察分析，计划先开发利用丰富的温泉资源打热水井。他贷款两万元起步，顶着"能不能打出热水、钱从哪里来"等怀疑和反对的压力，从打井开工起，天天"钉"在工地上，和钻井工人吃在一起，干在一起。眼熬红了，人熬瘦了，他无怨无悔。经过三个多月的日夜奋战，终于打成了优质热水井。经测试，水温七十三摄氏度，并含有二十多种对人体有益的矿物质和微量元素，日出水量达两千吨以上，为兴办森林旅游打下了坚实基础。

1988年，是杨文洲兴办森林公园的艰难起步阶段。为了筹措启动资金，在农历腊月二十三日——家家户户准备过年的日子，他驱车千里，赶往宁夏银川，向国家"三北"防护林建设局争取资金。返程时，车子行至甘肃省环县境内，有人拦车，加之车速过快，发生了车祸。当单位得到消息赶到环县时，杨文洲已昏迷了四个小时。经过医院全力抢救，虽已脱离生命危险，但他的伤势十分严重，诊断结果：中度脑震荡、锁骨骨折和内脏消化系统紊乱。医生明确警告：出院后至少要疗养半年，否则会留下后遗症。但杨文洲放不下公园的工作，他只休息十三天就又匆匆地上了工地，忍着疼痛坐在石头上指挥施工。他的这种拼命精神，深深地感动了"三北"防护林建设局的领导，拨给他十五万元作为最大的支持。在以后的十余年中，杨文洲一直拖着病残之躯为公园建设操劳奔走，筹集资金、宣传促销、编制规划、工程建设等，无不洒下他辛勤的汗水，无不凝结着一位共产党员对社会、对集体的责任感和对事业的执着追求。

从1987年太白山国家森林公园创建起，他不停地跑县委、县政府和县上主管部门，接着又找省市有关领导和业务部门，最后一直跑到国家林业局和"三北"防护林建设局。每到一处，他都满腔热情地介绍太白山迷人的自然风光、人文景观和巨大的旅游开发价值。他还一次次地把有关领导、专家、学者和记者请到太白山来实地考察、采访，请他们对太白山的旅游开发价值做出评价和宣传。十多年间，杨文洲带领有关人员为踏勘景点，跑遍了太白山的沟沟峁峁，他陪同上太白山考察、采访和游览的有关人员就达三千多人次。

1988年，杨文洲带领干部职工修建了温泉浴池"龙凤池"，安装盆池二十四个，淋浴室两间，当年底建成营业，收入两万元。1989年，开始修建汤峪第一个旅游接待设施"太白楼"，床位六十四张，餐位一百个，翌年建成开业。1991年6月，"太白楼"先后接待了前来视察太白山国家森林公园的时任中共陕西省委书记张勃兴、陕西省副省长孙达人，以及时任中共中央政治局常委、中央书记处书记李瑞环。1991年建成"汤宾楼"，设客房十三间，并接待住宿、洗浴。

1991年下半年，杨文洲四处筹集资金修建红桦坪至下坂寺九公里的旅游公路和下坂寺至太白山峰顶十三公里的游览步道。从红桦坪至下坂寺相对高差达六百八十米，需修二十多个迂回盘道，施工难度大，工期又紧。杨文洲亲自带领八百多名民工进驻工地，与工程技术人员一起勘察设计，与民工一起放炮炸石。隆冬，山上的气温降到了零下二十摄氏度，他依然坚守工地，白天与工人们一起架桥开路，晚上在简易的工棚里大家冻得互相把脚伸进对方怀里取暖。经过八个月的艰苦奋战，一条旅游公路终于修通了，并完成了从下坂寺至太白山绝顶十三公里人行道路的建设。

1996年10月，杨文洲为了进一步完善基础设施建设，带领广大干部群众朝着创建国家一流的旅游景区迈进，采用招商引资的办法，解决了旅游公路硬化的资金困难，成功地与西安市市政第二工程公司签订了硬化公路工程协议。道路硬化工程开始后，一辆辆货运车、工程车浩浩荡荡地开上了太白山，几百名施工人员驻扎在施工沿线，太白山又一次沸腾了。为了确保工程质量，杨文洲几乎每天都要到施工现场，查看工程的进展情况和施工质量，常常与施工人员一起挥汗劳作，加班加点。经过三年的精诚合作和艰苦努力，1999年7月，景区四十公里长的水泥公路全线贯通。

1997年4月，经过多方考察，太白山索道建设的战鼓又擂响了。由于太白山索道建在高寒地带，气候条件极为恶劣，地形地貌复杂险峻，施工难度非常大。作为索道项目的甲方负责人，杨文洲坚持每天吃住在索道建设工地，与施工人员一起顶风冒雪，艰苦作业。在这样的高海拔地段，生活用水和工程用水根本没有保证，在白雪皑皑的季节，杨文洲带领工人们化雪成水，以满足做饭和其他用水需要。为尽快完成索道工程建设，他和工人们连续昼夜奋战，用肩扛背驮的最原始方式在海拔三千米左右的陡坡上运送建筑材料及机器设备。在试车的前一天，他从下午开始和大家一起抬吊箱，一直干到凌晨两点。就是凭着这样一种顽强拼搏的创业精神，终于在1998年5月使太白山索道如期建成并投入运营，不仅解决了游人上山难的问题，而且为公园带来了可观的经济效益。

在杨文洲和全体林场职工的共同努力下，十多年来，太白山国家森林公园吸引社会投资建成二十九家宾馆，接待床位达三千七百张，形成吃、住、行、游、购、娱六大要素相互配套的森林旅游服务体系。同时，带动驻地村民兴办各类旅游服务项目二百余个，社会旅游从业人员两千余人。太白风景林场被林业部命名为"全国百佳林场"，太白山国家森林公园被陕西省授予"发扬延安精神先进集体"称号，连续多年被评为省市旅游

"创佳评差"先进单位、"文明示范景区",2001年被国家旅游局、国家林业局分别评为"国家AAAA旅游景区"和"全国文明森林公园"。杨文洲先后被评为宝鸡市优秀共产党员、劳动模范,陕西省林业系统"优秀场长",并当选为宝鸡市人大代表、政协委员,1999年又被评为全国旅游系统先进工作者。

1999年,因车祸后脑颅瘀血未清除,随着时间的推移,他越来越感到脑内不适,医生要求他住院治疗,可他为了不耽误工作,一直硬撑着。4月,杨文洲手指开始麻木,无奈之下他才接受了第一次脑颅手术。术后,他刚能站起来,就又执意回太白山,凭着顽强的毅力,坚持查看景点,运筹公园总体建设与发展。然而病魔已一步步向他逼近。1999年10月,杨文洲第二次住院,接受伽马刀治疗,语言功能出现严重障碍,说话吐字含糊不清,但他还是坚持用不够清楚的语言和手势指导工作,让陪伴他的技术员一点一点地画出太白山远门口景区的开发构思图,并记录下他对开发景区的许多新构想。1999年12月,杨文洲再一次上山查看了公园的建设和森林旅游的发展情况,这成了他与自己倾注心血和洒满汗水的大山的诀别。

2000年4月,杨文洲似乎已经明白自己将不久于人世,他在弥留之际,还用颤抖的手描画着一个景点的建设蓝图,反复叮嘱死后把他葬在太白山上。他离不开这座山,这座让他整整守望了四十多年,让他牵肠挂肚并为之奋斗的山,他还要亲眼看着森林公园建设的日新月异和森林旅游业的蓬勃发展。他为了创建太白山国家森林公园,开拓太白山生态旅游事业,艰苦奋斗、废寝忘食、呕心沥血、积劳成疾,他用自己宝贵的年华,换来了太白山旅游事业的发展,通过十多年的艰苦努力,把一个濒临倒闭的县办林场,建成了国家级森林公园、国家AAAAA级旅游景区、全国文明森林公园。

2000年7月28日,杨文洲积劳成疾,不幸去世。8月1日,中共眉县县委、县政府举行了杨文洲遗体告别仪式。现场庄严肃穆,人山人海。太白山旅游区依靠旅游脱贫致富的群众自发为他送来了百米挽幛,省、市各级领导、许多知名人士、生前好友及大批当地群众参加了追悼会,为杨文洲送行。杨文洲去世后,当地农民自发为他镌刻竖立了功德碑。根据公园职工和旅游区群众的要求,太白山国家森林公园为弘扬杨文洲精神,在杨文洲长眠之地,修建了自然园林式的"杨文洲纪念园",建起了图文并茂的"杨文洲事迹展览馆",竖立了杨文洲铜像,把职工群众对杨文洲的爱戴转化为公园建设的力量和精神源泉。国家旅游局、国家林业局,中共陕西省委、陕西省旅游局,中共宝鸡市委、宝鸡市人民政府,中共眉县县委、眉县人民政府,分别做出了《向杨文洲同志学习的决定》。中共陕西省委追授杨文洲"优秀共产党员"称号。

王 万 (1912—1991)眉县横渠镇万家塬村人。幼年父母双亡,无依无靠的他背井离乡,沿门乞讨,流浪村野,露宿街头。1926年,王万讨饭到麟游县,给人放牛放羊、割草喂猪维持生活。从十六岁开始,每天给人打短工,后来常年给人打长工,饱尝了人世间的酸甜苦辣。1947年,回到万家塬村,耕种了几亩薄田,起早摸黑,凭着镢挖耙搂,肩扛背驮,艰难地生产、生活了将近三年。

1950年,王万担任了万家塬村农会组长。他热爱劳动,热心农会工作,积极参加土改等社会活动。这一年,他光荣地加入了中国共产党。1951年春耕前,王万首先把王清民、杨朋等八户农民组织起来,成立了变工队,相互变工,集中劳力,抓紧生产。变工队实行工日制,牲畜、农具记工,结算时实物抵账。时间不长,自愿加入变工队的农户越来越多,变工队很快增加到十五户。同年6月夏收前,王万在变工队的基础上率先成立了眉县第一个农业生产临时(季节性)互助组。临时互助组在夏收夏播期间,帮助有困难的农户先收、先碾、先种,然后集中劳力,相互协作,加快互助组成员的收、种进度,在万家塬影响很大,得到广大群众的赞赏、拥护和支持。实践证明,农业生产需要这种互助合作,所以夏收后,王万将临时互助组确定为常年互助组,得到县委、县政府的肯定,被命名为"王万互助组",并为互助组特别制作了一面锦旗。互助组实行土地个人所有,牲畜、农具有偿使用,采取计分制,以户计酬,出勤计分,劳力十分、畜八分，农具分等评分，相互结算，积分多的多得，对方用实物相补。是年，王万被评为陕西省劳动模范。

1951年12月，党中央在9月召开的第一次农业互助合作会议的精神在党内传达以后，王万心里更亮堂了，思想更坚定了。他响应党中央"组织起来"的伟大号召，决心把互助组办得更好。不久，王万组织了以王清义等共青团员为骨干的青年生产突击队，农忙时抢时间突击生产，帮助在生产中有各种困难的农户，有效地解决了一些农民的问题和矛盾。1954年冬季，王万在原互助组的基础上，成立了万家塬初级农业生产合作社。农业合作社对农户的土地除留一少部分菜地外，其余的丈量登记，按质评等，以正常年份全年产量折股入社。牲畜、农具折价评股入社，统一饲养、管理，统一调配使用。在经营管理上，采取工分制，以男劳日工十分为标准，实行包工、按件记工、按日记工相结合。在分配形式上，股份加工分参与分配，夏末预分，年终决算。初级农业生产合作社牲畜、农具多，生产规模大，生产大发展，粮食高产，农户增收。但是，由于土地所有权未发生根本变化，收入两极分化，人心不齐，一度出现拉牛退社现象。对此，王万心急如焚。他走家串户，首先做党团员的思想工作，使他们成为合作社的中坚力量。接着，对思想动摇的社员耐心地讲道理，摆合作社的优越性，打消其思想顾虑，稳定其情绪。同时，加强合作社的生产管理，牲畜喂养，很快巩固了初级社。此后，初级社的规模不断扩大，万家塬村的绝大多数农户都加入了初级社。为了便于管理，初级社划分为五个生产小组。

1956年春季，他创办了高级农业生产合作社，并任高级社主任。高级农业生产合作社的土地、牲畜、农具等生产资料归集体所有，社员评工计酬，按劳分配，多劳多得。年底，王万被评为农业先进生产者，出席了陕西省先进集体、先进个人代表大会，受到了表彰和奖励。万家塬高级农业生产合作社在王万的领导下，不断发展壮大。王万因带领全村发展农业合作化，在农业生产上粮食高产，成绩突出，1957年10月被评为全国劳动模范，出席了国务院在北京召开的全国社会主义建设先进集体、先进个人代表大会，受到周恩来等党和国家领导人的亲切接见，并受到嘉奖。

王万曾被选为第一、二、三届眉县人民代表大会代表，任第一、二、三届眉县人民委员会委员及眉县人民法院人民陪审员、横渠乡党总支委员、副乡长等职务，为眉县经济发展和社会进步奉献了自己的力量。他始终保持着共产党员的本色，发挥着共产党员的先锋模范作用；始终保持着一个劳动模范的优秀品质。1991年11月，王万走完了他不平凡的人生之路，与世长辞。万家塬村为王万举行了隆重的安葬告别仪式，缅怀他的功绩，号召全体村民学习他的优秀品质，继承、发扬他全心全意为人民服务的无私奉献精神。

贺德才（1918—1997）眉县齐镇积谷寺村人，祖籍眉县小法仪长凹村；中共党员；自幼家境贫寒，父母早逝，无依无靠。1929年，贺德才携弟应西逃荒到眉县齐镇积谷寺村舅父家，靠打短工维持生计。1952年，他组织互助组，任组长。1952年至1955年任初级农业合作社主任。1954年加入中国共产党。1956年任高级农业合作社主任。1958年任积谷寺大队大队长。"文革"中受冲击。1972年平反后任生产队队长。贺德才担任农村基层干部多年，工作积极认真，成绩突出，1963年被评为陕西省先进生产者，光荣地出席了陕西省先进生产者代表会议。

宋国权（1922—1999）眉县横渠镇大镇村人，1947年入党，中华人民共和国成立后担任过村高级社监察主任，一直担任村护林组组长。

当时的大镇沟，山连山，沟套沟，杂草丛生，林木很少。宋国权千方百计说服村上干部，动员群众植树造林。没有苗木，他就自己动手培育种苗，组织群众认真栽植，按时浇水除草，随时查苗补苗。这样坚持了多年，村上的十条沟、二十面坡栽植洋槐一千多亩，使光秃秃的大镇沟改变了面貌。他在担任村护林组组长期间，工作积极，认真负责，忠于职守，爱林如命，曾先后发生的六次山火，都被他及时组织群众扑灭。他常年坚持守护山林，不管晴天雨天、白天晚上，坚持巡山护林，不准任何人乱砍滥伐，毁坏林木。他有一次在巡山时被豹子抓伤，险些丧命。他利用一切机会耐心向群众宣传护林防火的重要性，教育大家爱护山上的一草一木。

他说，这是关乎大伙和后代的大事，一点也马虎不得。

宋国权一生在植树造林、绿化荒山和护林防火方面做出了突出贡献，受到党和人民的肯定和奖励。1955年，眉县人民政府授予他"护林有功"锦旗一面；1956年，陕西省人民政府授予题写着"宋国权在几年来的护林工作上取得很大成绩，特发此状，并望继续努力，为加速社会主义建设事业而奋斗！"嘉奖词的奖状一张。同时，他获得陕西省先进生产者称号，光荣地出席省先进生产者代表大会。

王 贵 （1905—1967）眉县汤峪镇上王村人，原籍河南省，中华人民共和国成立前到上王村定居。1951年1月，眉县县政府成立了护林委员会，区设护林分会，乡设护林小组，严禁乱砍滥伐、乱垦滥牧、放火烧山。此时，王贵被选派为护林员，负责管护汤峪沟及周边山林。

王贵特别热爱护林工作，认真负责。他利用家住汤峪口的便利条件，每天天不亮就起床，天黑才回家，手握喇叭，在汤峪口大声宣传护林防火政策措施。他把政府"三代替、六不烧"的防火措施记得烂熟（割地边代替烧地边，沤肥代替烧肥，上坟挂纸代替烧纸；不经批准不烧，无防火线不烧，无打火工具不烧，无领导不烧，风大不烧，天久旱不烧）。每年的1月至4月，是山林的危险期，凡进山者，王贵都要反复叮咛不能带火入山，不能毁坏树木，不能随便垦荒、放牧，绝不能放火烧山。出山者如果手拿树干树枝，王贵都要挡住，给他讲一番道理，把政府的森林防火政策、措施详详细细地告诉他，直到他认识了自己的行为不对，并保证不再重犯才放行。1953年，政府发动群众采种、育苗，开展荒山合作造林、封山育林。王贵反复学习政府的林业政策，积极参与采种、育苗、植树造林活动。同时，他翻山越岭、蹚河过沟，巡回检查，逢人便说，遇人就讲，把政府的林业政策讲给遇到的每个人听。对封育区，他坚决不准非林业工作人员进入。王贵护林积极认真，远近闻名，广受赞誉。群众对办事积极、认真的人就说："你积极认真得和王贵一样。"王贵护林成绩突出，连续八年林区无森林火灾发生，无乱砍滥伐、乱垦滥牧现象。1958年，王贵出席了陕西省人民政府在西安召开的陕西省工业农业先进生产者代表会议，被评为陕西省社会主义建设先进生产者。

彭秀莲 （1924—1980）眉县齐镇雷村人。1950年，二十六岁的彭秀莲毅然决然响应党的号召，走出家门，下地参加生产劳动。她不顾别人的议论和家庭的阻拦，学会了一整套农业生产的技能，锄地、打场样样精通，还学会了犁地等农活技术。在她的影响和带动下，不少家庭妇女纷纷走出家门，下地参加农业生产劳动和社会活动，一时被传为佳话。当时，她的典型事迹引起了各级党政领导的重视和媒体的关注。她的照片和事迹登上了《群众日报》（《陕西日报》前身）的头版，传遍了省内外。1951年，她被评为陕西省劳动模范，并光荣地出席了陕西省农业劳模大会，受到省上领导的接见和表彰。在此后的多年里，彭秀莲继续保持积极、泼辣、向上的精神风貌，先后担任过生产队妇女队长、村妇联主任等职。她工作踏实肯干，认真负责，带领妇女在农业战线上顽强拼搏，在不同的时期做出了积极的贡献。彭秀莲于1980年去世，但她的事迹仍然被后人不断传颂。

第七章

将士篇

白　起　（？—前257）眉县常兴镇白家村人，秦昭襄王时名将，凭战功封武安君。白起的先祖是秦武公的嗣子公子白，武公死后，公子白未能继位，武公的同母弟弟德公将君位从公子白手中夺走。德公把武公居住的故地秦国都城平阳（今眉县一带）封给了公子白。公子白死后，他的后人就以白为姓氏。

白起常常在平阳一带观察地形，模拟排兵布阵，对兵书战策十分痴迷。乡人都认为白起日后一定会成为一名出色的将领。白起生活的战国末期，是一个剧烈动荡、群雄争霸的乱世，不断地有驰骋沙场、能征善战的将领脱颖而出。白起的父亲曾经随秦军四处征战，建立过不少战功，自从有了儿子，他便给儿子起名为"起"，希望儿子将来能够像战国名将吴起那样所向披靡，屡立战功。小时候，白起就经常听他父亲讲述历史上英雄人物的故事，尤其是司马穰苴、孙武、吴起、孙膑的故事。白起稍稍长大，父亲就把他送进军营，使他接受军旅的熏陶。白起不负父望，加上他有军事天分，又喜欢研究各家兵法，长期生活在军旅之中，积累了丰富的实践经验，久而久之，便逐渐精通军事艺术，成了一位用兵如神的杰出将领。

白起十五岁从军，因作战勇敢屡立战功，渐渐引起秦国权臣穰侯魏冉的注意。在与白起的几次交谈后，魏冉发现白起很有指挥才能，便把他调到自己身边着意培养。白起十分感激魏冉的知遇之恩。

秦昭襄王十三年（前294），秦国开始向东面的韩魏反攻。魏冉起用白起为将，攻取了韩国新城（今河南伊川县）。白起凭此战功从左庶长升到了左更。秦昭襄王十四年（前293），韩魏联军与秦军在伊阙（今洛阳龙门）对峙。秦昭襄王本来打算任命与自己相善的向寿为将，但穰侯魏冉认为向寿虽然名声不小，却不是韩国名将暴鸢和魏国名将公孙喜的对手，力荐白起为将。秦昭襄王听从了他的建议，下令秦军在伊阙集结，由白起统一指挥。秦军人数不及韩魏联军的一半，单是魏军就比秦军多好几万，而且韩军的武器装备十分精良，秦军明显处于劣势。秦军中许多将领都主张紧扎营盘，采取守势，等待援军。但白起担心如果两军对峙日久，曾被韩魏联军重创的秦军士气会日益低落，形势将越来越不利于秦军。再则，秦国根本无法在短时间内解除强赵的威胁，秦国也就无法从北部和西部边境调集大军来支援东线的秦军，要想解决韩魏联军，只能靠东线秦军自己。

为了扭转两线作战的不利局面，避免由于秦军的怯战而引来其他国家的攻击，魏冉决定先解决迫在眉睫的韩魏攻势，命令白起迅速击败韩、魏这两个东部强敌。

在伊阙对峙中，韩魏联军与秦军发生过几次小型战斗，大规模的战役还没有发生。在这几场小型战斗中，白起亲自指挥，取得了全胜，虽然没有消灭大量的敌军，但却在气势上占了上风，秦军的士气也上来了，将领们对白起也更加信任了。

白起注意到，虽然韩军是由韩国的名将暴鸢率领，魏军是由魏国的名将公孙喜率领，但是两军却没有设立统一的指挥官，韩魏联军实际上处于两军互相观望的状态，这就给了白起各个击破的机会。

白起卑辞假意与进入韩境作战的魏军言好，希望魏军能够保持中立，表示秦军要与人数较少的韩军决战，在取得胜利后，与魏平分战利品。公孙喜表面同意，但暗中打算在秦和韩打得两败俱伤时，一举消灭两军。白起又向韩将暴鸢下战书，表示魏军已同意保持中立，秦愿与韩择日决战，以挑拨韩魏关系。暴鸢与公孙喜通报了这一情况，发现公孙喜有坐山观虎斗之意，心里十分恼怒。暴鸢本来与公孙喜就明争暗斗，如此一来，对公孙喜更加怨恨了，韩魏联军貌合神离的面纱越来越薄了。白起把营寨全部扎在韩军一面，摆出要与韩军决一死战的架势。

在一个暴雨之夜，白起率领秦军大部绕到魏军营寨的侧翼向魏军发起了猛烈攻击。白起把进攻的秦军分成三支，从三个方向进攻魏军，迫使魏军向韩军营寨方向败退。魏军对这突如其来的偷袭没有准备，仓促之间形不成强有力的抵抗，在秦军的猛烈攻击下溃不成军，拥向韩军阵地，希望得到韩军的支援。在秦军向魏军进攻时，由于雨下得很大，韩军只能隐约听见魏军方向的厮杀声。鉴于情况不明，又正值暴雨天气，暴鸢未敢贸然出兵助战，以避免被秦军乘乱从正面攻入。很快，魏军就向韩军阵地拥来，韩军无法阻止溃败友军的拥入，追击魏军的秦军随即与韩军发生激战。原来留在正面与韩军对峙的秦军营寨中的秦军也全部出击，杀向韩军。韩军先有败退友军拥入的冲击，随后又遭到秦军的两面夹击，在暴鸢还没有弄清楚这突如其来的变故时，韩魏两军就已经被秦军打败了。秦军对败退的韩魏联军穷追不舍，不给其丝毫喘息之机。但暴鸢和公孙喜也不愧是当时的名将，在溃败中还是组织了几次有力的反击。在迎击韩魏联军对秦军的几次反击中，白起都是身先士卒，率领秦军血战，击败韩魏联军的反扑，将韩魏联军赶向偃师方向。

伊阙在伊河与洛河之间，这两条河同为东北—西南流向，因天降暴雨，两河水面宽阔，水流湍急，韩军和魏军无法渡河撤退。伊河与洛河在偃师一带合流，秦军追击进入两河合流处，韩魏联军无路可逃，被秦军大量歼灭，跳入河中的士兵几乎全被河水冲走淹死，只有暴鸢在几个水性极好的士兵掩护下才得以渡河脱险。

伊阙之战，秦军斩韩魏联军二十四万，俘虏大量韩魏军人，活捉魏国名将公孙喜，且趁势攻取了五座城池。因天降暴雨，伊、洛两河骤然加宽，水流变急，成了天然围场，才使秦军有全歼韩魏联军的可能。这一战，秦国有力打击了韩魏两国，使秦国东部的威胁得到缓解。白起因此被封为国尉。随后，白起渡过黄河，攻取韩国安邑以东大片土地。第二年，白起就被封为秦国军队的最高指挥官大良造。

伊阙之战前，魏冉力排众议，说服宣太后起用白起为将，并愿作保。宣太后十分相信弟弟的眼力，便让秦昭襄王用白起代向寿为将，结果白起不负厚望，出色地完成了这一战略任务。

秦昭襄王十五年（前292），大良造白起大举攻魏，夺取了魏国六十一座城池。在白起的一系列凌厉攻势后，秦昭襄王十七年（前290），韩国被迫割让武遂（今山西垣曲东南黄河以北地区）二百里地给秦，魏国也被迫割让河东（今山西东南部）四百里地给秦。

为了解决义渠、赵国对秦国西部和北部边境的威胁，白起被秦昭襄王调往秦国的西北部边防。由于赵国几代国君的励精图治，此时的赵国国力非常强大，重新崛起的秦国还没有把握战胜赵国。赵国支持的义渠，是一个古老的游牧民族，经常以骑兵掳掠秦国边境，给秦国的西部边防造成了极大的威胁，秦昭襄王决定要给义渠以沉重的打击，先砍掉赵国的这条臂膀。

白起对原有边骑严加拣选，采取精骑政策，招募愿为秦国服务的义渠人，组成一支胡汉混合的精锐骑兵，在与义渠骑兵的较量中，屡屡取胜，抑制了义渠在秦国西部的活动，使得义渠不敢再进入秦境。这支骑兵与北部赵国的骑兵也多次发生摩擦，两国骑兵互有胜负。与秦国骑兵作战的赵国骑兵，是赵武灵王胡服骑射的产物，也是一支胡汉混合部队，此前在与秦国骑兵的较量中经常处于上风。

秦昭襄王二十三年（前284），燕国派出全国的兵力，跟秦、赵、魏、韩军队会合，乐毅任五国联军总指挥官，以泰山压顶之势向齐国发动进攻。齐湣王急忙调兵遣将，在济西（今山东阳信）与联军会战。齐将触子见联军势大，不知如何是好，一战就下令退兵，只身逃走，齐军大败。部将达子统率余部，继续与联军作战，于秦周（临淄雍门）又战败，达子战死。至此，齐军败局已无可挽回。乐毅见胜利在望，遂请秦军、韩军先行班师，请魏军前往占领原来宋国的领土，请赵军前往夺取河间（今山东高堂、堂邑）。乐毅亲自率领燕国远征军深入齐国国土，迅速占领了齐国都城。破齐成功，秦军班师不久，即把进攻的矛头指向楚国。在进攻楚国的战斗中，白起一马当先，所向无敌，为秦国立下了汗马功劳。

随着秦国骑兵的强大，秦国与赵国的边境战争不断加剧。秦昭襄王二十七年（前280），白起攻取了赵国的军事重镇光狼城（今山西高平西四十公里处）。

秦昭襄王二十八年（前279），齐国即墨大夫田单杀死接替乐毅的燕军统帅骑劫，光复齐国城池七十余座，形势也随之大变。秦昭襄王和赵惠文王在渑池相会言好，两个各怀心事的超级强国在连横兼并他国土地这个问题上取得了一致的意见。秦国的攻击目标是楚国和魏国，赵国的攻击目标是魏国和齐国。

渑池相会后，秦赵两强国暂时停止了战争，秦昭襄王调白起攻楚。攻楚前，白起与秦昭襄王议兵。秦昭襄王认为楚国地大，士卒百万，秦军至少也得要四五十万才能完成破楚的任务。但白起认为，楚国虽大，却不必以大军征讨。不如选取精锐，长驱直入，直接拿下楚国的都城郢（今湖北江陵北）。选取精锐，可以使连年征战的秦军大部队得到休息；同时，也可以为秦国节省大量的人力和物力。秦昭襄王担心这几万军队深入楚地，一旦遭到围击，会有被全歼的危险，但见白起信心十足，便勉强同意了他的建议。

白起选取了七万习惯在山水之间作战的精壮之士，长驱直入，迅猛进军。秦军夺取楚国的粮食为军粮，征发楚人为军中服务人员。白起大搞政治攻势，以秦国的土地政策吸引楚人。楚人对楚王的苛政很不满，对秦国的土地政策十分向往，乐为秦军所用。白起很快就打下了邓（今湖北省襄阳市北，楚国和韩国各有一个邓。此为楚国的邓）和附近的几座城池。秦军孤军深入，同仇敌忾，一路上势如破竹，很快就攻到了鄢（今湖北省宜城东南）。

鄢是楚国的别都，离楚都郢很近，是楚国十分重要的一座城市，与郢并称为鄢郢。白起在勘察了鄢附近的地形后，决定水攻。秦军先清剿了鄢城外围的楚军，继而征调大量的楚人在鄢的城西筑长渠，引蛮水灌鄢城。水从城西灌到城东，城的东北角被冲塌，蛮水横流，鄢城成了河道，城中的楚军和百姓全被淹在水中。白起命士卒乘船在水流中击杀未死的楚军，将防守鄢的楚军主力全部歼灭。攻鄢一役，溺死楚国军民数十万人，暴尸日久，臭不可闻。由于失去了大量的主力部队和鄢的屏障，守郢楚军的士气受到了很大的打击。次年，即秦昭襄王二十九年（前278），秦军便攻下了楚都郢，接着又火烧夷陵（今湖北宜昌），攻下竟陵（今湖北天门），南攻到洞庭湖一带，建立了南郡。楚顷襄王被赶到离郢千里以外的陈（今河南淮阳）建立了楚国的新都。从此，楚国西部的大片领土被秦国占领，楚国的实力受到极大的削弱，不再具有称霸的实力了。白起因此大功被封为武安君。事后，秦昭襄王问武安君，秦军只有七万之众，深入地方千里的楚国，一旦攻城不利，又有楚军来救，情况将很危险，如此冒险的行事不是你武安君的统兵之道啊？白起说，破楚一役，看似冒险，实则是胜券在握。楚国地方千里，但四周都是强邻，士兵虽有百万之众，但分散防御，兵力尤为不足。尤其是楚国与秦国的巴蜀和商於之地相邻，虽然我军不从这里出兵增援，楚军也不敢大意，必然要分兵把守。楚国经过庄蹻的打击后，民心涣散，士气低落，大臣无心公事。楚军本来就不善野战，在本土作战，更是选择守城。楚地广大，名城无数，楚王不必死守一地，有足够的回旋余地可由他去，因而楚王死保鄢郢的决心不足。而我军孤军深入，焚桥毁船，置之死地，下定了不破楚国决不生还的决心，上下一心，长驱直入，不耽搁一点时间。我尽量避免不必要的攻战。除了必须要拔掉的据点，我都会略过，而直取鄢郢。由于秦军乃精锐之师，但凡作战就大量斩杀楚军，本土作战的楚军多有回避。我军进军迅猛，转眼间兵临城下，给楚军造成了很大的心理震慑。最重要的是，楚人对楚王的苛政早有不满，对我国的土地政策心已归属，为我所用。如此一来，我军必胜。破楚之事表面上看是火中取栗，但实则是探囊取物。尽管楚国被攻破，已不足为患，但是，破楚容易灭楚难，如果大王让我灭楚，我是说什么也不会只带这些人去的。秦昭襄王对白起更加佩服了。

秦昭襄王三十一年（前276），白起伐魏，拔两城。魏国在赵国的支持下，向亲秦的韩国进攻，攻取了靠近韩国都城郑（今河南新郑）的重镇华阳（今郑州南）。秦昭襄王三十四年（前273），白起攻华阳，与魏将芒卯战，斩首十五万，夺取华阳。白起与来援的赵将贾偃战，贾偃被俘。赵军来不及渡河撤退的两万多人不肯投降，被白起逼入河中，全部淹死。

秦昭襄王四十三年（前264），白起攻韩，拔取了陉城（今山西曲沃东北）等九座城池，斩首五万。秦昭襄王四十四年（前263），白起攻取了太行山南的南阳地，断绝了韩国本土与上党郡之间的孔道。秦昭襄王四十五年（前262），秦又攻取了韩的野王（今河南沁阳），将韩国的上党郡和韩国的本土隔绝了。公子悝在回国的途中被刺杀。

秦昭襄王四十七年（前260），秦昭襄王为了全面掌握军权，亲自指挥了攻赵战争。秦军主力部队被分为四个大的作战集团，白起是上党战区的作战总指挥。由于穰侯在陶国（以今定陶为中心，北到河南清丰，南到商丘，西到长垣，东到山东宁阳）的震慑作用，为白起在长平（今山西高平北）一带与赵国进行战略决战创造了条件。在白起与赵括直接对决的长平之战中，赵军被斩杀四十五万，伤亡总数七八十万；秦国被赵括军杀伤总数也不低于六十万。长平之战后，秦国的军权初步被秦昭襄王掌握了。

长平大战后不久，秦昭襄王将精锐秦军调回国内，夺白起兵权。此时秦昭襄王欲再次伐赵，一再要求白起为攻赵主将，白起拒绝出战。因抗拒王命，秦昭襄王五十年（前257）十月，白起被免去武安君爵号，贬为平民，迁往阴密（今甘肃灵台西南）。军中高级将领多为穰侯和武安君所提拔重用，对此愤愤不平，竞相慰问，纷纷致金。白起门客众多，多为慷慨之士，倡言反意，白起不置可否。白起在咸阳三月不行，前方秦军将领皆为白起旧将，不听调遣，引起秦昭襄王极大恐慌，乃使人遣白起，不得留咸阳中。白起出咸阳西门十里，至杜邮（今陕西咸阳东北），突遇秦昭襄王使者至，赐他以秦昭襄王之剑，令其自裁。白起死后，秦昭襄王又夷其三族，白起的门客也尽被杀死。

由于白起和魏冉交厚，先后掌握秦国的军权，他们都是宣太后的追随者，这对违反诺言想把君位传给自己儿子的秦昭襄王来说是个巨大的威胁。秦昭襄王时期，朝中主要由宣太后主持大局，魏冉辅政，并且定下了兄终弟及的约定。先前，白起与魏冉和公子悝最为交厚，对秦昭襄王并不是很在意。在魏冉、公子悝死后，白起没有表现出对秦昭襄王的顺从，这让政权不稳的秦昭襄王很是担忧。在秦昭襄王几次主动示好后，白起都没有明确的归服态度。这让秦昭襄王十分害怕，被迫冒着兵变的危险先发制人。白起始终站在对他有知遇之恩的魏冉一边，对与魏冉为敌的秦昭襄王很有怨言。由于白起战功卓著，在秦国国民心目中俨然是一位天神，而且秦国的高级将领基本上是魏冉和白起提拔重用的，白起在军队和民间的威望实际上比秦昭襄王还要高。对于这样一位与自己有裂痕的绝对实力派，

第七章 将士篇

秦昭襄王是必须要除掉的。对于秦昭襄王来说，白起的存在就是一个威胁。白起门客众多，军中上下愿为其效命之人比比皆是，而且，白起是秦武公和公子白的后代，在血统上同样是正宗的秦国公室。这对于靠政变上台、违反君位传承诺言的秦昭襄王来说，是一个不小的威胁。更令秦昭襄王害怕的是，白起在门客和军中高级将领的造反声中，不置可否，大有默认之意，这就让秦昭襄王更下定了速除白起的决心。白起被处死后，在围攻邯郸的战场上，许多将领不服从秦昭襄王任命的总指挥郑安平，致使郑安平被赵军所围而无人去救，被迫率所部两万人投降。

由于白起的卓越战功，后世对其非常尊崇，这一点从武圣庙配祀当中可以略窥一斑。唐玄宗时修了尚父庙供奉姜子牙，后在唐肃宗上元元年（760）追封姜子牙为武成王，其武圣与孔子的文圣相对，以张良配祀，与亚圣孟子相对。战将出兵前都要祭祀武成王庙。又列古名将十人为十哲配祀坐于左右：左列秦武安君白起、汉淮阴侯韩信、蜀丞相诸葛亮、唐尚书右仆射卫国公李靖、司空英国公李勣；右列汉太子少傅留侯张良、齐大司马田穰苴、吴将军孙武、魏西河守吴起、燕昌国君乐毅。白起是最初七十二位配祀者之一，位于武圣庙左列东庑第一名。

北宋官方设立的武庙里，太公望是受祭的神主，称为武成王，与文庙祭祀的文宣王至圣先师孔子对应。文庙里有孔子的七十二门徒配祀，武庙里当然也要有配祀者，于是又遴选出配祀武庙的七十二将，白起依然位列其中，座次依前例未变。但不久赵匡胤重修武成王庙，认为只有功业始终无瑕者才能配祀，杀降的白起、谋反的韩信、拥后的李勣等有过非议的战神级人物未能幸免被撤出武圣庙。李焘《续资治通鉴长编》乾德元年（963）有"上（赵匡胤）幸武成王庙，历观两廊所画名将，以杖指白起曰：'起杀已降，不武之甚，胡为受飨于此？'命去之"的记载。后来赵匡胤命官员研议，把原本配祀武成王（姜太公）的七十二位名将名单加以增减，增二十三人，减了二十二人。当今的武圣是关羽，事实上最早的武圣是姜子牙。姜子牙在明朝被废祀，民间又以岳飞为武神代表。到了清朝，又特别崇尚关羽，加上《三国演义》故事的推波助澜，关羽遂成武圣。

宋徽宗赵佶宣和五年（1123），武成王庙里的配祀人员又有所改动，东厢房里（东庑）又增加了白起等二十九名历代著名将领，大体上又恢复了唐朝时的人物。宋朝无名氏作的《武成王庙从祀赞》，寥寥数语，道尽诸将功勋："剑气凌云，实曰虎臣。勇加一国，敌号万人。"

按太原白氏家谱记载，白起为白氏九世，死后葬咸阳县（今咸阳市）东孝里亭。他的孙子白可灼为白氏十一世，卒于汉高祖二年（前205），葬眉县城东茔地。其十四世孙白崇高，卒于汉宣帝地节二年（前68），葬雪山，即太白山，在眉县城南，终南山之别名，钟四方金星之秀，为道家第一洞天。其十五世孙白绍阳卒于汉武帝太初三年（前102），亦葬太白山先茔。

今太白山西鳌山的山顶，有一座白起庙，建筑年代已不可考，但历代香火不绝，庙内供奉着他的牌位，以纪念这位太白山走出的战神。

曹　操　字孟德，小名阿瞒。沛国谯县（今安徽亳州）人。三国时政治家、军事家、诗人。东汉献帝建安二十年（215）七月，曹操自长安经古陈仓道前往汉中征伐张鲁，十二月经斜谷离去，有感于沿途山势道路之险恶，叹曰"南郑为天狱中"，而中斜古道则为"五百里石穴耳"。建安二十四年（219）春三月，曹操率军经斜谷进军汉中，夏侯渊与刘备战于阳平（经勉县老城），被杀。五月，曹操又率兵经斜谷返回长安城。蜀汉争战时期，今太白山区的五里坡为两国的分界线。

曹操在褒河留有"衮雪"遗迹，"衮雪"二字的原石，在石门水库大坝下方的河中一块巨石上。在石门栈道旁的一块是后人根据河中的原字摹写重刻而成，意在保护这个绝代书品。石门水库修建之初，汉中博物馆特地派石匠将河中巨石上的"衮雪"二字完整凿下来，运到汉中博物馆保存。当时河中另一块巨石上有"玉盆"二字，也被完整凿下，运到汉博，连同石门前的《石门颂》《石门铭》《大开通》等摩崖石刻，全部取下，以免水淹。

在汉中褒谷石门一带，对曹操"衮雪"的来历有这样的传说：

建安二十年七月，曹操于阳平关（今勉县）打败张鲁兄弟后，曾在汉中停留五个多月，洗尘赏景，游览了褒谷大好风光。

这一天，风和日丽，天高气爽，野花飘香。曹操带领文官武将、侍从三十多名，经花村（现河东店），沿峡谷，乘舟溯河而上，直奔石门。在这里，他们尽情地观赏了如锦似画的山水。上游，滔滔褒水一泻而下，巨浪如一头凶恶的雄狮，向河中阻挡它前进的巨石撞来，顿时银花四溅，水星翻飞，雨雾空蒙，云蒸霞蔚，气象万千；那溅入空中的水珠，又如雪花轻摇曼舞飘然而落。

曹操完全被这种大自然的神奇造化所吸引，不由得心旷神怡，豪情满怀，心想：难怪当年的张良、郑子真都在这里隐居，真乃天堂也。这时，心胸宽阔、才华横溢的大诗人曹操，看到褒河水流湍急，冲击河内乱石，喷沫飞溅如雪团之状，激奋昂扬，气势磅礴，触景生情，顿时意兴大发，索来文房四宝，奋笔疾书"衮雪"二字以比喻之。

曹操题字，文武争看。大家虽然早已看出"衮"字少了三点水，但各自只在内心思虑，面面相觑，默默无语。这时一侍从挤到前边，不知高低地说道："丞相大人，字写得苍劲有力，别具一格，但……""说下去。""但……但是'衮'字缺……""缺什么？缺三点水是不是？"曹操用手一指滚滚激流："这不是水吗？"在场的文官武将，这才如梦初醒，恍然大悟，不由得哈哈大笑。从那时起，后人就把这一故事编成顺口溜："狂涛巨浪流石边，'衮'字旁边不用点。"这"衮"字的写法从此一代传一代，直至今天。

这两个字近篆而非，属隶又违，行笔放纵不羁，确有波涛澎湃之势，表现了曹操的风采神韵与豪迈精神。"衮"字气势磅礴，充满刚毅，好似一个象形字，给人以张扬、不羁、活泼、沸腾、激荡、舞动的阳刚之感；"雪"字平和、内秀、收敛、平静、朴实，飘飘洒洒，柔情万种。合二为一，阳刚而不失柔美。

该摩崖原刻在汉中石门南约半里的褒河水中的一巨石上，右行横书，字径四十五厘米。据说这是曹操绝无仅有的手迹。因修路建水坝，1967年后"滚雪"景象再也看不到了，而今，唯有"衮雪"刻石仍藏在汉中博物馆。

曹操诗文盖天下，而他的书法却十分罕见。清人罗秀书见此字后叹道："昔人比魏武为狮子，言其性好动也。今见其书如此，如见其人矣！"后人有诗赞"衮雪"曰："滚滚飞涛雪作窝，势如天上泻银河。浪花并作笔花舞，魏武精神万顷波。"

诸葛亮（181—234）字孔明，三国时蜀汉丞相，徐州琅琊阳都（今山东沂南县）人。辞世后追谥为忠武侯，后世常以武侯、诸葛武侯尊称之。他是中国传统文化中忠臣与智者的代表人物。后人作过一副长联，对其一生的功业进行了高度概括：

  收二川，排八阵，六出七擒，五丈原前，点四十九盏明灯，一心只为酬三顾；

  取西蜀，定南蛮，东和北拒，中军帐里，变金木土爻神卦，水面偏能用火攻。

历代名人对其多有咏赞，其中杨慎的诗作颇有代表性：

  剑江春水绿沄沄，五丈原头日又曛。
  旧业未能归后主，大星先已落前军。
  南阳祠宇空秋草，西蜀关山隔暮云。
  正统不惭传万古，莫将成败论三分。

蜀汉建兴五年（227）三月，诸葛亮向刘禅上《出师表》，表明心迹，发兵沔阳，准备北伐。诸葛亮提前派遣诸军运输米谷到斜谷口，为此专门修建了斜谷邸阁，粮草运输时用的是流马，并且大造声势扬言将从斜谷道攻取郿城（今眉县），魏国急忙派遣曹真屯兵于郿城斜谷口据守。建兴六年（228）春天，诸葛亮率领大军出汉中，开始第一次北伐。其间和魏军互有胜败，但因运粮不继无功而返。建兴十二年（234），诸葛亮在第五次北伐中，与司马懿战于五丈原时病重，临终前推荐蒋琬、费祎作为后继。八月逝世，享年五十四岁，归葬勉县定军山。

蜀汉建兴十二年二月，诸葛亮率兵出太白山西侧斜谷，进行第五次北伐，在渭水以南驻扎，与渭水以北的魏大都督司马懿相持对阵。忽一日，司马懿领军渡过渭水扎下营垒准备与之相抗衡，在察看了战场布兵排阵情况后，对各位将领说："诸葛亮假如从太白山出来，从山脚下直接向东，威胁将很严重。但是如果他向西上了五丈原，你们大家都可以无忧了。"结果蜀军真的据守在五丈原上。后来两军在此反复拉锯，互有胜负。诸葛亮操劳过度，积劳成疾，八月病死于五丈原军中。

诸葛亮兵发斜谷，从木牛流马到五丈原秋风，褒斜道始终与他如影随形，在这条路上，有他梦里江山的宏图大略，也有他功败垂成的惋惜与喟叹。至今在太白山脚下仍有不少地名与其关系密切。传说，当年诸葛亮病危，将星三投而下，不久，诸葛亮病逝于五丈原。当地百姓怀念他，遂将星落之地称为落星湾。太白县有方才关，为诸葛亮返蜀途中停棺发丧之地。据《三国志·蜀书·诸葛亮传》记载："（建兴）十二年春，亮悉大众由斜谷出……其年八月，亮疾病，卒于军，时年五十四。"《三国志·魏书·明帝纪》也有这样的记载："司马宣王与亮相持，连围积日，亮数挑战，宣王坚垒不应。会亮卒，其军退还。"此外，《汉晋春秋》记载："杨仪等整军而出，百姓奔告宣王，宣王追焉。姜维令仪反旗鸣鼓，若将向宣王者，宣王乃退，不敢逼。于是仪结阵而去，入谷然后发丧。"司马懿的这次被吓退，被百姓编了一句谚语"死诸葛走生仲达"而流传千古。

相传，当年蜀军退兵到方才关时，将诸葛亮的遗体装棺入殓，挂起白幡，全军开始发丧。众官兵哭得死去活来，震天动地，竟有哭死者。从此以后，这个地方就被叫作"放棺材"，后世人因"放棺材"之名不吉利，就将它改为"方才关"。蜀军退兵两天以后，乡民奔告司马懿，说蜀军退入谷中之时，哀声震地，军中挂起白幡，孔明果然死了。司马懿才知诸葛亮真的死了，又率军来到方才关发丧的地方，随后立即率军追赶。一直追到红岩河下游王家塄的赤崖，由于栈道已绝，只好返回。司马懿返回方才关后探知另外两条道亦有蜀军扶灵柩而去，于是又率军分两路追赶，未果。

关于诸葛亮的埋葬地到底在哪里，在如今的太白县咀头镇还有一个广为流传的故事，说诸葛亮在五丈原军中劳累过度一病不起，自感不久于人世，于是他就给后主刘禅上了道"葬汉中定军山"的遗书，之后遗命令跟随多年的哑巴老卒将他的遗体简殓薄棺，连夜放置到太白县咀头镇一古庙内；同时将日常征战所阅之兵书战策及所用衣物等假作尸体，放入另一棺木随大队运回汉中。让另一名能说会道的心腹拿九锭银两、九匹蜀锦，寻九个贪婪凶残之徒，把咀头镇古庙中之薄棺依山深埋。

九个依山打墓的贪婪凶残之徒并不知晓薄棺中所葬何人。他们打好墓穴埋葬好棺木，在返回古庙途中，就商量着如何把做饭的人杀死，好一人分得一锭银子、一匹蜀锦。回到古庙，他们不由分说合伙把做饭的人杀死，然后九个人看见桌子上早已摆好的酒肉，就大吃大喝起来，谁知还未吃完，个个口鼻流血死于古庙中。他们哪知做饭的人比他们还贪婪凶狠，想一个人独吞九锭银两、九匹蜀锦，于是在买来的酒肉中做了手脚，下了剧毒。后来，蜀国撤退的队伍路过此地，发现了十个人的尸体和银两、蜀锦。他们把拿有蜀锦、银两的九个人埋在一起，状似一个大罐；另一个未拿蜀锦、银两的人单独草草埋葬，状似一个小罐。然后就地发丧。

曹　真　（？—231）字子丹，沛国谯（今安徽亳州）人，曹操族子，三国时曹魏名将，官至大将军、大司马。其父为曹操招募人马时被杀，曹操因怜悯其少年丧父而待其如亲子。

建安二十三年（218），刘备率领诸将起兵攻汉中。曹真以偏将军率领所部，与都护将军曹洪、骑都尉曹休、雍州刺史张既等由郿城（今眉县）经褒斜道入汉中，击破刘备别将吴兰于下辨，被拜为中坚将军。九月，随曹操亲征至长安，被授予中领军一职。

建安二十四年（219），刘备南渡沔水，于定军山斩杀曹军统帅夏侯渊。曹操十分忧虑汉中战事，遂命曹真为征蜀护军，又一次从斜谷穿越太白山入汉中，后督徐晃等于阳平关击破刘备别将高翔。曹操从长安率军入汉中，但其后却无法击破刘备，遂决定放弃汉中。曹操令各路军队陆续退出汉中，又令曹真到武都去迎接曹洪所部回屯陈仓。

魏太和二年（228），蜀汉丞相诸葛亮北伐，南安、天水和安定三郡皆投降蜀汉。曹睿大惊失色，亲征至长安，遣曹真为督驻于郿城（一说为斜

谷城），左将军张郃率兵五万进军援救陇右，于街亭大破马谡。在此之前，诸葛亮派赵云、邓芝为疑军，占据箕谷。箕谷即今太白县五里坡以西约五里的塘口。此地前低后高，恰似一个"扬尘去糠"的簸箕，故名箕谷。当时的赵云已年逾古稀，加之兵弱将寡，禁不住曹真亲率大军猛烈冲击，失利而退，但在退却的同时，他能敛众固守，且战且退，不致大败，战后被贬为镇军将军。曹真在箕谷击败赵云、邓芝的偏师后，迅速率领部队开进陇右增援张郃。诸葛亮为避免遭受两面夹击，于是退兵。

魏太和四年（230），曹真伐蜀，数道并入，深入险阻，曹真到洛阳朝见皇帝，被升为大司马，赐剑履上殿，入朝不趋。《眉县乡土志》记载：建兴二年秋，魏使司马懿由西城，张郃由子午，曹真由斜谷欲攻汉中，丞相亮待之于城固赤坂，大雨道绝，真等皆还。当时伐蜀建议是曹真提出的，得到曹睿批准后，当年八月，曹真从长安出兵，由子午道南入，司马懿逆汉水而上，相约在南郑会师。各路兵马分道进击，曹真这一路走的是斜谷道，正赶上大雨三十余日，栈道断绝，"凿路而前……治道功夫，战士悉作"，实际记载的是曹真对褒斜道做了一次大的修复。由于困难重重，最后奉诏撤兵，曹真带病返回洛阳。

魏太和五年（231），曹真薨，谥曰元侯。长子曹爽继承爵位。魏明帝追思曹真之功，下诏曰："大司马蹈履忠节，佐命二祖，内不恃亲戚之宠，外不骄白屋之士，可谓能持盈守位，劳谦其德者也。其悉封真五子羲、训、则、彦、皑皆为列侯。"曹植曾经这样评价曹真："知虑深奥，渊然难测。执节平敌，中表条畅。恭以奉上，爱以接下。纳言左右，为帝喉舌。曹大将军也。"

曹　爽　（？—249）字昭伯，沛国谯人，三国时期曹魏宗室、权臣，大司马曹真之子。

魏正始五年（244），邓飏和李胜等人为了令曹爽建立军功而建议征伐蜀汉。曹爽于是西至长安，不听司马懿劝阻，任命夏侯玄为征西将军，假节都督雍、凉州诸军事，与其率领六七万大军从太白山的骆谷入蜀。但因为关中及羌、氐的运输不能应付行军所需，军队缺乏物资和粮食，加之蜀汉大将军费祎已先一步领兵据守山岭，曹爽无法前进。参军杨伟和夏侯玄都劝曹爽撤军，但邓飏力主继续进军，与参军杨伟在曹爽面前争执不休。杨伟怒道："邓飏、李胜将会败坏国家大事，应该将他们斩首。"曹爽不悦，无奈之下只好撤军，但已经被费祎事先进兵截住魏军后路，曹爽经过苦战方才得以撤离，部下死伤甚多，所带去转运的牛马也几乎耗尽，羌、胡等地对他怨声载道，关中也大为虚耗。

赵云、邓芝 赵云（？—229），字子龙，常山真定（今河北正定）人。身长八尺，姿颜雄伟，武艺超群，胆略过人，蜀汉五虎上将之一。邓芝（？—251），字伯苗，义阳新野（今河南新野）人，蜀汉重臣。

建兴六年（228），诸葛亮出兵北伐，宣称将由斜谷道出兵，并令赵云、邓芝为疑军，占据箕谷。诸葛亮屯兵汉中，准备北伐，以邓芝为中监军、扬武将军，命其与赵云佯攻郿城，吸引曹真主力。魏大将军曹真率领大军阻挡，诸葛亮令赵云、邓芝在斜谷道阻挡曹军，而自己率领蜀军主力进攻祁山。赵云、邓芝由于敌强我弱，失利于箕谷，而赵云随即聚拢部队，固守箕谷，未造成大损。部队撤退时，赵云亲自断后，并烧毁其中一段栈道以阻止曹军追击，因此军资和人员损失都不大。这段史实在《诸葛亮与兄瑾书》中是这样记载的："赵子龙退军，烧坏赤崖以北阁道缘谷一百余里。"今斜峪关口有一巨石耸立，民间传说这是当年赵云袭扰曹军时的拴马石。

这次北伐，蜀军主力因其督军马谡违背诸葛亮的指示，举动失宜，被魏将张郃大败于街亭。诸葛亮只好退兵，并引咎上表自贬三级，赵云亦被贬为镇军将军。

蜀军退兵时，诸葛亮曾问："街亭退兵时，我军编制皆混乱成一团；箕谷退兵，编制整齐一如出军之时。这是何故？"邓芝回答说："赵将军亲自断后，因此军资没有遗失，人员编制整齐。"当时赵云军中尚有多余的绢布，诸葛亮下令分给赵云部队将士。赵云说："我军军事失利，怎么还能要赏赐呢！请将这些物资全部纳入赤岸府库，在十月寒冬的时候再赏赐给将士们使用。"诸葛亮对赵云品行大为称赞。

邓芝性格正直、简单，不会掩饰情绪。他为将二十多年，赏罚明断，体恤士卒，身上的衣食从官府资取，从未经营过私有财产，妻子甚至有饥寒的日子，死时家中也没有多余财物。

中央电视台大型电视连续剧《三国演义》有歌一篇专赞赵云："虽未谱金兰，前生信有缘。忠勇付汉室，情义比桃园。匹马单枪出重围，英风锐气敌胆寒。一袭征袍鲜血染，当阳常志此心丹。子龙子龙世无双，五虎上将威名传。"

《三国演义》中引司马光《长坂词》："当阳草，当阳草，点点斑斑如血扫。借问当时何事因？子龙一战征旗倒。曹公军将魂魄飞，杀入重围保家小。至今此血尚犹存，不见英雄空懊恼。"

杨　仪　（？—235）字威公，襄阳人，三国时蜀汉大臣。

建兴三年（225）任丞相参军。五年（227），随诸葛亮出军汉中。八年（230），杨仪被提拔为长史，加绥军将军。诸葛亮多次出军，杨仪总是帮他制定规划，筹措粮草，做事不用过多地考虑，很快就利索地处理完毕。军中礼节制度，都由杨仪安排和检查。诸葛亮深爱杨仪的才干，赞许魏延的骁勇，常恨二人不能很好相处，但又不忍心偏废他们任何一方。

建兴十二年（234），杨仪跟随诸葛亮出军屯扎太白山山前谷口一带。秋天，诸葛亮在五丈原病情加重，秘密交代长史杨仪、司马费祎、护军姜维等在他身殁之后退军的安排，令魏延断后，如果魏延不从命，就随他的便。诸葛亮殁，秘不发丧，杨仪令费祎前往探察魏延意图。魏延回答道："丞相虽然身亡，但还有我呢，怎么能因一个人的死而荒废天下大事呢？再说，我魏延是何人，怎么能受杨仪摆布，做断后的将领呢？"

大军在杨仪的带领下，徐徐退入斜谷。魏延大怒，日夜兼程，赶在杨仪大军前面，所走过的地方都烧绝阁道。杨仪和魏延都上表刘禅说对方谋反。刘禅问侍中董允、留府长史蒋琬，到底是谁想造反？董、蒋二人都担保杨仪而怀疑魏延。魏延先占据褒斜道南谷口，率军出击杨仪大军，杨仪命令王平在前抵御魏延。王平骂魏延的先头部队："诸葛公去世，尸骨未寒，你们这些人怎么敢如此！"魏延大军知道错在魏延，不听魏延的命令，都散了，只有魏延与其子数人逃亡。逃到汉中，马岱追上了魏延并且斩了他，将头颅献给杨仪。杨仪用脚践踏魏延的头颅，并且骂道："庸奴！你还能再作恶吗？"后诛灭魏延三族。

以上为《三国志》的记载，不过据《魏略》所记，受诸葛亮托付兵权的是魏延，杨仪因怕魏延趁机相害，所以造谣说魏延要北上投敌，并发兵攻之，然而被诬陷的魏延深恐与战则清白难保，所以只逃不战，最后终于被追杀。裴松之认为此说法是曹魏的传言，陈寿的《三国志》比较可信。

建兴十三年（235），杨仪因为常怀怨愤，出言不逊，被废为平民，流放到汉嘉郡。杨仪到了流放地，再次上书进谏，语气措辞激烈，于是朝廷派人捉拿他。杨仪自杀。

姜　维（202—264）字伯约，甘肃天水人。蜀汉建兴十二年（234），丞相诸葛亮病逝五丈原。姜维、杨仪遵丞相遗嘱，秘密退兵，扶柩至太白方才关后发丧，取褒斜道返回汉中勉县，葬诸葛亮于定军山。蜀汉延熙二十年（257），魏国在东南与吴国发生战争，姜维认为有隙可乘，率军由汉中出发，沿骆谷向北进攻，直至沈岭，屯兵骆峪口神灵山（*今有姜维台遗址*）。魏军竭力抵挡，双方未决胜负，姜维率兵回成都。

钟　会（225—264）字士季，颍川长社（*今河南长葛东*）人。三国时期魏将，太傅钟繇之幼子，钟毓之弟。曹魏景元四年（263），他与邓艾分兵攻打蜀汉，导致蜀汉灭亡。钟会大力结交西蜀名士，打击邓艾等人，打算自立政权，但由于手下官兵不支持钟会的行动而发动兵变，钟会与姜维等人皆死于兵变之中。

曹魏景元四年，魏大将钟会统十余万众进攻蜀汉，分由斜谷、骆谷和子午谷以趋汉中，此即"魏灭蜀"的战争。钟会在进军时，曾派牙门将许仪（*名将许褚之子*）在前治道，钟会中军后行。由于有些桥道修得不够坚实，致使桥穿马足陷，许仪以失职罪被杀。许仪所修之路即骆谷道。

司马勋（？—366）字伟长，晋朝将领、官员，前赵武卫将军令狐泥养子，自称是晋宣帝司马懿之弟大长秋司马恂的玄孙，冠军将军、济南惠王司马遂曾孙，东晋宗室，河内温县（*今河南温县西*）人。任梁州刺史。

建元二年（344），梁州刺史桓宣离职，征西将军庾翼请以司马勋代其为梁州刺史，因庾翼移镇襄阳，故司马勋初镇西城，后退守武当。永和三年（347），安西将军、荆州刺史桓温灭亡成汉。因益、梁二州故土重新纳入晋朝版图，故司马勋亦移镇原本的梁州治所汉中。

永和五年（349），后赵皇帝石虎去世，诸子争位而令国内大乱，当年司马勋就经太白山骆谷入关中，击破后赵长城戍兵。司马勋当时离长安只有二百里，于是派部将刘焕进攻长安，并攻破贺城。虽然当时关中人杀后赵官吏以响应司马勋，但司马勋却遭到赵将领麻秋的抵抗。司马勋自知兵少，难以抵抗麻秋，于是只好退兵。

次年，氐族人苻健乘机入据关中，并于永和七年（351）称王。当时张琚据有陇东，派人招引司马勋，司马勋于是率领步骑三万，自汉中穿越太白山进入秦川。当时张琚与京兆豪族杜洪不和，杜洪于是唆使司马勋杀死张琚。司马勋本身也惧怕张琚的军力，杜洪亦看穿了这一点，才唆使司马勋，故此司马勋就假意请张前来，乘机杀害他。然而，张琚之死却未能使司马勋控制关中，反而令张琚之弟逃到池阳，纠合部众抵抗司马勋。而同时苻健亦派兵防御司马勋。司马勋屡战皆不利，并于五丈原败于苻健，于是请和，退回汉中。

姚 苌 （330—393）字景茂，南安赤亭（今甘肃陇西）人，羌族，姚弋仲子，后秦创建者。姚苌长于以计代战，以智取胜，注重收拢人心，网罗贤才为其效力，且治军有方，奖惩严明。姚苌曾为前秦将军，多次为前秦出战，屡建大功，历任太守、刺史、左卫将军、扬武将军、步兵校尉，封益都侯。

东晋太元八年（383）五月，车骑将军桓冲率十万大军进攻前秦襄阳，派前将军刘波等攻打沔（今汉江及其北源陕西留坝西沮水）北诸城；辅国将军杨亮进攻巴蜀（泛指今四川），克五城（今四川中江），进击涪城（今四川绵阳东）；鹰扬将军郭铨攻打武当（今湖北丹江口西北）。六月，晋军攻破万岁（今湖北谷城境）、筑阳（今湖北谷城北）。前秦王苻坚得知东晋大军来攻，派兵救援，姚苌与后将军张蚝奉命救援涪城。七月，二人进军斜谷（今陕西眉县西南），杨亮闻桓冲兵败，率军撤返。

东晋太元九年（384），姚苌杀苻坚于新平。东晋太元十一年（386），姚苌称帝，国号大秦，都长安，改年号建初，史称后秦。姚苌在位期间，连年与盘踞在陇东的苻登（苻坚族孙）交战，屡战屡胜。

东晋太元十五年（390），姚苌攻击秦扶风太守齐益男，在新罗堡这个地方将其消灭。

东晋太元十六年（391）三月，苻登亲率精兵自雍（今陕西凤翔西南）出发，强渡渭河。四月，秘密联络后秦守将苟曜为内应，抢占马头塬（太白山下今法牛塬），进逼长安。五月，后秦急遣右将军吴忠率军出城迎战，被苻登军射杀于阵前，余部溃退，逃归长安。姚苌率部与苻登激战竟日，苻登终因寡不敌众，给养难继，被迫撤围，退屯于郿（今陕西眉县东渭河北岸）。这段历史在眉县地方志书里有明确记载。当时姚苌曾经盘踞在太白山以北的马头塬上（今法牛塬），遭到苻登的攻击，苻登大破姚苌军。姚苌不得已退守在郿城，最后姚苌灭掉了苻登的军队。东晋太元十八年（393）十二月，姚苌病卒于长安。

莫折天生　（？—527）复姓莫折，名天生。北魏末年关陇起义首领。其父是莫折大提，其兄是莫折念生。

孝昌元年（525），北魏日趋没落。少数民族起义军首领莫折大提、莫折念生、莫折天生父子起兵秦陇，称秦王，屡胜官军。莫折天生带领二十万众驻扎黑水一带，兵势其强。北魏任命岐州刺史崔延伯为征西将军、西道都督，让他统率五万大军讨伐莫折天生。崔延伯同萧宝寅驻军马嵬。崔延伯向来骁勇，萧宝寅催促他出战，崔延伯说："明天早晨我为您去试探一下贼兵的士气如何。"于是挑选精兵数千名西渡黑水，阵容齐整地向莫折天生的军营进发；萧宝寅驻扎在黑水东边，远远地作为增援力量。崔延伯直抵莫折天生的营前，向他们示威，然后领兵徐徐返回。莫折天生的部下见崔延伯人马少，争相打开营门冲出来追赶崔延伯，人数多出崔延伯人马的十倍，把崔延伯逼到了水边。萧宝寅望见这一情景不禁大惊失色。却见崔延伯亲自殿后,不与追兵交战,让自己的部下先渡河,队伍整齐不乱,莫折天生恐有埋伏,不敢进击。不一会儿,见队伍全部渡过了河,崔延伯才慢慢渡河,莫折天生的部下也返回了。萧宝寅高兴地说:"崔君的勇武,关羽、张飞也比不上。"崔延伯说:"这伙贼寇不是老夫我的敌手,明公您尽管安稳而坐,看老夫击败他们。"癸丑年正月初八,崔延伯统率兵马出发,萧宝寅领兵断后。莫折天生倾巢出动迎战,崔延伯身先士卒,冲入敌阵,击败了敌军的前锋,将士们鼓足勇气,争先恐后地冲向敌军,杀得敌兵人仰马翻,溃不成军。共俘虏、斩首敌军十多万,并且一直追击到小陇,于是岐、雍以及陇东都平定了。将士们因大肆抢掠而逗留不进,以致莫折天生军堵塞了陇道,于是各路军队无法再前进了。

孝昌三年(527)正月,莫折念生进逼岐州,整个关中一片混乱。莫折天生乘胜侵犯雍州,萧宝寅的部将羊侃隐蔽在战壕之中用箭射莫折天生,莫折天生应弦而毙,其部众便溃散了。

拓跋英 (?—510)字虎儿,又名元英,孝文帝改革后改姓元,代郡平城(今山西大同、左云一带)人。拓跋英是太武帝拓跋焘的太子拓跋晃的后代,由于拓跋晃先拓跋焘而死,所以拓跋晃一支没能当上皇帝。拓跋英的父亲是南安王拓跋桢。拓跋英"性识聪敏,善骑射,解音律,微晓医术",而且博闻强记。太和十九年(495),拓跋英攻汉中后还朝时,带着他的部队从太白山西侧的斜谷进入,不巧的是天下大雨,兵士们只好把竹子截断装上米,手执火炬在马背上煮饭以食。

萧宝寅 (483—530)字智亮,是南齐明帝萧鸾的第六个儿子,齐废帝萧宝卷的同母弟。他年幼遭变,十六岁时以皇子身份亡命北魏,可谓少年不幸。但他聪明敏锐,老成持重,以个人的英勇与谋略屡立战功,很快取得了北魏的信任,官至相位,并娶得公主为妻,称得上恩宠一时。北魏末年,爆发了大起义的风暴。这场规模浩大的动乱由北方六镇开始,迅速蔓延。其中莫折念生派其弟高阳王莫折天生率军出陇东,攻雍州,屯兵于太白山下周至的黑河一带。北魏朝廷十分担忧,任命萧宝寅为开府、西道行台大都督,率军西征。北魏孝昌二年(526),朝廷为笼络萧宝寅,让他安心征战，加封他为侍中、骠骑大将军、仪同三司、假大将军、尚书令（即宰相），萧宝寅自此出任宰相。他从周至的黑水出发，往西至平凉，连续与反叛武装作战，使莫折念生等深感威胁。关中能够得以保全主要是萧宝寅之力。明帝亲临明堂为他饯行。萧宝寅与大都督崔延伯在黑水之畔大胜莫折天生的军队。孝昌三年（527），朝廷任萧宝寅为征西将军、雍州刺史、西讨大都督等。后萧宝寅与朝廷猜忌日深，阴谋反叛，并暗中派部将郭子恢在阴盘驿（今陕西临潼新丰）杀死郦道元。后萧宝寅举兵反叛，仍称大齐皇帝。孝昌四年（527），萧宝寅兵败后投降万俟丑奴。北魏建明元年（530），尔朱天光派贺拔岳等在安定击败万俟丑奴，俘虏了丑奴和萧宝寅，将他们押送到京城洛阳。庄帝下诏将萧宝寅赐死在太仆寺所属的驼牛署。

万俟丑奴 （？—530）北魏末年西北少数民族起义首领，高平镇（今宁夏固原）人，匈奴族。北魏建义元年（528）三月，万俟丑奴围岐州，遣将领尉迟菩萨、万俟忤自武功南渡渭河，攻击眉县围趣栅，与魏尔朱天光所派将领贺拔岳遭遇，尉迟菩萨率步骑二万败退至渭北，中贺拔岳诱军之计被俘，致使万俟丑奴放弃岐州，北退安定。建明元年（530）春，万俟丑奴放弃平亭（今甘肃泾川北），想返回高平，被尔朱天光部将贺拔岳率轻骑追上，双方力战一昼夜，次日，万俟丑奴在平凉长平坑被俘，后被押解洛阳赐死。

刘　感 （？—618）唐岐州凤泉县（今眉县东南）太白山下人，祖父刘丰生仕后魏，官至司徒。

唐初，刘感以骠骑将军镇守边关重镇泾州（今甘肃泾川北）。武德元年（618）九月，陇右地区（今甘肃境内）的武装割据势力薛仁杲经常带兵东侵。一次，薛打退唐秦州刺史窦轨的进攻后，乘胜围困了泾州城，昼夜急攻。刘感率军民日夜奋力坚守，击退敌人多次猛攻。泾州城池虽在唐军手中，但粮草已尽，刘感宰杀自己所乘战马，把肉分给将士，自己却煮马骨汤并拌上木屑食用。将士们深为感动，愿誓死坚守。有几次，眼看城池要被攻破，将士们咬紧牙关，硬是把敌人打了下去。正在危急之时，幸亏长平王李叔良带大兵前来救援，内外夹攻，泾州之围遂解。薛仁杲因围城强攻失败，准备智取，遂扬言自己粮草已尽，随之撤兵，却暗派高墌城（泾州境内、今陕西长武县北）的守军和民众向唐军献城诈降。唐帅李叔良不知是计，即命刘感前往接收城池。刘感到高墌城下大叫开门，城上守军哈哈大笑，说："请爬墙上来吧！"并向下射箭。刘感知上当，怒命火烧城门，城上则往下泼水。刘感不敢恶战，令步兵先退，自率骑兵殿后。忽城上点燃大火，薛仁杲埋伏在附近的大军呼叫呐喊着从南塬铺天盖地而来，双方在百里细川展开激战，唐军以一当十，拼命奋战，终因寡不敌众，几乎全军覆没，刘感力战不支被俘。敌军再次包围了泾州城，李叔良环城固守。薛仁杲把刘感带到城下，对他说："你若对城中说，援兵已败，不如早降，则保你不死。"刘感佯允。当他被押到城下时，刘感对城上大叫："贼兵粮食已尽，亡在旦夕，秦王亲率数十万大军，四面俱进，不日即可到达，城中勿忧，勉力坚守！"薛仁杲恨不得一口吞掉他，遂命人在城下挖了坑，把刘感丢进去，一锨一锨埋土，埋一锨，问一声："你改不改口？"刘感声色俱厉，骂贼不已。当土埋至大腿时，薛仁杲令骑兵从他身上奔驰而过，又乱箭齐发。刘感大骂不停，一直到死。泾州城内的唐军听到救兵将到，大受鼓舞，更因目睹刘感壮烈牺牲的场面，守城勇气倍增，使薛仁杲终未攻下泾州城。后来，唐高祖用重金购回刘感尸体，用羊猪祭以少牢，追赠瀛洲刺史，封平原郡公。

裴　度（765—839）唐名相，字中立，河东闻喜（今山西闻喜东北）人。宪宗元和时累迁司封员外郎、中书舍人、御史中丞，拜中书侍郎，同中书门下平章事，封晋国公。穆宗时数出镇拜相，官至中书令。

斜水（今名石头河）发源于太白山西侧，北流经太白县五里坡东侧又折东北出斜谷口注入渭水。褒水发源于秦岭南麓，在太白县境内源头很多，最东的源头位于五里坡西侧的西沟、塘口街一带。斜、褒二水相邻的五里坡是长五六里的一面缓坡，过此缓坡，即把斜谷和褒谷沟通。因此，褒斜道实际上是一谷二口，虽纵穿秦岭却不必翻越大山。就其大势而言，褒斜道是秦岭诸道中路线较平且便捷的谷道。但其路经的褒谷南段峡谷，水深流急，绝壁凌空，唐人欧阳詹在《栈道铭·序》中形容山崖险绝，"连高夹深，九州之险也。阴溪穷谷，万仞直下，莽崖削壁，千里无土……麋鹿无蹊，猿猱相望。自三代而往，蹄足莫之能越"。

唐代前期，褒斜旧道仍通行旅，但非驿路。唐中叶以后，褒斜道已离旧线，行于宝鸡、散关、凤州间的陈仓道。唐敬宗宝历二年（826），兴元节度使裴度奏修斜谷道及馆驿，其路线仍沿秦汉褒斜道旧线，但在西江口东北太白河至今太白县城咀头镇之间，选用了一条更为便捷的路线，即由咀头镇往南经方才关、蒋家坟、鲁家崖、磨坊沟，沿太白河而下，至田坝子入留坝县境，再经桑园坝至江口与褒斜旧道合。此即《元和郡县图志》所载的太白山路。今太白河乡苟家河至王家庄一带，仍留有栈桥孔遗迹。

黄　巢　（820—884）曹州冤句（今山东曹县西北）人，其父姓周，名宗旦，世为盐商。黄巢本身并无夺取天下之雄才大略，亦曾数次兵临绝境，但因朝廷无信、藩镇割据等诸多原因，成就了黄巢，最后直捣长安。黄巢军纪差，攻克长安之后不思进取，未消灭分镇关中的唐朝禁军，又缺乏经济政策，未建立后方根据地，最后被唐军击败。年轻时黄巢曾几次应试进士科，但皆名落孙山，于是满怀激情地写了一首《不第后赋菊》诗。其诗写道："待到秋来九月八，我花开后百花杀。冲天香阵透长安，满城尽带黄金甲。"

广明元年（880）三月，黄巢遣尚让、王播率军进攻凤翔（今陕西宝鸡）。尚让以为郑畋乃一介书生，不谙军事，麻痹轻敌，中了埋伏，大败而归，损失两万多人。原已投降义军的唐夏绥节度使诸葛爽这时也背叛了义军。四月，官军逼近长安，黄巢急忙率军出城东走。唐军入城大肆劫掠，乱不成军。黄巢夜宿灞上，听说官军已乱，又无援军，回师攻城，官军大败，"死者什八九"，义军占领了长安。

中和三年（883），黄巢率领十万大军，由长安撤出后转战到周至，沿太白山北麓的黑水峪口扎营直到眉县斜谷。《黄巢传》载："（巢）由马嵬、武功入斜谷，以通周至，列屯十四，使将梁璩主之。"五月，唐将朱玫纠集泾、岐、麟、夏等地八万兵马前来讨战，企图剿灭义军。黄巢大将王潘趁唐军立足未稳，便集中优势兵力猛烈攻击，唐军溃逃。黄巢率义军转移，经商洛转战于河南。黄巢军进占洛阳不几日，即向关中挺进。十二月一日，黄巢大军进至潼关，唐守关将士断炊，士气低落。义军奋力攻关，而尚让又从被称为"禁坑"的关旁谷中小道迂回到关后，前后夹攻，官军溃退。黄巢一举破关，又乘胜攻克了华州（今陕西华县），留部将乔钤驻守，自己亲率大军直捣长安。十二月五日，百官刚刚退朝，传闻乱兵入城，即各自逃匿，僖宗在田令孜神策军的护卫下从太白山傥骆道狼狈逃往成都避难，只有很少人从行，文武百官及诸王、妃多不知皇帝去向。当天下午，黄巢军浩浩荡荡，"甲骑如流，辎重塞途，千里络绎不绝"，意气高昂地进入长安城。

黄巢再次进驻长安后，虽然四处作战，或胜或败，但始终未能打开局面，因此，当唐诸路大军云集长安，向义军发起总攻时，形势便急转直下，历时三年的大齐政权也很快崩溃了。两唐书记载，公元884年七月十三日黄巢死于狼虎谷。一代枭雄的传奇就此画上了句号。

李　观　（生卒年不详）唐代周至人。年轻时才干出众，被朔方节度使郭子仪器重，在郭的部下任坊州（今黄陵、宜君两县）防遏使，后因亲丧解职。其时，吐蕃进犯，唐代宗退往陕州（今河南陕县），李观在周至率乡民千余人，据黑河险地阻截吐蕃。后任右龙武将军、工部尚书，去世后赠太子少傅。

刘知俊　（？—917）字希贤，徐州沛县人，唐末五代割据军阀，绰号"刘开道"。原为感化节度使时溥部下小校，后投奔宣武节度使朱温，被任命为军校。历任宣武军左开道指挥使、徐州马步军都指挥使、匡国军节度使、检校太傅、平章事、潞州行营招讨使。后梁开平三年（909），投降凤翔节度使李茂贞，加封检校太尉、中书令，旋拜彰义军节度使。

刘知俊少年时姿貌雄杰，倜傥有大志，最早在感化节度使时溥手下当小校，因有勇力为时溥器重，但又因太有智谋而受到猜忌。

乾化元年（911），李茂贞命刘知俊率军与前蜀王建作战，当时刘知俊自太白山斜谷向南直抵兴州，围西县，攻兴元，围安远军。蜀将王宗弼救援安远军，与刘知俊战于斜谷，打败刘军。在刘知俊所部撤退走在斜谷山道时，蜀将唐道袭预先又在斜谷内埋伏重兵，半路袭击了刘知俊部，使其大败，刘知俊撤退。当时，李茂贞的左右忌恨刘知俊的战功，向其进谗言，刘知俊惧诛，又投奔前蜀王建。但是王建部下旧将同样忌恨刘知俊；王建本人虽然表面上优待刘知俊，但实际上也忌其勇武，曾对近侍说："吾渐衰耗，恒思身后。刘知俊非尔辈能驾驭，不如早为之所。"贞明三年（917）十二月，王建遣人逮捕刘知俊，斩于成都炭市。

高迎祥 （？—1636）明末农民起义首领，一名如岳，陕西安塞人。崇祯元年（1628），高迎祥于安塞揭竿起义，自称闯王，率部转战于陕西、山西境内，为王自用"三十六营"主要将领之一。王自用死后，他率各部渡黄河，经河南转战湖北、陕西、四川等地。荥阳大会后为十三家七十二营农民起义队伍之首。

崇祯七年（1634），高迎祥趁洪承畴处置西宁兵变无暇东顾，率部入巩昌、平凉、临洮、凤翔数十州县，击败贺人龙、张天礼军，杀固原道陆梦龙，围陇州四十余日。待洪承畴卷土东进，高迎祥、李自成挥师入太白山、终南山。稍后东出，破东州、灵宝、氾水、荥阳。闻左良玉军将至，移师梅山、溱水间，分兵拔下蔡，烧汝宁。

崇祯七年正月，张献忠义军与总督洪承畴战于周至，失利入南山。六月初七，义军混世王、八大王、张胖子、随山虎等自户县西进周至马召村一带，与乡勇激战。七月二十二日，义军钻天鹞等部与官军战于周至县城，败退南山。

崇祯九年（1636）七月十五日，闯王高迎祥率义军驻仙游寺，与总督洪承畴之官军大战三天。十六、十七日，明中丞孙传庭、司马洪承畴亲率明军与义军战于鳌山（俗称西太白，在今太白县境内）下，全军溃败，参将李遇春负重伤。七月二十一日，两军又战于周至马召塬，明军选择有利地形，设伏于太白山东侧黑水峪口。因雨后雾大，高迎祥等在激战中误中埋伏，被俘后送往北京凌迟。此后，义军推李自成为闯王。

王聪儿 （1777—1798）湖北襄阳（今襄阳市）人。江湖艺人出身，原白莲教首领齐林之妻，故又称齐王氏。在嘉庆元年（1796）以总教师的身份领导了清末著名的农民起义——白莲教大起义，率众十余万纵横驰骋于鄂、川、陕、豫四省，英勇战斗了两年多，最终因起义失败而自杀。

王聪儿的丈夫齐林反清被杀后，她任义军总指挥，也就是八路统帅，继续领导武装起义，因此王聪儿也被广大群众称为齐二寡妇，是个武艺高强、有勇有谋的女英雄。

清嘉庆三年（1798），王聪儿率领义军一路打到西安。消息一传到朝廷，嘉庆皇帝急忙调来大批援军围攻他们。这期间，她统率下的义军曾在太白山区一带与清军和地方豪强进行过激烈的战斗。因此，在太白县、眉县、周至县境内，到处流传着齐二寡妇王聪儿造反的事迹。这年二月二十四日，白莲教义军和岐眉义军从斜峪关北出，与清军在集贤村激战。白莲教义军由齐王氏（即王聪儿）、李全率领数万人，猛攻总兵王文雄营，王率军血战，义军用马队直冲。时有山西千总崔文，领虎头藤牌军两千人，跳跃出击，起义军战马受惊奔窜，自相践踏，退却。次日，清军额勒登保以索伦精锐马队冲杀，总兵王文雄率三千士兵乘势急追，义军被杀俘两千名，伤亡惨重，退入太白山，乡团及士民战死四千七百余名。

由于兵力相差悬殊，又没有其他义军支援，王聪儿的队伍渐渐支持不住，只好向后撤退。他们退到山上的阎王砭，被尾随而至的清兵团团围住。王聪儿与她的部下都不愿当俘虏，全都跳下了悬崖。据清史档案记载，王聪儿跳崖后未死，被清军俘虏后凌迟处死，且将她的首级砍下传诸三省。王聪儿死时年仅二十二岁。

曹沛时 （生卒年不详）清末云南李蓝农民起义军将领，清廷诬蔑他，称作"曹背时"。同治元年（1862）十月，义军曹沛时部在黑水口击败把总张德禄部。同治二年（1863），起义军围攻凤翔府，二月初六，李蓝义军曹沛时部由黑水峪移营西走，经小麦屯，杀豪绅等九十余人。在眉县槐芽镇至太白山汤峪一带驻军达九个月之久，其间和眉县知县马笃纶等地方乡绅多次作战，除汤峪里坂、槐芽西柿林久攻不下外，这一区域的其他地方均为起义军所控制。后来清廷将军多隆阿派提督陶茂林率部向槐芽镇连续攻击，曹沛时力不能支，遂退入太白山。次年二月，在山中被俘。

布鲁赫音 （生卒年不详）亦译为布鲁贺音，德国军事顾问。1932年至1933年，时任黄埔军校第八期德国步兵顾问的布鲁赫音，连续两次登上太白山，在山中见到太白羚牛，深为惊奇，欲猎取一头送往德国博物院，但未能如愿，怏怏而返。

徐海东 （1900—1970）湖北省武汉市黄陂区徐家窑（今属大悟县）人，中国人民解放军大将。徐海东在几十年革命生涯中身经百战，功勋卓著，具有丰富的实战经验和高超的指挥艺术。

1934年1月，中国工农红军第二十五军二二三、二二五团和军直机关，在军长程子华、副军长徐海东、政治委员吴焕先、政治部主任郑位三率领下，由佛坪县袁家庄、西岔河进入秧田乡碗牛坝村，在罗曲乡罗曲院休整。

1934年4月，徐部与吴焕先率领的红二十五军在河南商城豹子岩会师，重组红二十五军，徐任军长，吴任政委。1934年11月，徐海东任二十五军副军长，和军长程子华、政委吴焕先率部作战略转移，冲破国民党军的围追堵截，艰苦转战两个月后进入陕南。曾任中共鄂豫陕省委代理书记，在创建鄂豫陕革命根据地的斗争中，徐海东广泛发动群众，开展游击战争，以"先疲后打"的作战方针，出奇制胜，调动和拖住十倍于己之敌。指挥陕南石塔寺和袁家沟口等战斗，打破了国民党军发动的两次围攻和三个月内消灭红二十五军的计划。翌年3月初，徐率部攻克宁陕县城；3月4日，从四亩地进入佛坪县陈家坝，经三郎沟、东岳沟，解放了佛坪县城。在佛坪县城住了两夜，将县政府粮库及附近几户地主的五千公斤粮食分给农民。然后经石印沟、龙潭子，开往洋县华阳。徐率部经阳河、茅坪，于3月8日到达华阳镇。其时，驻安康的陕西警备二旅旅长张飞生率部追剿。3月10日，张部在茅坪乡狮子坝村与红军后卫部队接火，徐海东率二二五团，在华阳镇南十五里的石塔河设伏，痛击张部。石塔河系茅坪至华阳的必经之路，山峦起伏，地势险要，前有土地梁天然屏障，后有酉水河中道相阻，两侧悬崖峭壁，无迂回之地。红军后卫部队边打边退，诱张部入伏击圈。当张部正爬向土地梁时，红军主力部队立即从土地梁顶和两侧高地猛烈开火，杀声响彻山谷，红军后卫部队遂掉头反攻，张部被逼入石塔河谷，成为瓮中之鳖，死伤大半。张飞生身负重伤，换便服装死，等到深夜才狼狈逃走。此次战斗，共毙伤张部五百多人，俘虏三百多人，缴获一大批枪弹和军需物资。3月中旬，由华阳过秦岭，经龙草坪、上沙窝向天华山、柴家关方向前进。徐海东在上沙窝驻扎，现该处留有红二十五军七十五师标语："没收地主阶级的土地分给穷人耕种！""红军是穷人的军队！"

  1935年3月上旬，红二十五军在洋县华阳镇击溃警备二旅后，于中旬转战到太白山区的二郎坝，在皂角湾住了一宿。翌日抵近城固县小河口，遭胡宗南部阻击，又返回皂角湾，经二郎坝回到华阳。红二十五军入境后，伪乡保人员闻风丧胆，仓皇而逃。皂角湾大土豪许云开、保长朱万德在红军到来前就躲到深山老林里去了。红军过该地时，正逢春荒时节，他们发动群众，打富济贫，开仓放粮，分给穷苦农民度春荒，还在坪里的祠堂墙壁上刷写"春荒到财东富豪家里去分粮食吃"的标语，至今完整保存，清晰在目。7月下旬，该部从周至县辛口子折入秦岭山中，兵分两路向西挺进。一路经太白山区青岗砭、厚畛子、旧佛坪，顺石板沟到达皂角湾；一路从都督门上山，经核桃坪、黄柏塬、二郎坝，在皂角湾会合后，翻长岭梁到留坝县江口小镇，后继续北上。红军所到之处，军纪严明，徐海东等领导过皂角湾时，在向安根家住宿一晚，用他家的粮做饭吃，给了四五十个铜板。走时看到向安根穿得单薄，还给了一件衣服。在核桃坪吃了何永茂家的粮食，给付了七八块银圆，并送了几件衣服和一条皮带。吃了胡成凤家的粮食，因主人不在家，留下银圆和留言条，放入他家的香炉里。吃了吴成元家的十只鸡，给了七块银圆。红军过境时，在核桃坪抓住土豪冯承举和放高利贷的刘贵，分别拉到黄柏塬的太白庙下和二郎坝的枣树坪处决。在高家坝、小箭沟抓住土豪文彪兄弟俩和放债债主，在天池山庙会上抓了伪保长韩世良和土匪景水娃，一同带到江口处决。红军还在雪山洞杀了号称吴二排的恶棍，为民除了大害。

吴焕先 （1907—1935）湖北红安县四角曹门村（今河南新县）人。童年读私塾，十六岁进麻城蚕业学校，加入社会主义青年团。1926年加入中国共产党，是鄂豫皖革命根据地和红四方面军、红二十五军创始人之一。

1932年，红四方面军撤离鄂豫皖后，他主持重建红二十五军，先后任军长、政委。1935年7月，红二十五军北出秦岭，威逼西安。在获知红四方面军和中央红军北上动向后，中共鄂豫陕省委毅然做出西进甘肃，迎接党中央，北上会合陕甘红军的决定。1935年7月6日，由吴焕先政委和程子华军长、徐海东副军长率领的红二十五军，从长安县（今西安市长安区）沣峪口出发，经户县（今西安市鄠邑区）、周至，沿秦岭北麓西进。17日、21日先后在周至县店子头和马召镇两次打退陕军骑兵团尾追，重创敌一部。此时，国民党第五十一军一一三师紧追不舍，距红二十五军十五公里。红二十五军为摆脱尾追敌人，于22日晨由周至辛口子向南折入秦岭山中，经青岗砭、宽台子、厚畛子，到佛坪旧城佛爷坪，又转向华阳镇摆脱敌军，由牛尾河、二郎坝进入留坝县境的松坪子、梨子坝、桑园坝、田坝向江口镇挺进。与此同时，留坝县县长、保安大队大队长马兆麟，副大队长李逢春及县城驻军营长王洋初得知消息颇为恐慌，立即召集地方团队负责人举行紧急军事会议，布阵设防，修筑工事、炮楼，埋设地雷，派兵把守县城周围山头及交通要道，检查盘问来往行人，并下令死守县城。同时抽调七人组成侦探队，侦探红军行踪。27日，红二十五军先头部队抵达江口镇红武寺、梭锣村一带，分两路沿太白河而下，向江口镇包抄，直捣冯禹三土匪巢穴，击溃了该地土匪头子、民团团长冯禹三部，没收了冯匪掠夺的财物。随之，红军在镇江寺召开群众大会，宣传红军政策，给穷人分发了没收来的财物，处决了恶霸王天成、文质彬、"活阎王"欧老七及豪绅高德全等。红军连续十多天的行军作战，战士相当疲劳，他们决定在江口镇休整两天，进行西征北上的思想动员和物资准备工作，提出"迎接党中央和主力红军"的口号。中共鄂豫陕省委在江口镇给留在陕南的鄂豫陕特委发出两封指示信（*在送信途中落入敌手*），说明当前形势和该军的新任务。通知要求两个特委合并组成鄂豫陕特委，加强根据地工作，坚持陕南游击战争。同时指示，部队在休整中应进行整编，将主力部队的第四路游击师二百八十余人分别编入各团。原在洋县华阳区坚持斗争的华阳游击队，遭受挫折之后，剩下十多人在江口镇赶上部队，连同沿途收容的游击队员和伤病员，一并补入连队。红二十五军下辖二二三团、二二五团和手枪团，包括军部直属队，整编休整后，近四千人。

红二十五军沿途打富济贫，书写标语，宣传党的政策。在桑园坝乡墙上书写了"红军是被逼为工农兵谋解放的先锋队"；在江口街书写"活捉冯禹三、打土豪、分田地""打白匪，救百姓，天下工农一条心，联合起来好翻身"等标语；经过玉皇庙梁家庄时，在农户土墙上留有"饿饭的穷人快来当红军"标语，至今这些标语尚存。30日，从江口镇出发，经江西营、两河口、梁家庄、玉皇庙、小河子，翻越土地梁到达枣木栏、庙台子。次日晨，越柴关岭，从高桥铺、留凤关进入凤县境内。红二十五军走后，江口团总冯禹三随即派护卫连连长袁吉德、独立手枪队队长李德茂带领四十余人回江口清乡，把分了冯禹三所掠财物的贫苦农民汪兔儿和徐世清等捆绑游街，然后杀害。

红二十五军挥师猛进，占两当、攻天水，连克秦安、隆德县城，翻越六盘山，直逼平凉，截断西兰公路。这一具有历史意义的战略行动，有力地配合了党中央和中央红军北上。8月21日，吴焕先在甘肃泾川县王村镇四坡村和羊圈洼战斗中壮烈牺牲，时年二十八岁。现有位于泾川县芮丰乡郑家沟村的吴焕先墓，墓前有程子华、徐向前、李先念、徐海东等老一辈领导人的纪念题词。

程子华 （1905—1991）曾用名程世杰，山西省运城市解州镇人。1925年参加革命，1926年加入中国共产党。1934年6月，中央决定派程子华到鄂豫皖革命根据地任红二十五军军长。1934年11月，他和中共鄂豫皖省委及红二十五军的其他领导同志一起率领红二十五军实行战略转移，开始了长征。后担任鄂豫陕省委代理书记、红二十五军政委。

1935年6月，国民党陕军骑兵八十七团驻马召，堵截红二十五军北上。7月,红二十五军跨过秦岭,到达西安附近,得知中央红军北上的消息,鄂豫陕省委在长安子午镇召开紧急会议决定红二十五军离开陕南西征,配合中央红军北上。程子华和吴焕先、徐海东等人率红二十五军两千余人,沿秦岭北麓西进,7月17日入周至,驻南集贤、殿镇两日,分兵攻占终南镇,处决地主徐三、民团团长朱纯等。20日抵马召,处决豪绅雷立臣、乡约陈带带,烧毁数家富户契约。21日在马召镇重创国民党陕军骑兵八十七团。22日早晨入辛口,走佛坪、留坝、凤县,西进甘肃,钳制敌军兵力,有力配合了中央红军北上。1935年9月,红二十五军到达陕北,与刘志丹同志领导的陕北红军会合,合编为红十五军团,程子华任军团政委。

郑位三 (1902—1975) 湖北黄安（今红安）人。1925年加入中国共产党,鄂豫皖根据地主要创始人之一。1934年11月,任红二十五军政治部主任和中共鄂豫皖省委常委,及中共豫陕特委书记等。1934年11月8日,红二十五军经陈家坝、三郎沟、王家湾进逼佛坪县城袁家庄。在王家湾兵分两路,一路经庙垭占领制高点切断敌人东逃之路,一路顺河南下,由东岳殿向佛坪县城逼近。县长李惠亭和李紫葭率县政府人员及保安大队百余人到河西山灯盏窝,企图据高顽抗。红军到达县城后,在火力掩护下,蹚水过河,向敌逼近,打死打伤十余人,李惠亭被吓得瘫倒在地,被护兵背走。红军占领佛坪县城后发动群众打土豪、分钱财、赈济粮食,旋经石印沟等地向洋县华阳前进。

1936年元月下旬,由陕南特委书记郑位三、红七十四师师长陈先瑞率领的红七十四师北出蓝田汤峪口到达户县、周至。26日（农历正月初三）进入眉县,在太白山北麓山口的青化跑窝村一带驻扎;正月初五部队继续沿秦岭北麓西进,经四沟、大镇、王家山到汤峪口的漫湾、滑峪、柳泉、楼观塬一线。每到一处,打富济贫,深得民心。

2月18日,红七十四师由佛坪进入太白县核桃坪,沿滑水河南下,经黄柏塬、观音峡、牛尾河,翻越长岭梁、松坪子,于20日到达留坝县江口,歼灭当地民团后,于23日沿红岩河北上,进入太白县、凤县消灭国民

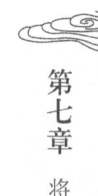

党地方武装，发动群众，宣传革命。3月8日，红七十四师又从凤县返回靖口水蒿川，休整三天。其间，将财主潘龙张、穆三东的粮食分送闹饥荒的穷人，并获悉驻宝鸡之敌要往汉中运送一批物资的消息，即派出部队由当地群众刘穆成引路，翻越秦岭，在益门镇附近的宝汉公路阻截敌四五辆军车，缴获全部物资。敌尾追至水蒿川时，红军已到达七里川宿营。翌日，红军正吃早饭，敌人又从咀头街突袭而来。红军边打边退，在上店房甩掉敌人，翻过秦岭沿马尾河向宝鸡方向开去，当进至观音店时，宝鸡堵击之敌逼近。红军遂改变方向，沿西马尾河向西疾进，经小川、过水牢、到达三角石甩掉敌人。当晚在秦岭之巅冰天雪地露宿一夜，又返回水蒿川东河。敌人获悉红军行踪后，即调来五个团在秦岭南北封锁所有交通要道围追堵截，企图全歼之。红七十四师以灵活机动的游击战术，盘旋式和敌人周旋，绕过封锁线，由水蒿川南下，经靖口、翻罗马湾，东进高桥沟宿营。第二天出王家沟，顺苟家河南下，夜宿太白河王家庄、庙沟口一带。翌日早，进东沟，经马尾河、观音峡，沿渭水河北上，到达核桃坪时，后有敌兵紧追，前遇佛坪阻击之敌逼近。这时，红七十四师被迫爬上道路艰险、常年积雪的太白山顶。3月15日夜，又从太白山东侧下山，在周至县厚畛子附近俘敌便衣十余人。后遇敌四十九师一部，双方激战一夜。拂晓，红军突破重围，到达宁陕的东江口。

此后红七十四师在秦岭山中利用山大林深、沟壑纵横、易守难攻的有利地形开展游击战争。1936年8月，红七十四师北出秦岭，直指关中，在敌集结兵力阻挡之时，红七十四师旋即再度入山。后经洋县秧田坝到佛坪西岔河，烧毁敌碉堡炮楼，长驱直入，于10月6日击溃保安团再次占领袁家庄。在县城休整期间，发动群众，打富济贫，没收县政府及几户地主豪绅粮食财物分给七十多户贫苦百姓。此后，沿椒溪河北上，经天华山东征。后转战凤县及太白山区厚畛子、佛爷坪等地。红七十四师在秦岭山中开展游击战争的近两年期间，纪律严明，秋毫无犯，惩办镇压民愤极大的恶霸豪绅，为穷人分粮分物，宣传革命道理。

郑位三在坚持陕南游击战争期间，还曾多次指导地方游击武装开展对敌斗争，其中活跃在太白山区的秦岭游击队孙鸿部，多次得到他的指示，对国民党统治实施了多种形式的有效打击。

陈先瑞 （1914—1996）河南省商城县麻河岗大阎家湾村（今安徽金寨县双河镇）人。1929年参加中国工农红军，1931年加入中国共产党。他四次转战陕南，为创建鄂豫陕革命根据地做出了重要贡献，曾被毛泽东同志誉为红军的"陕南王"。

陈先瑞以及他率领的红七十四师1936年以后在太白山的活动情况见上文"郑位三"条，这里从略。

1936年6月11日，红七十四师经鹦鸽咀，翻关山梁，顺朱沟抵达靖口。凤县驻靖口自卫队长黎彦成得知张博轩民团被红军击溃后，十分惊慌，企图堵截红军西进。红军神速巧妙地挺进靖口，将自卫队包围在焦家山，迫使其全部投降，缴枪十八支。在大沟口逮住黎彦成，当日下午，在焦家山召开群众大会，当众宣布了黎彦成的罪状后，处决于后梁大油树下。同时将俘虏的其他人员教育释放。红军顺黄牛河再次到达水蒿川，又在老庙教育释放了在灵丹庙抓获的郭天元等人后，经走马岭北进宝鸡县（今宝鸡市陈仓区）活动。几天后，红六团又回师太白县的靖口、咀头等地。6月23日，到达桃川的白杨塬，把财东张三、周老五家的几十石粮食分给断炊的老百姓，还动员当地青年杨会荣参加了红军。翌日早，红军又东进马耳山、寺院、六家村等地，打富济贫，救济灾民，刷写标语，宣传群众。活动几日后，进羊皮沟，经放羊寺，翻越太白山，从黄柏塬的核桃坪，东返周至县的金鸡、马槽等地。红六团西进直逼宝鸡途中，遭敌合围，他们以灵活机动的游击战术，避强击弱，先后歼灭民团三个，处决了罪大恶极的土匪、豪绅、敌团长等，牵制了敌军对中央红军的压力。在那段艰难困苦的日子里，陈先瑞带领红七十四师转战在太白山区，翻山越岭，与敌周旋，四处游击，到处留下他战斗的足迹，最后终于突破重围，东返老区。

1946年6至7月间，陈先瑞与李先念等指挥中原部队分路突围，并随北路部队进到陕南，再次指挥部队穿越太白山西进，不久到达延安，受到党中央和毛泽东等中央首长的赞扬。毛泽东说:"你叫陈先瑞,国民党的报纸把你的名字写成了陈光瑞,不管是'先'还是'光',你在国民党那里挂了号的。人家动用了几万军队围攻你们,就是没搞倒你们,这说明国民党不行。你的名字,我早就从报纸上知道了,人家还要活捉你,赏一万元大洋,你知道吗?一万元大洋可不少啊!"

1950年5月,陈先瑞任陕西省军区副司令员兼参谋长;1955年被授予中将军衔。荣获一级八一勋章、一级独立自由勋章、一级解放勋章。

王恩茂 (1913—2001)江西永新县禾川镇北门村人。1930年加入中国共产党。抗日战争时期任八路军一二〇师三五九旅副政委、八路军南下支队第一支队副政委等。解放战争时期任三五九旅政委、第一野战军第二军政委。1946年8月,他和王震率中原突围部队经过太白山西进,战斗间隙,留下了弥足珍贵的日记,详细记录了他在太白山的战斗经过。

原三五九旅政治委员王恩茂率部转战太白山区日记六则:

1946年8月11日15时又下大雨。后雨停。河水降落,行军近夜,过大河二。从罗曲院翻太白山,上下二十里,上积薄雪,霜厚、风大,寒冷刺骨。身着单衣,冷得要命。部队上下山,走一会,停一会,无可奈何。快下完山,大雨涟涟,路滑难行,许多人跌一跤,起来又是一跤,满身是泥,全身湿透,到宿营地房子甚少,粮食困难。

1946年8月13日,洋县八里关稻谷长势茂盛,为近来行军少见,人们心情喜悦。

1946年8月14日,沿酉水而上,路好走,沿途都有通讯电话杆,从黑峡起走着将修而未完工的公路。华阳无敌人,街道很长,周围数里是小丘陵地形。

1946年8月15日,华阳西一百多里皆荒凉地区,部队宿营石板垭,是开铺在地上睡。各部在路边架火煮饭吃,到处烟火冲天,别有风味。王司令提出两个方案：一拖回边区；二就地游击。他立此案，这种精神对中央主张如此有重大意义。但部队两年没有（参加）根据地的艰苦斗争，百分之百的要回边区，对分散游击无兴趣与信心。示：天水、清水之间水浅，可以徒涉……

1946年8月16日，沿途草地有荒凉之感，半个月与七团联系不上，均甚焦急。昨接到他们的电报，欣慰！又接西北局电：天水与清水之间水浅，可以徒涉。

1946年8月19日，在陈家岔，一号与旅直停了一下，埋伏与（于）该地之敌正打中一号与旅直走的地方，战斗异常激烈……通过公路后，十分瞌睡，在一个没有席的炕上像死一样睡了一下，因敌追来，又不得不走。晨，在王司令处见中央电示，仍希望我在陇海路南创建游击根据地……

许权中（1894—1943）又名广斌，祖籍山东淄博，生于陕西临潼县（今西安市临潼区）栎阳镇聂家村，后迁至该县交口镇辛理村。早年，参加靖国军后任国民军团长、旅长、代师长。1928年5月，任西北工农革命军总顾问兼骑兵分队队长。抗日名将，中共党员。1933年先后任冯玉祥抗日同盟军十八师师长、副军长，中共河北省委前线委员会委员兼参谋长、军委常委等职。"西安事变"前夕，应杨虎城之邀，任十七路军警备旅副旅长、独立旅旅长及九十六军一七七师五二九旅旅长。"七七事变"后，率部东渡黄河，奔赴华北前线，连连获胜。秋，任一七七师参谋长，后任该师少将参议。

1941年，第四集团军总司令孙蔚如任命他为中将参议兼陕西眷县万家塬（位于太白山北麓山口处）垦区主任。他到眷县后，先将军垦眷属区设在县城北崖下（今首善镇北兴村），夏收后，他带副官刘福厚（一说秘书吕仁秋）和警卫员张建昌到万家塬，察看大镇沟、莲花山等处地形，遂选定在万家塬设军垦区，以垦荒生产为名，发动群众，在眷县、千阳一带建立抗日根据地。时隔不久，万家塬垦区经许权中苦心经营，在大镇沟、解家岭等地区开垦荒地二十余公顷，生产粮食除自给外，全部支援抗日前线。

许权中为扩大武装力量，设法争取眉县东部一支地方武装，编为军垦区特务排，军垦区武装力量发展到两个连，官兵四百多人，使这一带的社会安定，人民安居乐业。

1943年12月9日，许权中在眉县金渠镇教坊沟惨遭国民党杀害。许权中遇难的消息一直被国民党当局封锁，事后由徐经济、崔振山和眉县县长高应笃合演一出贼喊捉贼的闹剧，"以羊易狼"，以捕办教坊堡副保长廖仁贵了事。当时眉县政府教育科长、开明人士董铎在其《卑鄙的暗杀》一文中有详细追述。许权中牺牲的消息传到延安后，各级领导、各界群众悲悼同深。1949年12月9日，中共陕西省委、省人民政府为他举行遇难六周年追悼大会，眉县人民政府在其殉难处立碑刻石以志永念。

李　达　（1905—1993）原名德珊，后改德三，字天德，陕西眉县横渠镇横渠村崖下人，生于清光绪三十一年（1905）四月十九日。因家贫如洗，小时便给地主打短工，饱受凌辱，迫于生计，多次到村南不远的太白山砍柴贴补家用。后在亲族资助下，在本村私塾上学，过目不忘。学习之余同学常跟着这个学长"布兵打仗"、演唱秦腔。私塾先生李东明常对人说："德三以后必成大器。"1920年，李达以优异成绩被保送横渠高级实业小学，他学习刻苦，常以张载"艰难困苦，玉汝于成"的名句自勉。他与同窗好友董铎、严协和组织读书会，阅读进步书籍，畅谈国内外形势，积极支持当时的"交农运动"。毕业时，他的十八门课全部满分，特别是地理课，他能默画出当时全国十八个省的地图。1922年小学毕业，先后考入西安私立东道中学和省立单级师范学校。他对那些品行低下的同学，常以古人格言警告："见女色而起淫心，报在妻女。"同学们称他为"圣人"。在此期间，他受到进步思想的影响，于"五卅"惨案后，积极参加了反对北洋军阀的游行示威。1926年从省立单级师范毕业后回到家乡，在横渠镇公所任文书。刘镇华率领他的镇嵩军八个师号称十万大军，包围了西安城，一场历时八个月的西安保卫战，不仅使城内军民备受苦难，也使关中广大人民处于水深火热之中。李达此时在镇文书岗位上，常尽所能，伸张正义帮助劳苦人民。秋季的一天，横渠镇齐家堡村练头吴通家来人告急：吴通在执行公务时痛打了土豪劣绅，被县民团团长周吉派人抓去，以"扰乱乡里，有碍教化"罪，准备处死。李达闻讯，立即骑马赶到二十五公里外的刑场，面对周吉慷慨陈词，说吴通平时乐善好施，颇有正义感，很受乡邻敬重，痛打违法的土豪劣绅何罪之有？他据理辩驳，并愿代吴通一死。周吉理屈，以"事出有因，查无实据"放了吴通。从此，周吉对李达怀恨在心，处处寻机报复。不久，借"扩军"之名令李达两天内去从军。当时，冯玉祥率领西北军正在甘肃准备策应北伐，李达也早有从军之意，于是在第二天告别家人，西去甘肃，被录入驻平凉的西北军第二陆军军官学校，毕业后历任排长、连长。

　　1931年，李达所在的二十六路军被调离陕西，前往江西进剿红军。李达因不满蒋介石的反动统治，遂在军参谋长赵博生（共产党员）和旅长季振同、董振堂率领下，于12月24日在宁都起义。次年9月，李达经王震、甘泗淇介绍加入中国共产党。先后任红第五军团连长、湘赣苏区独立第一师参谋长、第十七师参谋长兼团长、第六军团参谋长，参加了湘赣苏区第四、五次反"围剿"，获二等红星奖章。1934年，红六军团实行战略转移，他率军团部分部队几经辗转，冲出重围，与贺龙所率第二军团会师。后调任第二军团参谋长，参加指挥了龙家寨、梧河、忠堡、龙山、板栗园等战斗，为创建湘鄂川黔革命根据地做出了重要贡献。长征途中，李达先后担任红二军团和红二方面军参谋长，出色地完成了各项任务，成为任弼时、贺龙、关向应的得力助手。1937年初，改任援西军参谋长，为接应突围的西路军部队，做出了积极贡献。

　　抗战全面爆发后，李达任八路军第一二九师参谋长，后兼太行军区司令员。9月6日，他跟随刘伯承、徐向前等率领一二九师在陕西泾阳县桥底镇誓师后，东渡黄河，开赴抗日前线。以袭击、伏击、阻击等战法，先后在长生口、七亘村等地重创日军。随后，他协助刘伯承、邓小平率领第一二九师，转战晋冀豫、晋冀鲁豫抗日根据地，精心制定作战方案，部署战役，事必尽责。他作为刘伯承、邓小平的主要助手，参与指挥了著名的反六路围攻、反九路围攻、开辟冀南战役，粉碎了日军的残酷围攻、"扫荡"及其"囚笼政策、三光政策、治安强化运动"，为晋冀鲁豫根据地的建立和发展，为抗日战争的胜利，做出了重大贡献。

解放战争时期，李达先后任晋冀鲁豫军区参谋长、中原军区参谋长、第二野战军参谋长兼特种兵纵队司令员和政治委员。参与指挥了上党战役和邯郸战役，有力地配合了毛泽东、周恩来在重庆与蒋介石的和平谈判。1945年12月25日，在平汉战役中，他受刘伯承、邓小平之托，到国民党军第十一战区司令长官兼新八军军长高树勋处，商定该部起义事宜。临行邓小平政委对李达说："李参谋长，你过去在西北军与高树勋共过事，我看可以马上去一趟，代表刘司令员和我去看望高树勋，一方面坚定他的起义决心，一方面看他还有什么问题，好做最后的商榷。"当晚李达带侦察员靖任秋去高部，经过耐心开导，终于促成高树勋的新八军于10月30日起义。

1946年7月至1947年2月，李达辅助刘伯承、邓小平指挥野战军主力在鲁西南战场机动作战，先后进行了陇海、定陶、鄄城、滑县、钜（野）、金（乡）、鱼（台）和豫皖边等战役。随后，他又协助刘伯承、邓小平指挥部队转战豫北地区，举行局部反攻，支援和配合山东、陕北两个战场，粉碎了国民党的重点进攻。1947年6月，他协助刘伯承、邓小平率部突破黄河防线，发起鲁西南战役之后，又跨越黄泛区，战胜敌人的多次追堵，千里跃进大别山区，直插国民党政权的腹心地区，拉开了解放战争战略反攻的序幕。在大别山区斗争的日子里，他日夜坚守岗位，亲自掌握各纵队反围攻的情况，参与作战计划的拟定和组织实施。在淮海战役中，他率领中原军区的一批干部，组建各级支前司令部和指挥部。他组织部队迅速修复了铁路、公路，把作战急需的物资及时运往前线，把伤员护送到后方，为淮海战役的胜利提供了坚强的后勤保障。此后，他又协助刘伯承、邓小平，组织指挥了渡江战役，渡过长江天险，直出浙赣线，解放皖南、浙西、赣东北和闽北广大地区。随后，在贺龙等部配合下，又向西南进军，解放了四川、云南、贵州、西康四省，消灭宋希濂集团军主力和罗广文兵团，生俘宋希濂，消灭了国民党在大陆的最后一支主力——胡宗南集团等数十万敌军。还策动国民党第七兵团司令裴昌会战地起义，为夺取解放战争的全面胜利，立下了赫赫战功。

中华人民共和国成立后，李达任西南军区副司令员兼参谋长，后兼云南省军区司令员，参与领导歼灭国民党残余武装力量和土匪及争取和平解放西藏的工作。1953年参加抗美援朝，任中国人民志愿军参谋长，参与组织指挥了夏季反击作战，并帮助朝鲜人民进行战后建设，做了大量工作。

1954年后，李达任国防部副部长兼中国人民解放军训练总监部副部长。1955年，他被授予上将军衔和一级八一勋章、一级独立自由勋章、一级解放勋章，任第二、第三届国防委员会委员。1958年，在"反教条主义"的狂风中，萧克、李达等遭受诬陷，被打成"萧李反党集团"。李达被撤职后患了高血压和心脏病。虽遭此不白之冤，可他作为一名坚强的共产党人，还是向中央提出要继续为党做一点工作的要求，后经贺龙提议，被任命为国家体育运动委员会副主任兼国防体育协会主任。他在十余年间为国防体育打下了良好的基础，仅训练飞机场就创办了二十六个，跳伞、航空模型、潜水、帆船、射击、摩托车、无线电等项目已跻身世界强手之列，不少项目为祖国夺得了金牌。

在"文化大革命"中，李达遭到残酷迫害，被非法关押四年之久。后来在周恩来总理和叶剑英、刘伯承二位元帅的力荐下，被任命为中国人民解放军副总参谋长，主管全军的军事训练等工作。他任副总参谋长期间，不辞劳苦，经常深入部队、院校，为拨乱反正、加速人民解放军的现代化建设呕心沥血，做出了重要贡献。1980年任中央军委顾问。他坚决拥护和贯彻党的十一届三中全会的路线、方针、政策，积极参与军队建设和国防建设的方针、政策和规划的制定工作，坚持实事求是，拨乱反正，为部队的革命化、现代化、正规化建设做出了突出的贡献。李达前后担任我军各级参谋长共达三十年，这在人民解放军高级将领中是仅有的一位，邓小平曾衷心地赞誉他是位"好参谋长"。1988年7月,李达被授予中国人民解放军一级红星功勋荣誉章。他曾当选为中共第十、十一届中央委员会委员,第二、四届全国人大代表,第三届全国人大常委会委员。在中共第十二次代表大会上,当选为中央顾问委员会委员。

李达退出工作岗位和病重期间,仍十分关心国家和军队建设。他壮心不已,严肃认真地撰写大量回忆录,留下了宝贵的精神财富,其中的《抗日战争中的八路军一二九师》《回顾淮海战役中的中原野战军》《回忆百团大战》和关于上党战役、平汉战役、淮海战役的回忆录颇受赞誉。他一生撰文八十余篇,被收入《李达军事文集》共有六十篇(1993年解放军出版社出版)。他的作品资料翔实,朴实无华,赢得了社会和专家的赞誉。

李　程　(1906—2001)眉县首善镇三寨村李家庄人。1930年1月参加红军,1934年6月加入中国共产党。历任红四军三纵队七支队二十大队战士、班长,江西红星炮班长、排长,鲁西独立旅二团保卫股股长,鲁西军区侦察科长、鲁西红五团营长,十六军一三六团团长,十六军四十七师副师长,贵州遵义分区司令员、云南文山边防区司令员等职。1980年7月离职休养。2001年12月12日于西安兴庆路军队干休所逝世。

李程出生于一个贫苦的农民家庭,饱尝了旧社会的苦难,对党的事业无限忠诚。他从青年时期起就投身于革命,在党的领导下,积极从事对敌斗争。土地革命战争时期,他在红一方面军第四军担任战士、班长、排长,参加了中央苏区第一至第五次反"围剿"斗争。在革命转入低潮时,他以坚定的革命信念和高昂的革命斗志,参加了举世闻名的二万五千里长征。遵义会议后,李程被调至红一军团保卫局,任锄奸部科员,负责保卫工作。在历次战斗和长征途中,经历了无数次艰难险阻,他都奋不顾身、英勇杀敌,表现了一位红军战士一不怕苦、二不怕死的高尚情操和大无畏的革命精神。抗日战争时期,他先后在鲁西军区任股长、科长、营长、团长,参加了震惊中外的平型关大战。在抗日战争最艰苦的时期,为粉碎日、伪汉奸的"扫荡"和蚕食我晋冀鲁豫平原抗日战争根据地,在开展对敌斗争中,他紧密依靠和发动群众,开展游击战争,运用毛主席的军事思想和灵活机动的战略战术,声东击西,伏击奔袭,打得日伪军惶惶不可终日。在每次战斗中,他总是身先士卒,英勇作战,指挥若定。他率部进行的潘溪渡伏击战、奇袭八公桥战斗、李庄集伪军据点奔袭战、清丰城东北角伪军据点进攻战等都载入了十六军的战例选编,为晋冀鲁豫解放军的创建,为抗日战争的胜利做出了重要贡献。解放战争时期,他历任晋冀鲁豫野战军第一纵队一旅一团团长,第二野战军第十六军一三六团团长、四十七师副师长。在此期间,他率部参加了邯郸战役,继而又挺进冀热辽地区,参加了保卫承德、保卫张家口等战役。1947年1月,一纵队奉中央军委命令,重返晋冀鲁豫前线,他又率部参加了陇海铁路战役、豫北战役、鲁西南战役。在解放山东郓城的战斗中,他率领全团英勇杀敌,经过激烈战斗,该团率先冲进城内,歼敌和俘虏敌人两千多人,被纵队授予"大反攻中,首立奇功"奖旗一面。随之,他参加了刘邓大军千里跃进大别山的战略行动。在淮海战役中,他率部奋勇杀敌,俘虏黄维兵团六千多人。为阻商丘之敌向东增援徐州,他又率部参加了张公店战斗,从而拉开了大决战的序幕。渡江战役时,他所率第四十七师为十六军的第一梯队,在向大西南进军中,又光荣完成了解放贵州的作战任务。中华人民共和国成立后,李程出任遵义军分区第一任司令员,领导了剿匪、征粮和建立地方政权的工作,并做出了突出的贡献。在完成党的统一战线工作中,他仅带领两名随员深入到敌方内部做国民党署副主任陈铁的工作,促使陈等五千七百多名人员投诚起义。1953年5月,李程调任云南文山边防区司令员兼中共云南文山边防地委书记,在保卫边疆、巩固国防、抓战备训练的同时,积极做好边疆少数民族的工作,还在部队中积极开展农副业生产,所属都龙边防连曾被原总后勤部誉为"边疆的南泥湾"。在三年困难时期,不但保证了部队的生活需要,还有力地支援了地方群众,他也因此被新华社记者称为"边疆不老松"。在长期的革命斗争中,他始终保持着旺盛的革命斗志,出色地完成了各项战斗任务,为中国人民的解放事业、为中华人民共和国的诞生建立了不朽的功勋。他因战功卓著,1955年被授予大校军衔,1956年荣获三级八一勋章、二级独立自由勋章、二级解放勋章,1988

年荣获一级红星荣誉勋章。

王振江 （1891—1934）乳名九娃，字峻九，原籍宝鸡陵川。幼失怙，家贫如洗，随母乞食于虢镇街。后随母乞讨入太白山咀头，以打零工或乞讨为生。成家立业后，以卖烧饼腊肉为生，数年后少有积蓄。1925年遭土匪韩剥皮撕票害其子，他对土匪恨之入骨。因他办事干练，被虢川厘金局段登联（人称"段老爷"）看中收为护兵。他习枪法两年即能夜中香头，时有溃兵一连之众入咀头，他领卫队以计缴其全部装备，俘其众，遂声名震于山里山外。至此，小股土匪不敢来咀头抢劫，地方匪患暂息。1929年关中大饥荒，饥民成群入山讨饭度荒，加之瘟疫流行，因疫、馁而死者众多，尸臭断路。他于咀头街山西会馆戏楼下安数口大锅煮粥舍饭七日，并捐芦席数百张，令属下掩埋难民死尸。1930年，他率卫队归正西北民军刘德才师，为第一团团长，驻防虢镇。驻防期间，他下令渭河渡口卫兵，凡遇咀头人过往，不论富贵贫贱，均不得索取渡费。咀头人到虢镇寻营生去找他，他不分富贵贫贱给予安置吃住和发给路费。同年，西北民军瓦解，他随刘德才窜甘肃徽县，在交战中受伤。后因内部钩心斗角、互相猜疑，有人向刘德才密告他有反心，刘施计谋害死了王振江。刘为掩人耳目，以示仁义，将王振江灵柩从徽县运咀头埋葬。

王世荣 （1913—1949）又名王九儿，太白县高码头乡上长沟村人。1947年前，在高码头民团当团丁，其枪法甚准。1948年8月，他与中共眉县地下党人汶湃于眉县建立游击队，他为副队长。同月，他率游击队袭击宝鸡县（今陕西省宝鸡市陈仓区）终南乡公所，缴枪十支。10月，汶湃队长率队护送中共眉县地下党干部及青年学生一百四十余人去延安，他受命组织新的武装力量。当时，在中共宝鸡县地下党组织争取高码头李邦荣民团的过程中，他多次与曹建武（中共宝鸡县地下党组织所派地下工作人员）联系。11月，在宝鸡县游击队负责人组织下，他联络高码头农民叶银昌、李国才、苏应华等十余人，成立高码头游击队（属宝鸡县游击队一个分队），他被任命为分队长，活动于宝鸡、岐山县南山一带，并在短期内吸收一批农民，壮大了革命力量。1949年1月，他率二十余名游击队员袭击天王乡公所，缴获其全部枪支弹药，给宝鸡县、岐山县国民党地方武装以打击。时隔不久，又率游击队在岐山县高店镇截击胡宗南部队从西安往汉中送伤员的车队，缴获驮骡十九头。同年2月，他率队策应宝鸡县游击队消灭国民党咀头自卫队，后因事态突变，游击队改变行动计划，准备北渡渭河与北山游击队会合。当游击队途经宝鸡县南山颉头（歇滩）集结时，与宝鸡县魏清芳、王建东、李光宪、徐幼卿带领的自卫队及国民党九十军一个小炮营发生遭遇战。为掩护大队转移，王世荣与李国才、刘来娃断后阻击敌人。激战中，他身中数弹，仍不退却，终因伤势过重而壮烈牺牲，时年三十六岁。1982年，中共太白县委、县政府追认他为革命烈士。

唐志贤　（1921—1951）太白县鹦鸽咀柴胡山村人。曾任国民党眉县齐镇区鹦鸽咀乡乡长，后在中共地下党员李金泉争取教育下，参加革命工作，加入中共地下党组织，先后任鹦鸽咀游击队队长、鹦鸽咀区区长、陇县八渡区民兵营长，1951年病故。

刘伯超　（1893—1952）字卓如，太白山下周至县马召镇富饶东村人。二十一岁考入西安第三中学。1917年入保定军官学校八期学习。1920年毕业，任步兵连长，不久转任国民二军工兵营营长。1926年兼任国民二军军械局局长，后改任骑兵团团长。1927年，国民二军被北洋军阀吴佩孚吞并，是年，北伐胜利，二军战败，刘伯超卸任。1930年，杨虎城挥师克陕，他任杨部十七师工兵营营长。1932年，孙蔚如率部入甘，讨伐军阀雷中田，他带工兵营（下辖两个营）随军进讨，作战英勇。经定西、会宁激战，甘肃战役大获全胜，他被补任第二旅三团团长。回师陕西后，杨虎城令他率第三团与九十八团围攻秦安驻军警备师，平息兵变。孙蔚如时任三十八军军长，任命他为军部参谋处长，驻守汉中。1934年，刘伯超在中央军校陆军大学高教班学习八个月结业，任第四集团军总司令部参谋处长。1936年12月12日，参与"西安事变"，积极主张抗日。1937年初秋，国民政府军政部授予刘伯超少将军衔。1938年，刘伯超随第四集团军总司令部开往抗日前线，司令部整编，他兼管军医、军械、交通等工作，并兼任河南沦陷区游击司令。在中条山阻击战中，一日黄昏，日军炮弹在司令部后院数次爆炸，刘伯超从容镇定，秉烛指挥，坚守岗位。1943年，刘伯超带职回乡。1950年土改中，将家产造册报于工作组。1952年11月，病死于西安，葬于周至县马召镇富饶村。

李忠和　（1909—?）太白山下眉县齐镇南寨村井索沟人。1929年经何士元介绍，加入中国共产党，是眉县的第一位共产党员。是年腊月初六日夜，李忠和等人冒着纷飞的大雪，突入齐家寨新城，收缴齐家寨民团枪支五十多支，击毙中队长刘忠义，拉出武装人员五十多人，顺利举行兵变。后连夜北渡渭河，得到渭北地下党员周肇岐、李独明等人接应，在法门寺与杨万清会合，编为警卫团，李忠和任营长。齐家寨新城兵变后，李忠和随部队北上崛山，转战岐山、麟游、扶风、乾县北山一带，开展游击活动，最后部队被打散，他从此回乡务农。

第八章

循吏篇

范　睢　（？—前255）曾用名范且、张禄，字叔。战国时魏国人，著名政治家、军事谋略家。秦昭襄王四十一年（前266）做了秦相国，从此鞠躬尽瘁地辅佐秦昭襄王成就霸业，而秦昭襄王五跪得范睢，千百年来被人们所称誉，成为引才纳贤的楷模。他任丞相期间，对秦的强大和统一天下起了重大作用，他"远交近攻"的军事谋略和"固干削枝"的平内策略为后人所叹服，死后被封为应侯。李斯对他的评价是："昭王得范睢……强公室，杜私门，蚕食诸侯，使秦成帝业。"

范睢主持秦政时，亲自谋划并主持了褒斜道的开通，此次修凿栈道自斜谷向南，全长四百七十里。《史记·范睢蔡泽列传》曰："栈道千里，通于蜀汉，使天下皆畏秦，秦之欲得矣，君子功极矣。"据此可知两点内容：一是褒斜道的修建是范睢的杰作；二是褒斜栈道形成的时间最晚应该在先秦时期，也就是说在公元前266年至公元前259年范睢相秦时，褒斜道已由普通的山道变为凿石架桥的栈道了。本来范睢因为错用郑安平统军当被"灭族"，但秦昭襄王仍让他为相，此时蔡泽来劝他"功成之下，不可久处"，应该立即隐退。应该说这段话在不经意的说理过程中告诉了千古之后的我们，褒斜道是范睢主持修建的。《史记·河渠书》中就有"其后人有上书欲通褒斜道及漕事……"之说，《史记·货殖列传》曰："然四塞，栈道千里，无所不通，惟褒斜绾毂其口。"就是说秦国地处四塞之地，东有函谷关，西有散关，南有武关，北有萧关，都有栈道可通，唯独褒斜道好像打了个结，严重影响了西南方向的交通。自从范睢主持开通此道后大大加强了秦同汉中、四川等西南少数民族的联系与交流。

褒斜道在未修栈道之前仅为谷道，其绝险处须攀缘而行，艰难辛劳，不可言状。至战国时期秦昭襄王使范睢为相，在路经的悬崖绝壁间穴山为孔，插木为梁，铺木板连为栈阁，接通道路，此后褒斜道才成为驿道。值得一提的是，当时这条道路的开凿十分艰难，采用的主要方法是最原始的"火烧水激"法。坚硬的岩石经火焚水激，一热一冷变得松软，然后再以斧子凿开挖掘，穴山架木，耗费的代价极大，真可谓"地崩山摧壮士死，然后天梯石栈相钩连"。

秦汉时期，褒斜道是都城咸阳或长安通往陕南、四川的主要驿路。其经行路线大体为：自长安经户县折西过周至、眉县，西南行由斜谷口入山，沿斜水东侧南行，经鹦鸽咀、下寺湾过斜水，翻老爷岭（即古八里坂），进入斜水中游的桃川谷地，再西过灵丹庙、杜家坪，登五里坡（古称五里岭）进入褒水上源之一的红岩河上游（今太白县城所在地咀头镇），然后折向西南，经两河口、关山街（即古河池关）、上白云、下白云、古迹街、高桥、王家棱、柘栗园，到褒河上游三源交汇处的西江口镇，经孔雀台、下南河、武休潭、马道镇、褒姒铺，穿石门或越七盘岭出褒谷口，再经褒城到达汉中。在此之后，历代王朝为了军旅征战之用，不断整修加宽，使这条栈道成了长安连接汉中沟通巴蜀、横跨秦岭南北的主要交通道路。

秦昭襄王四十五年（前262），长平之战爆发，两军对垒三年后，范雎以反间计使赵国启用无实战能力的赵括代替廉颇为将，使得白起大破赵军。长平之战后，范雎嫉妒白起的军功，借秦昭襄王之命使白起自杀。

此后秦军遭诸侯援军所破，郑安平降赵。秦昭襄王五十二年（前255），王稽也因通敌之罪被诛。范雎因此失去秦昭襄王的宠信，不得不推荐蔡泽代替自己的位置，辞归封地，不久病死。

李冰、李二郎（生卒年不详）战国时期水利家，秦国郿人，出生于太白山脚下。他主持修建了中国早期的灌溉工程都江堰，因而使川西平原富庶起来。据《华阳国志·蜀志》记载，李冰曾在都江堰安设石人水尺，这是中国早期的水位观测设施。他还在今宜宾、乐山境开凿滩险，疏通航道，又修建汶井江（今崇州市西河）、白木江（今邛崃南河）、洛水（今石亭江）、绵水（今绵远河）等灌溉和航运工程，以及修索桥，开盐井等。老百姓怀念他的功绩，建造庙宇加以纪念。北宋以后还流传着李冰之子李二郎协助李冰治水的故事，建在都江堰渠首的二王庙是老百姓对李冰父子治水伟业的纪念，其中的碑刻多是对灌区水利工程维护的技术要领。其中有一通碑刻上赫然镌刻着"李冰，秦郿人"的字样。无独有偶，在太白山脚下的二郎沟也世代流传着李冰父子的故事。

李冰是我国战国时期杰出的水利家，都江堰的设计者和兴建的组织者。中外驰名的都江堰位于四川省中部岷江中游，整个工程是由分水堰、飞沙堰和宝瓶口三个主要工程组成的。它规模宏大，地点适宜，布局合理，兼有防洪、灌溉、航行三种作用，在世界水利工程史上也是罕见的奇迹。两千多年来，一直发挥着巨大的排灌作用，确保了当地农业生产。

李冰的生卒年代和当时修建都江堰的情况都已经不可详考。秦惠文王九年（前316），秦国吞并蜀国。秦为了将蜀地建成其重要基地，决定彻底治理岷江水患，同时派精通治水的李冰取代政治家张若任蜀郡守。李冰为蜀郡守的时间，没有明文记载，大约在秦昭襄王三十年至秦孝文王之间（前277—前250）。

李冰学识渊博，"知天文地理"。他决定修建都江堰以根除岷江水患。经过实地调查，发现开明所凿的引水工程渠首选择不合理，因而废除了开明开凿的引水口，把都江堰的引水口上移至成都平原冲积扇的顶部灌县玉垒山处，这样可以保证较大的引水量和形成通畅的渠首网。李冰创筑的都江堰，史籍记载甚为简略。但以这些记载为基础，结合现今都江堰工程结构分析，可以基本确定李冰修建的都江堰由鱼嘴、飞沙堰和宝瓶口及渠道网所组成。鱼嘴是在宝瓶口上面岷江江心修筑的分水堰，因堰的顶部形如鱼嘴而得名。

《华阳国志》记载李冰"壅江作堋"的"堋"就是指鱼嘴。李冰为蜀郡守后，亲眼看到当地严重灾情：发源于成都平原北部岷山的岷江，沿江两岸山高谷深，水流湍急；到灌县附近，进入一马平川，水势浩大，往往冲决堤岸，泛滥成灾；从上游挟带来的大量泥沙也容易淤积在这里，抬高河床，加剧水患；特别是在灌县城西南面，有一座玉垒山，阻碍江水东流，每年夏秋洪水季节，常造成东旱西涝。

李冰到任不久，便开始着手进行大规模的治水工作。李冰和他的儿子二郎沿岷江岸进行实地考察，了解水情等情况，制定了治理岷江的规划方案。为了使岷江的水能够东流，首先把玉垒山凿开了一个二十米宽的口子，叫它"宝瓶口"。被分开的玉垒山的末端，状如大石堆，就是后人所称的"离堆"。此外，还采取了在江心构筑分水堰的办法，把江水分作两支，迫使其中一支流进宝瓶口。在修筑分水堰的过程中，采用江心抛石筑堰失败后，李冰另辟新路，让竹工编成长三丈、宽二尺的大竹笼，装满鹅卵石，然后一个一个地沉入江底，终于战胜了急流，筑成了分水大堤。大堤前端犹如鱼头，所以取名叫"鱼嘴"。它迎向岷江上游，把汹涌而来的江水分成东西两股。西股的叫外江，是岷江的正流；东股的叫内江，是灌溉渠系的总干渠。渠首就是宝瓶口，流经宝瓶口再分成许多大小沟渠河道，组成一个纵横交错的扇形水网，灌溉成都平原的千里农田。分水堰两侧垒砌大卵石护堤，内江一侧的叫内金刚堤，外江一侧的叫外金刚堤，也称"金堤"。分水堰建成以后，内江灌溉的成都平原就很少有水旱灾了。

以后，为了进一步控制流入宝瓶口的水量，在鱼嘴分水堤的尾部，又修建了分洪用的平水槽和飞沙堰溢洪道。飞沙堰也用竹笼装卵石堆筑，堰顶做到适宜的高度。当内江水位过高的时候，洪水就经由平水槽漫过飞沙堰流入外江，以保障内江灌区免遭水淹。同时，由于漫过飞沙堰流入外江的水流的漩涡作用，有效地冲刷了泥沙在宝瓶口前后的沉积。鱼嘴的分水量有一定的比例。春耕季节，内江水量大约占六成，外江水量大约占四成。洪水季节，内江超过灌溉所需的水量，由飞沙堰自行溢出。宝瓶口是节制内江水量的口门。为了控制内江流量，李冰父子做石人立在江中，作为观测水位的标尺，要求水位"竭不至足，盛不没肩"。

李冰还做石犀，埋在内江中，作为岁修时候淘挖泥沙的深度标准。岁修的原则是著名的六字诀："深淘滩，低作堰"。"深淘滩"是说淘挖淤积在江底的泥沙要深些，以免内江水量过小，不敷灌溉用；"低作堰"是说飞沙堰堰顶不可修筑太高，以免洪水季节泄洪不畅，危害成都平原。后人把这六字诀刻在内江东岸为纪念李冰父子而建的二王庙的石壁上，很是醒目。岁修的方法是：每年水量最小的霜降时节，在鱼嘴西侧，用枬槎在外江截流，使江水全部流入内江，然后淘挖外江和外江各灌溉渠道淤积的泥沙。到第二年立春前后，外江岁修完毕，把杩槎移到内江，让江水流入外江，然后再淘挖内江河槽，进行平水槽和飞沙堰的岁修工程。清明节前，内江岁修完毕，撤除杩槎，开始放水灌溉。杩槎是一种简单、有效的临时性截流装置，是由三根大木桩用竹索绑成的三脚架，中设平台，平台上用竹笼装卵石压稳。把适当数量的杩槎横列在江中，迎水面加系横、竖木头，围上竹席，外面再培上黏土，就可以挡住水流，不致渗漏。

都江堰的修成，不仅解决了岷江泛滥成灾的问题，而且从内江下来的水还可以灌溉十几个县，灌溉面积达三百多万亩。从此，成都平原成为"沃野千里"的富庶之地，获得"天府之国"的美称。李冰的都江堰水利工程，对蜀地社会产生了深远的影响。建成后，蜀地发生了天翻地覆的变化，千百年来危害人民的岷江水患被彻底根除。唐代杜甫诗云："君不见秦时蜀太守，刻石立作三犀牛。自古虽有厌胜法，天生江水向东流。蜀人矜夸一千载，泛滥不近张仪楼。"从此，蜀地"旱则引水浸润，雨则杜塞水门，故记曰水旱从人，不知饥馑，时无荒年，天下谓之天府"。使成都不仅成为四川，而且是西南政治、经济、交通的中心，同时成为全国工商业和交通极为发达的城市。

李冰修建的都江堰水利工程，不仅在中国水利史上，而且在世界水利史上也占有光辉的一页。千百年来只有李冰创建的都江堰水利工程经久不衰，至今仍发挥着防洪、灌溉和运输等多种功能。

关于李冰的籍贯，学术界一直众说纷纭。现在主流的说法有两种：一是陕西，一是山西。陕西之说源于史书记载，自古到今，各种史籍都记载得很清楚，李冰，秦人，蜀郡太守。在关中腹地的西府大地——眉县太白山脚下，多少年来就由当地老百姓口口相传着李冰父子的故事，因为这里就是他们的故乡，这里的地形地貌连着太白山，居高临下，一条土塬像极了都江堰的分沙堰，将家乡的两条河流隔开并列北流入渭，自古这里虽然两水夹流，但从无洪涝发生。很难说这样的地形和水流不对他治理蜀国水患有所启迪。令人感到怪异的是这里有个千百年来没有变过的名字——二郎沟，据说是李冰卒于任上后，他的儿子李二郎千里扶柩返乡后居于此地,以二郎名字命名的。至于山西运城所谓家谱记载,很难成为直接证据,因为该家谱只记录了第五十二代到七十代迁徙繁衍情况,前代俱系推测附会,而历史上有很多家谱总序将前代名人列为始祖的现象比比皆是,实不足为证。因此我们本着尊重史书记载,也遵从现实存在的态度,应该让李冰父子的籍贯之争有个明确的历史性解说,他就是我们太白山下走出去的优秀儿子,他为推动中华民族的进步做出了巨大的贡献,其功绩如太白山峰永远矗立在后人的心里。

张　卯　(生卒年不详)西汉人,时任汉中太守。武帝时,有人建议重修褒斜道,从汉江漕运入褒水后再逆水而上至太白。因为太白境内河流落差大,水流湍急,无水之地达百余里,可用车转至斜水后再以漕运入渭水,再达长安。建议者同时说了选择褒斜道漕运的理由:漕运走凤县、略阳沿嘉陵江而下的故道太远,且山坡多,又到不了汉中,而从褒斜道走缩短路途距离,可事半功倍。

这个建议得到汉武帝的批准,他下旨任命御史大夫张汤的儿子张卯为汉中太守,于元狩六年(前117)发数万人,修褒斜道五百里,疏通河道,欲利用褒斜二水进行漕运。据《郙阁颂》载:"凭崖凿石,处稳定柱,临深长渊,三百余丈,接木相连,号为万柱。"可见工程的浩大与艰辛。

法　雄　(?—117)东汉右扶风郿县(今眉县金渠镇)人,战国时齐襄王田法章之后裔。

法雄出身累世簪缨之家,初登仕途,任本县功曹史。后经太傅张禹大力举荐,朝廷用为南阳郡平氏县(今河南桐柏县西)县令。他精明强干,凭借敏锐的政治嗅觉和干练的政事管理能力,多次破获当地农民秘密组织,调任宛陵(今安徽宣城)县令。

永初三年(109),沿海九郡以张伯路为首的农民军攻城杀吏,声势浩大,官军征剿,屡次大败。朝廷旋即起用法雄为青州(今山东临淄)刺史,辅佐御史中丞王宗率领数万大军,再度围剿叛军。他威逼利诱软硬兼施,经过两年,终于镇压了这次农民起义,以功升任南郡(今湖北江陵东南)太守。在征剿义军中,他意识到对农民不能竭泽而渔,否则农民必铤而走险。只有在强化统治的同时采取"恩信宽泽",给农民以生存的活路,才能保刘汉江山得以安宁。因此,他在南郡太守任内,时常巡视下属州县,体察民情,并视察监狱,一旦发现"长史不奉法者",立即罢其官。任内,政治较为清明,"断狱省少,户口益增",加之风调雨顺,"岁常丰稔",农民尚可安居乐业。当时虎狼为害乡民及牲畜,他反对大肆捕杀,认为"凡虎狼之在山林,犹人之居城市",主张对飞禽走兽也施以仁政,给以生存之地,只有"仁及飞走",才能"猛兽不扰"。于是,传令各州县"毁坏捕兽之机具和陷阱,不得妄捕林中之兽"。这样捕猎防范得当,虎狼之患随之平息。法雄任南郡太守七年,病逝于任所。其家乡位于太白山北麓的法仪堡(今金渠镇八寨村法牛嘴塬北端城内)。

　　法雄善于处理政务,擅长查察奸人坏事,因此在任期间,盗贼甚少为患,县内吏民都对法雄既敬又畏。南阳太守鲍得向朝廷汇报法雄的表现,法雄于是迁任宛陵令。永初三年(109),张伯路与平原刘文河等三百余人自称为"使者",攻打厌次城,杀害县令及官吏,便向高唐转进,焚烧官寺,大肆释放囚犯,四方盗匪、渠帅皆称张伯路为"将军",争相投靠他。朝廷下令派遣御史中丞王宗持节,带领幽州、冀州诸郡数万士兵,又征法雄为青州刺史,与王宗一起合力讨伐张伯路。王宗、法雄二人连番征战,大破贼军,贼军被斩首溺死者达数百人之多,余贼亦四出奔逃,官军获得大量器械财物。即使后来汉帝发诏大赦天下,贼军仍因王宗、法雄的军队尚未解甲,而不敢归降。王宗为了迅速消灭贼众,便召集刺史、太守共同商议,大家都认为应该直接进行攻击。法雄却主张:"兵者,是凶器;战争,是危险的事。蛮勇并不可恃,胜利亦不是必然的。这批贼众如果乘船出海,深入远岛,那就不易攻讨了。既然国有赦令,现在可以暂且罢兵,抚慰这群盗贼,如此一来他们势必解散,然后我们再对付他们,就可以不战而定了。"王宗亦认同其言,决定罢兵。贼众闻讯果然大喜,将侵略所得的财物战俘通通交还。不过由于东莱郡的军队未肯解甲,贼众再次感到惊恐,遁走辽东,直至海岛。永初五年(111)春天,漂泊海岛的贼众缺乏粮食,再次入寇东莱郡。法雄率领郡兵大破贼众,贼众向辽东逃窜,辽东人李久等协助法雄施行夹击,成功平定贼众,州界自此才得和平。

法雄为官严谨,每至军中,都会复审案件,观察囚犯的神色,经常能准确地判断案情的真伪,因此亦能查察不守法的官吏,并下令要他们解印除任。在青州任刺史四年,法雄便升迁为南郡太守。他精于断案,治安靖平,户口益增。元初年间,法雄卒于任上。其子法真,亦是一代名士,详见《后汉书·逸民列传》。

法　正（176—220）字孝直,法真之孙。右扶风眉县法仪堡（今眉县金渠镇八寨村）人。父法衍,字季谋,官至司徒掾、廷尉左监。法正幼时饱读经史,才智过人。成年后,与同郡好友孟达越秦岭到成都,投奔益州牧刘璋,很长时间后,任新都县县令,不久又调为军仪校尉,与益州别驾张松相友善。

东汉建安十三年（208）十二月,赤壁大战后,刘璋听张松建议,与曹操断绝关系,即派法正去荆州联络刘备。法正回成都后,私下向张松称赞刘备有折节礼贤之风和复兴汉室、统一天下的雄才大略,两个人密谋同心拥戴刘备。

建安十六年（211）,刘璋派法正率四千人马,去荆州迎请刘备。他趁机向刘备献策道:"以将军之英才,趁刘璋之懦弱,有得力大臣张松为内应,定能夺取益州。然后凭借益州人口众多,资源富足,依靠天府之地的山川艰险,成就王霸之业,犹如反掌啊!"此计谋与诸葛亮《隆中对》不谋而合,刘备甚为敬服,遂与法正结为心腹之交,亲率数万军队会刘璋于涪城（今四川绵阳东北）,补充粮资,同他向葭萌（今四川广元西南）进发。经一年争战,刘备占取益州三分之二。不久,刘备兵围雒城（今四川广汉北）。

建安二十四年（219）正月,刘备兵进定军山（今汉中市勉县城南）,法正谋划军机,协助老将黄忠斩夏侯渊,逼曹军退守阳平关。一次战斗中,战局不利于刘备,但刘备大怒不肯退,谁劝都不听。就在魏军万箭齐发之际,法正纵马挡在刘备前面,刘备急令他避箭,他却说:"主公亲当矢石,何况臣下不过是一个小人物呢?"刘备听后,即下令退军,避免了一场不必要的牺牲。刘备得汉中郡，统一巴蜀、汉中等广大地区，奠定了与曹魏、孙吴三足鼎立的基础。七月，刘备自称汉中王，大封文武百官。法正以奇谋之功，被授尚书令、护军将军，仅次于丞相诸葛亮，内为谋主，外统都畿（京城辖区），成为蜀汉统治集团的核心人物。其"奇画策算"多为刘备采纳。建安二十五年（220），法正去世，终年四十五岁。法正之死令刘备十分伤心，连哭数日，追谥其为翼侯，是刘备时代唯一一位有谥号的大臣。

刘备后来推恩于法正的儿子，赐其子法邈为关内侯，官至奉车都尉、汉阳太守。

法正善于奇谋，被陈寿称赞为可比魏国的程昱和郭嘉。曹操曾经不无遗憾地说道："吾收奸雄略尽，独不得正邪？"杨戏在《季汉辅臣赞》中这样赞颂他："翼侯良谋，料世兴衰，委质于主，是训是咨，暂思经算，睹事知机。"诸葛亮评论他说："主公之在公安也，北畏曹公之强，东惮孙权之逼，近则惧孙夫人生变于肘腋之下。当斯之时，进退狼跋，法孝直为之辅翼，令翻然翱翔，不可复制。"

裴　均（生卒年不详）唐贞元中，眉令裴均将太白山祠庙修葺一新，并举行隆重祷雨仪式。

包　拯（999—1062）字希仁，庐州合肥（今合肥市）人，出身官僚家庭，以清廉公正闻名于世。曾任龙图阁学士，人称包龙图，又曾任天章阁待制，人称"包待制"。卒谥孝肃，赠吏部尚书。因其廉洁公正、不攀附权贵，且屡断奇案，为后世所称颂，都把他当作清官的化身——包青天。

北宋庆历七年（1047），包拯任陕西路转运使。当时陕西路凤翔府眉县斜谷有一座造船场，名字叫"凤翔府斜谷造船务"。这个被历史湮没了近千年的造船场，就是因为当年包拯留下的一份奏折，又在千年以后让我们重新窥见了它的踪迹。

这个造船场是什么时候建立、什么时候撤销的，由于缺乏资料，当前还无法考证清楚，但它的位置就在今天太白山西侧的斜峪关。北宋时期，因为科率苛重，已面临崩溃和办不下去的困境。庆历七年四月至八年五月，包拯任陕西路转运使不久，就亲自到凤翔府斜谷造船场察看，认为"所有逐年买造船场材木物料及桩橛等最为大害"，回去后立即写了"请权罢陕西州军科率"的奏表，呈给宋仁宗，"乞赐详酌指挥权与蠲免"。后经仁宗批准，"罢秦陇所科斜谷务造船材及罢七州所赋河桩竹索皆数十万"，从而使造船场获得生机，转入正常生产。

据《凤翔府志》记载，在北宋时凤翔作为府一级建制，同时设置了相当于府级的"监凤翔府船务"一职，原因是本府眉县斜谷有造船场，规模全国第二，年造船六百艘，占到当时全国产量的五分之一，汲郡人吕大钧是历史上唯一担任监凤翔府船务官职的人。

从包拯奏表的记述看，斜谷造船场是凤翔府和陇州合办的规模较大的场子，每年生产额船六百艘，打造咸阳陕府桥脚船四十四艘，还加工生产修河桩橛。船场购买材料所需的资金，由凤翔府和陇州量支官钱。造船用的方木物料，主要在凤翔府、陇州及秦州诸处采买。由于造船场生产任务重，材料消耗量大，每年所能采买到的材料，很难满足需要。正如包拯在奏表中指出的那样："庆历六年七年材料等共三十二万，见欠七万有零。庆历八年材料等共二十一万七千有零全欠。""又打造咸阳陕府桥脚船四十四只，合用材料共三万一千有零见配买。"在所采材料中"所差皆，前例各赔钱一二千贯，前后人户破荡家产不少，每户锢身者不下三两人"。由此可见，这个造船场，每年所需材料亏空很大，要完成生产任务确实困难重重。在这种情况下，陕西州军把分配给地方官府去完成的上京木材和修河桩橛，又转嫁给船场，他们不派人直接采买，而从造船场低价征购，这就更加沉重地打击了造船场，使它内外交困，难以生存下去。正在这危急关头，恰好碰上包拯这样一位经常坚持深入底层察访民情、兴利除弊的好地方官，及时解救了船场的危难。

斜谷造船场鲜为人知，借助包拯的奏表，只能间接地了解到点滴情况，难以窥其全貌，但从造船场的规模和生产任务看，它对宋代陕西关中的漕运事业无疑做出过重大贡献。

为什么要把造船场选建在斜谷？因为这里有很多自然和人文方面的优越条件。斜谷交通方便，地理位置重要，市场商贸和手工业生产也很发达。斜谷为褒斜道的北口，是关中通往汉中、四川的交通要道之一，秦、汉以后交通更是畅通无阻。据《汉书》记载："张良辞归韩，汉王送至褒中，因说汉王烧绝栈道，以备诸侯盗兵，亦视项羽无东意。"又据《雍录》记载："汉王自汉中出袭雍则自褒斜出也。"由此可见，这里的栈道在西汉以前就是通的，加上以后历代的疏通修浚，交通越发方便，斜谷很自然地就成为南北物资交流的集散地。由于这里地势险峻，地理位置十分重要，历来为兵家必争之地，不少统治者对这个地方很重视。三国时，蜀魏两家把这里作为战略要地反复争夺。北周武帝曾在谷口设置云州，武帝天和元年（566）秋七月筑斜谷城，置军守卫谷口。建德元年（572）十二月壬申，周武帝亲幸斜谷，集京城以西诸军都督以上官员，布置防务，发布军令。唐武德元年（618）又在谷口设置郇州，三年移县于郇州。据《宋史》记载，斜谷镇是当时眉县的四镇（虢川镇、斜谷镇、清湫镇、横渠镇）之一。经过历代的建设和经营，这里不仅在一定的历史时期是州、县的政治文化中心，而且市场商贸和手工业生产也十分繁荣发达。据载："褒斜道南口曰褒，北口曰斜，长四百七十里。"纵穿秦岭太白山深山峡谷，沿途森林密布，林木天然资源丰富。木材作为造船的主要原料，这个有利优势很可能是在此建立船场的主要原因。场子靠近原料，可减少木材长途运输之苦，节省大量劳力及费用。

斜谷水量充足，有利于发展水运事业。据县志载，斜谷水"源出衙岭，北流二百余里至谷口"，水流长，经过的流域面积广，纳溪汇涧，水量愈来愈大。斜水出谷后北流二十余里注入渭河，水势较平缓，有利于开发利用。那时斜谷口有一条南北走向的运粮河通过渭水可直达长安。这与建立造船场可能有一定关系，不是因河建场，就是因场修河。在陆上交通工具还不很发达的宋代，渭水是关中漕运的主要航道，斜谷造船场靠近渭水，打造好的船只，可很快进入航运，投入使用。当时斜谷口是个繁华的水陆码头，聚集在这里的各种物资，通过便利的水陆交通，会很快地运送到南北各地。包拯死后，后人为了纪念他，搜集整理了他一生的文稿加以印行，传世者称为《包拯集》又名《包孝肃公奏议》。这本文集几乎囊括了包拯一生中所有的奏折、陈表和各种各样的建议、意见，全面系统地呈现了包拯的政治主张和他的阅世态度，尤其他关于反对增加农民负担和精兵简政的建议，即使在今天看来仍然具有极高的史料价值及现实意义，其中就有这篇令这位历史名人与天下名山太白山产生交集的奏折。

孔天监（生卒年不详）金代人，出生于山东曲阜阙里，孔子后裔，金章宗明昌七年（1196）任眉县县令，在位期间重视兴修水利，兴斜谷水利，晋嘉议大夫同知、曲阜县（今山东省济宁市曲阜区）开国男。因功祀名宦祠。孔天监于上任的第二年，便率民踏勘水路，开工兴修斜谷水利，开东西二渠，人称孔公渠。其中东渠引水至眉县县城东，北流入渭，灌田四千余亩；西渠又称界渠，位于岐眉两县交界处，灌田三千余亩。眉民受惠，感激莫名。上司把他的事迹奏报朝廷后，很快就升他为同知，授他为嘉议大夫，授开国男的爵位，赐金紫玉带。清代《凤翔府志》载有《孔天监水利碑记》，对他的治水事迹记述颇详。

沈　缙（生卒年不详）湖南武陵人，明代神宗万历年间任陕西凤翔知府，万历四十六年（1618），他沿汧水而下，过磻溪经马迹至斜谷关口，督民修筑长堤，疏通两条古渠，人称沈公渠，可灌溉落星、诸葛等地农田千顷。

谢　绶（1434—1502）字维章，号樗庵，江西省乐安县鳌溪西坑人。明景泰五年（1454）进士，初授工部主事。成化十二年（1476），他在陕西参政任上，恰逢陕西旱荒严重，他及时给予赈济，并大力兴修水利，灌溉农田，人称其德。在赈济的同时，他亲自到各地巡察，先后从宝鸡县（今陕西省宝鸡市陈仓区）闫家营筑堰，引渭河水开渠经岐山至眉县；又于眉县西南太白山斜谷口引石头河水，修成通济渠，灌溉齐镇东西部农田；又南引霸王河水分东西两渠，灌溉金渠镇和营头镇农田；后又在汤峪东开大振谷渠，灌当地农田五百顷有余。他在职期间，大大改善了太白山北麓眉县一带的农田灌溉条件，受到当地百姓的交口称赞。

放　新（生卒年不详）字德新，号定溪，明嘉靖年间进士，累官至监察御史。登太白山拜谒于太白神祠，谓山三神，非也，进李白、孙一元（号太白山人）配祀，称三白祠。

梅　遇（生卒年不详）字品章，江西南城县人。清顺治三年（1646）举人，曾任江西省新吴县（1995年撤销该县）教谕。康熙三年（1664）任眉县知县，任内十年，注重农业和教育，尤其重兴修水利和植树造林，常带仆从下乡巡视。康熙四年（1665），关中大旱，他"步祷太白，获澍雨尺余，既而思之，天泽莫如雨，地泽莫如河"。他认为"地之富于河，可补天之穷于雨也"，遂组织全县士绅、耆老和黎民，在春秋宁相渠、西汉成国渠、北宋井田渠、明代通济渠的基础上，陆续治修成斜谷、赤谷、潭谷、凤泉、横渠、西硙等九条河溪，变荒水为益水，变水害为水利。

康熙六年（1667），眉地大旱，他偕司训成鉴和李柏等十三名生员、士民、耆老，顶着炎夏烈日，多次到斜谷关内，勘察水源、水情、地形、地貌，组织山外三十六村百姓，在斜谷关内鸡冠石附近，筑坝拦河引水，开东、中两道新渠，复修眉、岐境内两条旧渠，流程百余里，灌地千余顷，受到陕督、抚二司褒扬。七月一日，一场暴雨淤塞赤谷口的宁相渠首，他带头捐出俸银，雇工凿石，募集民工，清除淤泥沙石，拓宽渠道，不久竣工放水。康熙八年（1669）三月，他"蹦山谷，冒荆棘"，扩大渠道，开始横渠镇"井田渠"的复修扩修工程，竣工的新渠比旧渠宏大，可灌地数百顷。时任永寿知县的张琨（张载后裔），闻讯特地回乡参观，赞赏不已，回到任上，以崇敬的心情撰写了《新修井田渠碑文》。此时，梅遇已带领乡民治理了八条河渠，他认为"潭谷河治而九河之利始全"，恰值李柏、赵秀、薛胤等五位生员上书给他，请求复修潭谷水利。已有夙愿，下有请求，梅遇同生员们多次勘察，始定规划，组织实施。他对挖土运沙的犁、镬、畚、锤和填沟平坡的打夯木桩如何使用，都做出细致交代，并亲自督办工程所需物资、民夫生活食粮，使浩大的潭谷河上堰五个月便竣工。渠阔四尺（分东、西二渠），北流五里，灌溉今汤峪镇西部广大农田。继之，他又制定《潭谷河渠水规》，并"择乡评出众者一人立为堰长，于每村各举一人为水老。每年正月，堰长传水老，水老催堰夫，浚渠补堰，如有抗以妨碍公事治罪"。渠成后，梅遇撰写《潭谷河上堰水利碑记》，李柏书成，竖于堰首（今存于汤峪镇下冯家堡）。

眉县从明末至清顺治时期，无一贡生，自他到任，重视教育，培养人才，仅康熙一朝，全县就考中贡生三十一名。他任前三十余年眉县无一举人，而他在眉县任职的十年里，四次会试，竟有张琏、张抢、张尔玺、汶广龄、宫之丽五人考中举人。

康熙十三年（1674），梅遇以治眉有功，擢升四川同知。他向新任知县张思信交卸完毕，尚未起程赴任，便被吴三桂余部攻破县城，劫持入营，逼其入伙。他坚贞不屈，叛军慑于其声望而未予加害，遂被释放。后他未去四川上任，改道回江西南城家中，后不知所终。

贾 鉁 （生卒年不详）字玉万，号可斋，本名铉，为避康熙讳，易名鉁。山西临汾人，故而常在其书画之上自款为河东弟贾鉁并识，大约生活在康熙年间。曾官至黄州通判、知府，后任陕西观察使。

清康熙四十年（1701）夏，关中赤地千里，时任陕西观察使的贾鉁自请前往西岳祷雨，雨虽至而未沾足，乃复请去太白山祷雨，于六月朔日行，抵眉，携眉令骆文先告于清湫庙，后联骑进山，舍骑徒步登山，由远门口—金锁关—下坂寺登太白山，遍祈山顶各湫池，及至出山赴眉以达京兆，天雨不止。贾鉁著有《太白山祷雨记》记其详情，并绘有《太白山全图》，图碑现存西安碑林博物院。

毕 沅 （1730—1797）清代官员、学者。字缥蘅，号秋帆，因从沈德潜学于灵岩山，自号灵岩山人。镇洋（今江苏太仓）人。乾隆二十五年（1760）进士，廷试第一，状元及第，授翰林院编修。乾隆五十年（1785）累官至河南巡抚，第二年擢湖广总督。嘉庆元年（1796）赏轻车都尉世袭。病逝后，赠太子太保，赐祭葬。死后二年，因案牵连，被抄家，革世职。

毕沅极注重历史和地理的关系，广征博采，完成了王隐《地道记》和

《太康三年地志》的辑佚、《山海经新校注》等书。在金石学上，他广加收集铜铭碑刻，编辑成《关中金石记》《中州金石记》《山左金石志》《三楚金石志》《两浙金石志》等书。对先秦诸子也素有研究，他还是一位杰出的诗人，有《灵岩山人诗集》传世。

任陕西巡抚时，毕沅有一次路过太白山下的一座寺院，老僧出来热情招待，谈得十分投机，毕沅忽然开玩笑地问道："一部《法华经》，不知有多少个阿弥陀佛？"老僧从容应道："我一个破庙老和尚，非常惭愧生成钝根。大人是天上文曲星，非同一般，不知一部'四书'有多少个'子曰'？"毕沅不禁一愣，非常佩服老和尚思维敏捷、谈吐风雅，于是捐银为寺里添置田产，还把寺院整修一新。他写过《过马嵬坡咏古》十首，其一云："斜谷铃声暮雨昏，石羊亡走卧空村。合欢堂外虚金屋，不向秋坟覆丽魂。"诗中"斜谷铃声"一句说的就是玄宗仓皇由此入蜀的故事。

乾隆三十九年（1774）四月三日，毕沅又给朝廷上书，言曰："陕西外控新疆，毗连陇蜀，幅员辽阔，民物殷繁，赖雨旸时，若年谷顺成，以厚民生，而宁边境。西安郡城西南有太白山，在凤翔府属之眉县境，一名惇物山，即《禹贡》云：'终南惇物，至于鸟鼠是也。'高二百九十里，耸秀西方，拔出岳镇，之上有灵湫数处，中有龙神。历代以来，久著神异，逢雨泽愆期，全秦黎庶赴山取水，有祷辄应。臣到陕西四载，设坛虔祷，屡昭灵贶。今节令已过清明，麦苗需雨。臣率文武僚属在省城太白庙步祷。遣同知汪皋鹤赴太白山灵湫取水，三月四日水到之时，甘霖立沛，通省均沾，麦秋大稔可期，既昭灵应之符，宜沐怀柔之典，臣谨仰恳：圣恩特加封号，以答灵庥。疏入二十三日，奉旨封昭灵普润太白山之神。乾隆四十三年（1778）四月，又以毕沅重修清湫庙，特为陈请。钦颁御书匾额'金精灵泽'四个大字。六月祷雨有验，又蒙颁御制诗一章，曰：麦前旸雨各称时，麦后甘余日待滋；为祷灵山立垂佑，遂施甘澍果昭奇。（原注：毕沅奏，五月望前各属得雨，早谷已乘时播种，大田亦正待翻犁，而晴霁二十余日，地脉暵燥，待泽颇殷，因率属虔吁于太白山神祠，并遣员诣灵湫取水，甫到山而雷雨立沛，经时始霁，初九日所取之水至省，即于是夜大获甘霖，连三昼夜，入土深透。各属亦同日普沾，已种之禾倍觉发荣滋长；未种者亦可扶犁布种，云云。仰荷神庥，感而增敬，因赋诗以志谢。）树碑铸铁传福地，取水凝湫自皓池。粒我烝民布天泽，蠲诚致谢此摛词。陕西巡抚毕沅奏报：祷于太白山而得雨，诗以志谢。乾隆戊戌（1778）夏六月中浣御笔，俱敬谨镌刻，榜视万禩于戏，报功崇德其裔伟哉！其他灵应，年岁绵远无著，录者不尽登于篇。

直到今天，这一珍贵的乾隆御题碑还保存于太白山下院——眉县槐芽镇清湫村的太白庙里。

尹继善　（生卒年不详）满洲镶黄旗人，大学士尹泰子。字元长，号望山，姓章佳氏。章佳，本系地名，后因以为姓。始祖穆都巴延，本居长白俄莫和苏鲁。尹继善的父亲是尹泰，康熙时官至国子监祭酒，康熙五十二年（1713）病罢，居于盛京。尹继善系尹泰第五子，聪明早慧，长相不凡，时人描绘说："公（尹继善）白皙少须眉，丰颐大口，声清扬远闻，著体红瘢如朱砂鲜，目秀而慈，长寸许。"

在清朝封疆大吏中，尹继善无疑是最引人注目的，他入仕六年，便成为两江总督。尹继善释褐五年，即任封疆，年方三十余岁。莅政明敏，遇纠纷盘错，纡徐料量，靡不妥帖。一督云贵，三督川陕，四督两江。在江南前后三十年，最久，民德之亦最深。世宗最赏李卫、鄂尔泰、田文镜，尝谕尹继善，谓当学此三人。尹继善奏曰："李卫，臣学其勇，不学其粗。田文镜，臣学其勤，不学其刻。鄂尔泰大局好，宜学处多，然臣亦不学其慢也。"世宗不以为忤。高宗尝谓："我朝百余年来，满洲科目中惟鄂尔泰与尹继善为真知学者。"

清朝乾隆五年（1740），陕甘总督尹继善奏请，将祭祀太白山列入陕西祀典。

汪皋鹤　（生卒年不详）字缄斋，河南夏邑人。乾隆三十五年（1770）曾任陕西同知，后官至平凉知府。乾隆三十九年（1774）清明节后，陕西大旱无雨，汪皋鹤受陕西巡抚毕沅派遣，于农历三月初二出省，赴太白山灵湫取雨，历时十天，十二日回到省城，取雨活动大获成功,全省下了一场透雨。此事在当时被传为佳话,太白山神奇灵验之说竟然上达天聪,乾隆皇帝大喜过望,特颁御制诗以志。取雨归来,汪皋鹤写了一篇《太白山行纪》。

赵嘉肇 (生卒年不详)山东兰山人。清光绪八年(1882)十一月,以举人任眉县县令,在任两年,于光绪十年(1884)去职。因雅好山水,自号偯道人。他于光绪九年(1883)六月二十六日,与他的弟弟赵洽轩、同里田受之同行,共用十一天时间,以观风俗、正经界为名义,对太白山进行了徒步考察,归来后以偯道人自记的形式,详细记录了游山的全部经历。根据他的记述,这次登山活动的时间和路线安排大致如下:由槐芽镇至远门口,夜宿保安宫。二十七日舍车而徒,三人筇杖芒鞋,跟随的人身背糇粮,经过三官池、艾蒿坪、小雪崖、大雪崖、龙盘山,至小郭集,历新桃碥,过露风崖、小西垒,当晚宿于接官亭。二十八日早,行至石垒,登石垒顶,雨中行三十里,至下坂寺。二十九日过骆驼岭,迤逦向西南行,度瘦鱼儿岭,至上坂寺,憩宿于此。三十日鼓力而进,过寒风关,上冲山岭,逾岭循崖下涧,傍山行十里,至神洼,有石洞坂屋;又过魔女岭、分天岭、雷神峡、鬼门关,二十里至鬼洼亦曰孤魂洼;过二里关,一日三天门,仰见太白极顶,曰八仙台;由鬼洼行至此二十里,为大太白池庙。七月初一日,天降大雪。初二日,洽轩住大太白池,余与受之西过杨四将军池,行稻田洼,观二太白池、三太白池、玉皇池、三清池。初三日,独上太白极顶。初四日,偕受之下山,道士送之。初五日早行,未晨晡时,已到接官亭,晚来远门,复宿保安宫。次日乘车由槐市回,计往返十日,周行四百余里。原文中有较多的描述性文字,对于太白山的神秘性、多样性和历史文化的厚重感有独特的视觉,其中不乏个人的感叹与赞美之词,颇堪一读。

张会一 (生卒年不详)清光绪年间任眉县县令。光绪二年(1876)夏季游太白山,为大爷海庙撰写长联一副。联云:"雪峰镇千渭河山,巍巍然东揖华嵩,西临葱岭,南凌巫峡,北瞰皋兰,数万仞碕礒岭岑摩盪星辰吞八柱;灏气通乾坤呼吸,郁郁乎风驰箕伯,云御天公,雷鼓丰隆,电

第八章 循吏篇

175

驱神女，三千轴涔资浸润须臾霖雨遍群生。"

桂　春（生卒年不详）富察氏，字月亭，满洲正蓝旗人。监生，光绪八年（1882）中翻译举人，此后任军机章京、刑部主事、正蓝旗汉军都统等职，并曾兼使俄、奥大臣。光绪二十六年（1900），八国联军攻占北京，并占领紫禁城，皇太后慈禧为避祸携光绪帝、大阿哥等人仓皇逃离皇宫，来到西安，桂春作为部属一路随行。不久，桂春奉慈禧之命赴眉地朝太白山，当时张圆泰亲自背着他从远门口上山，因为紧张不敢抬头观看桂春，只是听见侍从称呼他为"鬼大人"，为此张圆泰还纳闷了多年，难道这世界上还有姓鬼的吗？据说，这位"鬼大人"脾气非常暴躁，动辄骂骂咧咧，很是跋扈。这一往事是张圆泰的后人从其讲述中得知的。至于慈禧封张圆泰为御前引道焚香，钦赐玉冠紫袍至道真人，确有其事，有现今保存完好的大爷海印和保安宫碑刻为证。

冯玉祥（1882—1948）谱名基善，字焕章，安徽巢县（今巢湖市）人，生长于直隶省保定府（今河北省保定市）。1922年8月22日，美国亚洲古物调查团的安得思和英国矿师高士林到西安新城话别，送给冯玉祥一块他们在太白山猎回的野牛（羚牛）的肉，冯追问是谁允许他们上太白山私猎的，安得思耸耸肩说："贵国有什么禁止狩猎的法律吗？"高士林也狡辩说："贵国外交部可是准许我们带猎枪的呀！"冯玉祥大怒而厉声说："准你们带猎枪，就是准你们打野牛……那准你们带手枪，岂不是可以随便杀人了？我是地方官，负有国家和人民交托的保土维权之责。现在你们把野牛射杀了，必须设法复活，否则不许离境！"义正词严，两个洋人连声讨饶。

事后，冯玉祥将此事报告政府，才有了新规定，外国人在华狩猎须领执照，并且只可捕猎指定的野兽。

熊　斌（1894—1964）回族。1942年10月，陕西省国民政府主席熊斌，偕要员马凌甫、刘治洲、王捷三来眉视察，参观了正在修建中的汤峪温泉，宿齐家寨新城梅惠渠管理处。次日，参观斜谷关水利开发情形。

邵力子（1881—1967）初名景奎，字仲辉。曾任黄埔军校秘书长、甘肃省主席、国民党中宣部部长、驻苏大使。1930年，任陕西省国民政府主席，应于右任邀约同游太白山，随行有夫人傅学文。沿途考察细致，颇多感慨，归来后加以整理，编为《登太白山感想》共十四篇。

何　杰　（1923—1987）桃川乡魁星楼村人，共产党员。出身贫苦农民家庭，幼年由关中逃荒进山，被魁星楼何姓人家收养。少时放牛务农，十岁时与养父靠种几亩薄地及打短工维持生活。二十岁后常出山做小生意。1948年3月，何杰在岐山县北山小寨参加眉县游击队。同年10月，在永寿县韩家嘴与国民党青年军二〇三师一部战斗失利，他右腿负重伤，与七十多名队员同时被敌关押。后经中共岐山县地下党组织营救出狱，归队后随部队活动于岐眉一带。1949年夏，何杰被调到眉县县大队，参加了著名的扶眉战役，同年10月加入中国共产党。1950年3月，被调宝鸡军分区九团特务连任副班长。次年4月，又调野战军第六十四军后勤一团特务连任班长，同年11月赴朝作战。1952年10月因病复员回乡。1953年，任太白区白云乡党支部书记。1955年，调高码头乡任党支部副书记。1958年，何杰被错定为历史反革命分子，1962年被迫退职归田。1979年在落实政策中，何杰冤案得到纠正、平反，享受离休干部待遇，1987年病故。

王世英　（1917—1989）字杰珊，太白县咀头镇李家沟村人，出生于富农家庭，本县教育名人。1939年毕业于西安二中，在校期间与进步青年参加爱国抗日救亡运动。中学毕业后，于宝鸡县（今陕西省宝鸡市陈仓区）石羊庙任教。1941年，被宝鸡县国民政府委任为终南乡国民完小校长。其间因与当地旧政权人员有隙，曾被保警队派人暗杀，未遂。1943年后，迫于处境艰难，自行离职，漂泊于虢镇、底店等地教书维生六年。

解放战争时期，与中共宝鸡县地下党、游击队负责人傅宇晴、傅执中、焦振祥、曹建武（皆同学好友）等人来往甚密，受革命思想之熏陶，为他们提供咀头情报，并掩护他们多次来咀头搞地下工作，给中共宝鸡县（今宝鸡市陈仓区）地下党领导的游击队在咀头一带活动提供了有利条件。咀头解放后，于1949年9月受宝鸡县人民政府委派，回原籍任终南区（宝鸡县第十二区）完全小学校长四年。

1955年春至1958年，调任咀头小学任校长一职。1959年在桃川小学任校长一年，后被调宝鸡市第十六中学（县中前身）任教，并负责学校附设师范班工作，为太白教育界培养了第一批当地教师。其后，一直在学校任教至1979年离休。"文化大革命"中，因出身于资产阶级家庭，被"造反派"加上莫须有罪名，备受迫害。后落实干部政策，予以平反。但他并不因遭受迫害停止工作，而是继续服务于党的教育事业，受县里人崇敬，是县教育界一代元老。离休后，他在地名普查工作中不顾年高体弱，跋山涉水到处奔波，查资料、走访考察。其后，在地方志和文史工作中发挥了活资料的作用，为《太白县志》和《宝鸡文史资料》撰稿，提供口碑资料。1985年被评为模范离休老干部先进工作者，出席省离、退休老干部先进代表大会，受到表彰奖励。

第九章

良医篇

王　焘（670—755）眉县人。他是一位著名医药学家，其著作《外台秘要》颇为后人称赞。

王焘出身官宦世家，其祖父王珪是唐初杰出的宰相之一。其祖父为官清廉善谏，与魏徵齐名，曾是李渊的大儿子李建成的老师。王焘的父亲王敬直是南平公主的驸马，也被封了爵位。王焘的两个儿子也都做了官，大儿子是大理寺少卿，次子担任了苏州刺史一职。

王焘从小体弱多病，母亲南平公主身体也不好。他十分孝顺，衣不解带地照顾母亲，阅读了大量医书，寻找灵方妙药，渐渐地对医学产生了兴趣。王焘曾经担任徐州司马和邺郡太守，后来他为了有机会阅读医学书籍而到了当时的皇家图书馆——弘文馆任职。自此，他便如饥似渴地在那里阅读晋唐以来的医学书籍。他在弘文馆度过了二十年的时间，在系统阅读大量医书的同时，他还认真地做了详尽的摘录，夜以继日，年复一年，积累了大量的医学资料，其中仅古方就有五六十家之多。后来，他被贬职到房陵（今湖北房县），遇赦后就近安置在大宁郡，当地气候炎热潮湿，百姓得了瘴气，十有六七难逃一死。他依照随身携带的验方施治，竟然把即将死去的人神奇地救了回来。由此，他便决心发愤编写医书。

他不存个人偏见，博采众家之长，在《外台秘要》中引用以前的医家医籍达六十部之多，差不多所有的医家留下来的著作都是他论述的对象，可谓"上自神农，下及唐世，无不采摭"。不仅对《千金要方》《肘后备急方》等仔细研究，还对没什么名气，流传也不广泛的著作加以收集，如陈延之的《小品方》、张文仲的《张文仲方》等医著。除此之外，对民间单、验方也并不排斥。书中共收载了六千九百多个方剂，每一门都是以《诸病源候论》的条目为引，再广引方剂。每一方剂，都注明了出处和来源，给后人的研究带来了很大的方便。许多散佚已久的医书，也都是在这部著作中看到大致内容的。

王焘对于方剂的收载，不仅广征博引，而且精挑细选。现在看来，当

第九章　良医篇

时收载的许多治疗方法和方剂，都十分切实可用。而书中记载的治疗白内障的金针拨障术，是中国历史上对这种方法的最早记载，且这种方法，现今仍被沿用。

《新唐书》将《外台秘要》称作"世宝"，历代不少医家认为"不观《外台》方，不读《千金》论，则医所见不广，用药不神"，足见该书在医学界地位之高，其卓著的功绩是不言而喻的。王焘以一生的精力，为保存古医籍原貌和总结唐以前的医学成就做出了突出的贡献，留下了千古的美名。

王焘虽然是一个官僚，但从他的著作《外台秘要》选用唐以前古医籍时所选内容的取舍和编次证明，他是一个有着较高医学修养的医学家。再如关于结核病的认识，他在《巢氏病源》"虚劳""骨蒸"的基础上，把"肺痨"病的下午潮热、盗汗、消瘦、颧部和嘴唇潮红，以及神经系统、消化系统的症状，描写得非常细致，并提到肺痨发展到腹泻、赤黑色大便及腹水等并发症时的危险性，更进一步说明王焘在医学上有着较深的造诣。

《外台秘要》全书共四十卷。其中一至二十卷记的内科病，二十一至二十二卷记的五官病，二十三至二十四卷记的瘿瘤、瘰疬、痈疽，二十五至二十七卷记的二阴病，二十八至三十卷记的中恶、金疮、恶疾、大风等，三十一至三十二卷记的丸散等成方，三十三至三十四卷记的妇人病，三十五至三十六卷记的小儿病，三十七至三十八卷记的乳石，三十九卷记的明堂灸法，四十卷记的虫兽伤及畜疾。各门记述先论后方，一目了然。《外台秘要》成书于天宝十一年（752），书中收载了唐以前的许多医药学著作，其医论部分基本上是在巢元方《诸病源候论》的基础上阐述发展起来的。医方部分选《千金要方》最多，其余所选各书，均注明书名篇卷。全书编一千一百零四门，载方六千有余，是我国重要的中医著作之一。书中博采名家方论甚多，不少早已散佚的医药著作及名家医方，均赖此书当初的选录而被保存了下来，不少医家将此书与《千金要方》相提并论。《外台秘要》成书至今一千二百余年，深受历代医家推崇，各代都有多种不同刊本。他还另著有《外台要略》，全书共十卷，已散佚。

苏　敬（生卒年不详，活动于7世纪）唐代药学家，后避讳改名苏恭。主持编撰世界上第一部由国家正式颁布的药典《新修本草》（又名《唐本草》）。公元657年，苏敬上书朝廷，要求编修新的本草。唐高宗准允了此事，指派长孙无忌、许孝崇、李淳风等二十二人与苏敬一起修订新本草。《新修本草》于显庆四年（659）编成，本草二十卷（现残存十一卷），目录一卷；本草图二十五卷，目录一卷；图经七卷（已佚）。全书共五十四卷，共收集草药八百余种。苏敬在他所编撰的《新修本草》中这样记载：茯苓和茯神"雍州南山亦有"，这里所指的南山即今太白山。

陶弘景（456—536）字通明，齐梁间道士、道教思想家、医学家，自号华阳隐士，丹阳秣陵（今南京）人，卒谥贞白先生。善书法，尤精行书，长于医药、历算、地理。他一生著述相当丰厚，有二百二十三篇。其中关于医药学的有《本草经集注》七卷，《补阙肘后百一方》三卷，《梦书》一卷，《效验施用药方》五卷，《服食草木杂药法》一卷，《断谷秘方》一卷，《消除三尸要法》一卷，《服气导引》一卷，《养性延命录》二卷，《人间却灾患法》一卷，《集药诀》一卷。其中绝大多数均已散佚。

在医学方面，他最大的贡献就是编写了继《神农本草经》（简称《本经》）之后的第一部药学专书《本草经集注》。该书在描述的内容、所载药物的数量以及分类方法等方面，都比《本经》上了一个新台阶。该集注在《本经》三百六十五种药物的基础上又加入了七百三十种药物，合计一千零九十五种，大大扩展了可供使用的药物种类。到了唐代，我国第一部药典——《新修本草》，就是在此书的基础上进一步修订补充后完成的。

陶弘景对《神农本草经》原有的三百六十五种药所做的订补和说明是以调查研究为基础的。他下了不少功夫取得了药物的采集和临床用药的经验，并经常深入药材产地，了解药物的形态、采制方法。

陶弘景为寻仙访药，漫游名山大川，行至山幽水静的美景之处，便坐卧其间，吟诗作赋，作有许多优美诗文。他的骈文《答谢中书书》"山川之美，古来共谈。高峰入云，清流见底……晓雾将歇，猿鸟乱鸣；夕日欲颡,沉鳞竞跃",清淡而精美,是六朝山水小品的名作之一。他的诗虽然仅存六首,但质量都很高。其中,以他的那首五言诗《诏问山中何所有赋诗以答》最为出名:"山中何所有,岭上多白云。只可自怡悦,不堪持寄君。"这首诗表现了他作为隐士的一面,淡泊名利,志存高远,为历来文人所传诵。

他曾经身居太白山多年,采药苦研医术,依太白山丰富的中草药资源,终成梁代著名的医药学家。他在自己写的《名医别录》中有这样的记述:"太白芎……生武功川谷斜谷西岭。"自号太白山人的明代诗人孙一元曾写诗一首,对他进行高度评价:"我爱陶弘景,不受万乘束。挂冠事栖遁,归来卧空谷。青山读玉书,白鹤下高木。乃知悟悦心,长日云相逐。"

李三枝 (生卒年不详)名医,清代眉县横渠大镇村人。传说时周至县令之女染病,腹日渐膨,县令疑其怀孕,令其自尽,夫人深知女儿无越轨之行,悲极。差人刘某乃三枝之乡里,荐三枝为县令女治病。诊后三枝云:"此女不是怀孕,腹内有恶脓疮。"投药数剂,病大愈。县令大喜,赠银两柜,并出资在三枝所在地修药王庙,又为三枝竖碑。

王义刚 (1830—1879)祖籍四川省绵竹县,生于草医外科世家。幼习医文,后承祖业。二十岁时家境败落,离家出走。清咸丰二年(1852),浪迹虢川(今太白县咀头镇),被田家庄贡生田某邀为西席,为子教读授业,他于教书之余兼行医业。光绪元年(1875)春,他向宝鸡县(今陕西省宝鸡市陈仓区)县衙陈情,请求减免虢川赋税。被宝鸡县令以"抗粮谋叛"罪杖责四十大板。他当堂据理争辩,非但无济于事,且被判处死刑,秋后问斩。虢川民众遂联名呈请陕西行省释放王义刚。巡抚亲自提审,他正色辩解道:"虢川人贫地瘠,非与平原沃土可比。虽名虢川,实乃高山一瓯之地,只种杂粮,收甚微,怎能交得起与平原一样之重税?小民呈诉实情,怎敢忤抗朝廷法度,只求大人明察地方苦难,以泽荒僻山居之苍生。"巡抚喝问:"既非抗粮抗税,为何十人吃饭,你一人嫌稀?"他郑重答道:"我是一人搭桥,好让万人来过。"巡抚见其所诉有理,即遣一汤姓官员往虢川实察。时令虽已初夏,然太白山尚寒冷如冬,汤某取道马尾河至虢川，沿途冰雪未消，漫山雾凇漾漾，一派冰天雪地。途中所见虢川百姓衣衫褴褛，田野荒芜，如王义刚所诉无二，即返轿回禀巡抚，判他无罪，开释回乡，并免去当地杂税。光绪五年（1879），他因积劳成疾病逝，当地民众感戴他，于咀头街娘娘庙西台勒碑纪念，彰其功德（此碑毁于民国初年）。此后，人们根据他的陈情书编成民谣"虢川一带务农家，地里尽产荞燕麻。冬春相连无夏季，地醒要到三月八。四月绽发三春柳，五月始开桃杏花。六月不离冬天衣，早穿棉袄午穿夹。三伏尽后秋刚到，瑟瑟霜天铺银花。雨过高山戴白帽，风起遍地落黄沙"，在虢川一带流传至今。

欧方伯 （1903—1974）字云山，太白县桃川镇下河坝人，当地名医。十六岁时先后拜杨广义、周孝廉为师，研习医药，方伯承教八年后学成，开始行医。他研习医理尊古不泥古，辨证施治，推陈创新，善以味少量重之方剂治病，而且奏效快捷，故当地称他"欧半斤"。1933年，方伯行医留坝、城固、汉中一带。因其善治疑难杂症，故求医者众。1943年，他回桃川故里，受聘教书，翌年复从医。此时他的医术渐趋上乘，对各种疑难杂症皆能正确施治，疗效奇佳，声名大噪，周边县乡慕名求医者不绝于道，人言来他处诊治的病人是"来时呻呻唤唤，去时喜笑颜开"。1946年，欧方伯的大徒弟陈贵芳于购药途中遭国民党军队绑票，勒逼欧方伯大洋一千元赎人。欧方伯倾全部资产凑齐大洋七百元赎回陈贵芳，致医业败落。1950年，欧方伯献出他珍藏的秘方，被收载于《陕西中医验方秘方集》。1956年，他协助人民政府开办桃川中医联合诊所，为第一任所长，还曾担任桃川卫生工作者协会主席。1958年，欧方伯被评为先进医务工作者，出席陕西省先进代表大会。

傅俊修 （1866—1949）眉县汤峪镇羊仓堡人。青年时，随父傅杰（清代进士）学医，行医五十多年，精于内科，尤擅妇科，善治妇科妊娠疼痛、胎动肿胀等病。其孙傅哲、傅文均承祖业。

李白生 （1919—1989）道士，眉县汤峪镇西漫湾村人（原籍四川井研县）。幼学经史，执教乡里，习祖传中医为人治病。抗日战争后期从军，因受伤离队，遂学道于太白山下，出家于眉县汤峪青牛洞，道号诚法。修道之余在太白山采药治病，潜心研究太白山中草药，遍尝百草，技艺日精。对太白山"七药"有独特研究，所编著的《太白山七药药性歌括》广为流传。1953年，他在眉县槐芽北寺庙创立太白草药研究会，专务医疗、采药、研究和草医培训。翌年3月1日，他召集关中西府、陕南三十余名草医进行学术交流。1955年7月24日，又召集省内外九十七名草医在太白山大爷海举办讲习和经验交流会，形成医论、药论、议案文献约二十万字。之后，他陆续主编《太白山草药性赋》《太白山七药药性歌括》等。1957年在槐芽成立陕西第一个草药门诊部，李白生任主任。同年被西北植物研究所聘为"草医专家"，参与编纂《秦岭植物志》。1959年被陕西中药研究所聘为研究员，并在《健康报》发表《太白山野生药材》一文。20世纪60年代还俗，定居于周至县哑柏镇仰天村，仍坚持采药治病。1984年，任周至县草医协会副会长。多次参加有关部门组织的太白山中草药考察活动，采集标本三千余份，为编写《太白山本草志》提供了大量翔实的资料。1989年4月14日，李白生去世，葬于眉县汤峪口。

第十章

英豪篇

齐万年 （？—299）西晋时氐族首领。元康六年（296）夏天，郝散的弟弟郝度元联合冯翊、北地的马兰羌人、卢水胡人一起反叛西晋，杀死北地太守张损，打败冯翊太守欧阳建。八月，雍州刺史解系被郝度元打败，秦州和雍州地区的氐人、羌人纷纷起兵响应，拥立齐万年为帝，包围泾阳（今甘肃平凉西北），并威慑关中。

元康七年（297）正月，齐万年屯驻梁山（今陕西乾县西北），拥有部众七万人。梁王司马肜、夏侯骏派周处率领五千士兵攻打齐万年。周处的军队因弓断箭尽、没有救兵，最终被齐万年军打败，周处战死。元康八年（298），张华、陈准推荐左积弩将军孟观统领宿卫兵，与关中士卒讨伐齐万年。孟观亲临战阵，与齐万年军大战十几次，每一次都击败齐万年军。元康九年（299）正月，孟观在中亭（今陕西武功西）打败齐万年军，抓获并杀死齐万年。齐万年自起兵到失败共四年，驻守关中期间，多次勒兵入太白山中，在斜谷和太白山外的齐镇一带驻扎，据说齐镇以前叫齐家寨，与他在此住过有很大的关系，但这种说法缺乏更有力的证据作支撑，只是民间传说而已。西晋的江统鉴于齐万年的起兵，深感四夷（夷、蛮、戎、狄）乱华，宜杜其萌，乃作《徙戎论》著称于世。

白　朗　（1873—1914）字明心，又名六儿，另谐音外号白狼。同治十二年（1873）出生于河南省宝丰县城西大刘村一农民家庭。白朗身材不高，背微驼，性豪爽，好交友，喜救助贫苦人家。幼时读书年余，稍长，在家务农。他家门户单弱，经常受本村地主的欺侮。光绪三十四年（1908），白朗被本村地主王岐诬陷入狱，卖地百亩贿官始获释。后自带马匹去禹县某部马队，旋因受讹诈而归，至梁洼，所带马匹被乡队抢走。白朗多次无辜受害，愤怒异常。时县境连年大旱，饥民四起，众人求助于朗并劝其出来"闹闹"。朗游移未定，恰逢县衙将其城内姐家所雇泥水匠以匪名抓走，并抢了他在姐家存放的财物，朗遂愤而起事，时为宣统三年（1911）十月。

鉴于中原袁军势强，白朗采纳孙中山所派沈参谋关于夺取四川为反袁根据地的建议，于3月自东回师攻占荆紫关西上，并以"中原扶汉军大都督"布告曰："照得我国自改革以来，神奸主政，民气不扬，虽托名共和，实厉行专制。本都督辍耕而太息者久之！用是纠合豪杰、为民请命。惟起事之初，无地可据，无饷可资，无军械可恃，东驰西突，为地方累，此亦时势，无可如何，当亦尔商民人等共知共谅也……嗣后本军过境，尔商民等但能箪壶迎师，不抗不逃，本大都督亦予以一律保护，决不烧杀。"4月初，克商南、越秦岭后，至西安近郊，又发布"讨袁反帝，拥护共和"的檄文。沿途受到赵倜的毅军、刘镇华的镇嵩军和冯玉祥部队的多方围剿。

1914年4月6日，白朗率部入陕，突破陕督张凤翙万余人阻截西上，绕道秦岭子午谷向西，横扫户县（今西安市鄠邑区）、周至、眉县。农历三月十二日，白朗以王生岐为前导，围攻周至县城。县知事藤仲簧亲率官兵和民团、商团，登城固守，对击整日，白朗军一名统领阵亡。白朗军自城东攻入，城西守军不知城东黄教练带队投降，仍用炮击，白军盛怒之下，杀死城西部官兵及商绅等七百余人。县财政局长赵步霄被杀，知事滕仲簧逃走。白朗然后沿太白山北麓大举西进，占领眉县，从眉县西北渡渭河直取岐山县，同时袭击乾县、彬县、陇县、凤翔县等，最后赴甘肃。两个月后，白朗部在甘肃被马家军重创，其高级幕僚、著名战略家李鸿宾又战死。白朗锐气大挫，乃折而回陕，沿渭河经宝鸡、凤翔撤至眉县，吸收了一些自愿加入起义队伍的农民。没几日，白朗部离眉东进扶风、周至，在青化镇被追军击毙马队统领高云彩。大队沿太白山、终南山北麓和渭水两岸东行逼近长安，入长安县（今西安市长安区）子午峪穿越秦岭去河南。他们沿途艰苦奋战，冲破层层阻截，于6月28日抵荆紫关。白朗决定分散活动。7月3日，白朗率领鲁宝籍义军千人回到宝丰。因大多数士兵探家未能归队，兵力锐减。7月26日拂晓，白朗部被临汝民团包围，在突围中双方混战，白朗中弹牺牲，时年四十一岁。白朗率部从太白山麓往返时，曾以中原扶汉军大都督的名义四处张贴布告，宣传其政治主张，其立意、措辞乃至文采颇见功力，如"审时忧国之士，山林草泽之雄，与其辍耕而叹，曷若揭竿而起"等语，极富煽动性，实为民国初年的一段佳话。

张化龙、李化虎　张化龙（？—1907）字升云，扶风县原五泉乡绛中村人。出身武术世家，自幼练武，尤精连枷，有"手舞连枷，豆粒难入"之誉。因其武功高强，登门拜师者甚众，与李化虎、张应虎、昝化熊、赵彦雄、邓孟雄、帅大旗等好汉结交，以兄弟相称，情义深厚。

李化虎（？—1907）眉县青化乡李家庄人，清光绪后期武庠生，原名彦烈。同扶风武庠生张化龙、昝化熊等义结金兰，遂各人均易名，带一"化"字，后以"龙、虎、熊"区别排行，他就名为"化虎"了。

光绪二十七年（1901），陕西巡抚李绍棻以筹备朝廷赔银为名，提高盐价，只许官营，不准民间运销。官方垄断盐业，上下勾结，肆意抬高盐价，群众敢怒而不敢言。

光绪三十二年（1906）冬，扶风盐业专卖权被恶霸地主马临太（人称马十四，外号地头蛇）把持，他肆意抬高盐价，高出邻县四倍以上，还给盐里掺沙。群众对食盐价格节节上涨深为不满，张化龙更是义愤填膺，他与李化虎等好汉商议，决定发动农民包围县城。随即在青龙庙聚众六七千人，手握镰刀，肩扛锨镢，奔赴县城示威，高喊："减盐价，杀恶绅，要进县城见县官！"并提出停路捐、减盐价、清算恶绅账目三条要求。知县陈官韶深知众怒难犯，当即答应了群众的要求。但官府并未兑现承诺，马临太反而把每斤盐价又抬高四文。张化龙怒不可遏，率众直奔马临太家所在地姜嫄村，纵火烧毁了马家酒坊、染坊和药铺。此举使知县异常恼恨，便于当年农历腊月十九日将李化虎、帅大旗等人逮捕入狱。张化龙不畏强暴，二十三日进城劫狱，救出被捕兄弟，避于太白山远门口的九阳宫，欲再充实力量，继续与官府斗争。凤翔知府尹昌龄闻讯，与弟尹昌宏密谋，让其化名"许先生"混入张化龙的义军，从内部分化瓦解。"许先生"混入太白山义军后，处处以文人谋士自诩，愿做军师。时义军正缺乏人才，便委以重任。

光绪三十三年（1907）春节将临，尹昌宏利用义军中部分人员思乡和节日全家团聚的传统习惯，劝张化龙放假。义军腊月二十七日分散回家，次日县衙四处搜捕义军头目。张化龙时在杏林镇西坡村一农家歇息，衙役破门而入，逼户主交人。张化龙为了不使他人蒙难，便挺身而出，从容就捕。张化龙入狱后，群众为了营救他，在腊月三十日用鸡毛传帖的方式，将消息传到四面八方。正月初一，扶风、武功、岐山、眉县等地数万农民拥向扶风，把县城围得水泄不通，高呼"还我张化龙，杀死马十四"。知县惊恐万状，答应翌日放人。正月初三日晚即将张化龙秘密杀害。

宣统二年（1910），扶风民众自愿筹资，为张化龙竖石碑一座，以志悼念。1972年，石碑移至陕西省博物馆存展。

晁黑狗、王摇摇、李猪娃 （生卒年不详）晁黑狗是凤翔县宁王晁家里（后归宝鸡县宁王乡晁里西庄，今属陕西省宝鸡市陈仓区）人，出身农民，秉性刚直，好打抱不平，善使一把长柄斧头；喜欢结交朋友，在乡间颇受拥戴，江湖绰号"黑英雄"。王摇摇出生于岐山县龙尾沟（蔡家坡令狐草坡村），后移居宝鸡县（今宝鸡市陈仓区）阳平镇湖平村。他身材高大，发稠眉黑，常拖一条粗黑的辫子于脑后，目光炯炯，不畏强暴，极具胆略好使一口大刀，远近之人都喜与之交往。李猪娃是岐山县南原小坡村（蔡家坡令狐东村）人，家中赤贫，衣食不济，略大于晁、王二人，性格深沉有谋略，善谈闾巷琐事，粗通文墨，喜读《三国演义》《东周列国志》《水浒传》《七侠五义》等书，常使一杆红缨长矛枪。

光绪二十七年（1901）七月二十五日，清政府与入侵列强签订了丧权辱国的《辛丑条约》（史称庚子赔款）后，清政府命令各省筹措赔款，主要是通过"盐斤加价""烟、酒、糖加厘"等方式。当时，凤翔府成立了官盐总局，各大镇设立分局，完全垄断了食盐的运销。当局勾结地方恶霸劣绅，包办销售，任意盘剥人民，使陕甘交界不少以运盐为业的贫民失业，生活无着。"盐斤加价"后，陕西当时盐价高出以前数倍（光绪初年，盐每斤价十五六文，官盐局成立后，定价七十文，加上各县按里递增，有至数百文者）。同时，官盐局收盐使用加二大秤，发盐则用九五小秤，包销商又暗掺沙石，销售用十四两秤，不仅一般贫民无法忍受，就是一些中小地主也大为不满。

光绪二十九年（1903）十二月初，凤翔府属麟游天堂分卡司事张士恭，将岐山蔡家坡原边驮盐小贩王来娃的三匹驮骡和盐无理没收。王来娃请求王摇摇设法去要骡子，后王摇摇经多方通融向官盐局请求均不允，因王摇摇与李猪娃、晁黑狗交情甚好，且三人都好习武艺，为人正直侠义，好打抱不平，遂共同商议准备闹盐局。当年十二月十三日傍晚，李、王、晁等三人在太白山下的眉县齐镇商议，晁黑狗说："各地已有民变发生，我们吃不上价格公平合理的盐，有冤无处诉，眼下霜降已过，麦子已经种上，农村进入农闲季节，我想我们就要借跟会（赶集）的机会，鼓动大家联手，推翻各地的盐局，这个事情一定能成功的。"王摇摇说："明天我们就传出鸡毛帖，捣毁西府各处盐务衙门吧。"李猪娃立即说："对，就这么办，今晚我们就分头联络人。"晚上，他们四处告知，第二天晚上便在齐镇聚集了三百多个小伙子，首先捣毁了齐家寨盐局。随后又将鸡毛帖分头散发蔡家坡、阳平、虢镇、陈村一带，群众立即响应，四乡农民一拥而起，聚众盈千，又将蔡镇、高店、阳平、益店、虢镇等官盐分局打掉。分局经理、伙计都闻风逃跑，未敢抵抗，存盐全被群众拿去，器具多被捣毁。十二月十四日，李、王、晁又率众攻打凤翔官盐总局，沿途岐山、宝鸡、凤翔各县群众纷纷参加，傍晚包围了官盐总局，擂鼓鸣号，喊声震天，要求交出罪魁祸首。总局盐勇开枪打死农民晁林娃，伤数十人。群情益愤，遂焚烧了骆驼厂（官办运盐单位），后打进盐局，局内委员、司事、丁勇闻风丧胆、竞相逃命，群众放火烧了总局。

　　捣毁官盐总局时，凤翔知府傅世炜、清军参将张明举、凤翔知县彭毓嵩都未敢出城弹压，紧锁城门，严加防守，谨防内变。事隔三日，陕西巡抚派清军副统兵率八九百人，分赴所属各地弹压、剿洗、绑押无辜民众七十多人。官军所到之处，烧杀、淫掠，无恶不作。官军暴行，更激起了人民的愤怒，群众千余人在李猪娃、王摇摇、晁黑狗的带领下，聚集凤翔县诸葛山，准备和官兵开展更激烈的斗争，却又遭官府欺骗、分化，群众四散回家，官府派兵四处缉捕李、王、晁等首领。晁、王相继被捕，于清光绪三十年（1904）正月初四被杀害于凤翔西门外。李猪娃逃到甘肃，一年后被庄浪县差役捕捉押解回凤翔，光绪三十一年（1905）二月十九日被杀害于凤翔县署西侧桑园里。

李、王、晁被杀害了，但他们的英勇斗争震动了朝野上下，给清统治阶级以沉重打击。在人民群众的反抗斗争下，官府不得不罢停官运，裁撤局卡，使盐价每斤降至五十文，并将官盐总局委员李显诚、副将刘琦、麟游天堂分卡司事张士恭革职，将臬司严金清、候补知县王荣绥交刑部严加议处，以平民愤。西府这场人民反帝反封建的重大斗争，成为陕西辛亥革命的前奏曲。

高占魁 （1812—1904），幼名宝童，号明春，三原陵前镇高家壕人。因排行为三，江湖人称"鹞子高三""飞腿鹞子"，他名列陕拳四大名家之首。其他三位是黑虎邢三、饿虎苏三、通臂李四。高占魁遨游江湖，精于飞镖，尤善使腿，故当时人也叫他"虎尾腿"。他以拳技高超闻名秦陇之间，那一带没有不知道他的。

他自小就喜好技击，其艺宗少林，自成一家，称"高家拳"，为陕西诸路拳术之最。幼随兄练武，先后拜邻居杨青、三原清麓寺园净长老、耀县（今西安市耀州区）郭存志及北寺马殿二僧习陕拳。成年后出游南北，遍访名师，师从河南丁文庆、山东王师、山西杨师、江南汪师、湖北温师、河北何师等习练少林拳、通臂拳、花拳、猴拳等。他还是江南大侠烂头何的四徒弟，后又拜华北大拳师霍元甲之祖父为师，集各家之长创立了以"撑补为母，勾挂为能，化身为奇，刁打为法"的陕西高家拳，亦称高派。其代表拳艺红拳、炮捶、子拳（猴拳）、猴棍等，在陕、甘、川、豫等省流传较广。高三精猴拳，擅技击，善用腿，轻功绝好。《少林宗法》第四篇载："泾原（今陕西泾阳、三原一带）有高某，以精于猴拳声闻关内外。"《少林拳术秘诀》第十章载："（李镜源）旋随母赴沔阳（今陕西勉县东）省舅氏。途中遇陕人高某，言谈甚洽。高乃陕之技击最著者……"

兰州有个马黑子，是回民中间堪称勇武好斗的人，能持铡刀作旋风舞，武艺超群，名震西陲，当时充任陕甘总督署总教习。高占魁（高三与其相约一较高下，高三用陕拳"云里显圣"和"判官脱靴"的招式一举击败马黑子，有一副对联"脚踏陕甘两省；拳打盖世英雄"，说的就是这件事。自从打败马黑子后，高三凭着壮年气盛，越发目空一切，骄矜炫耀之色咄咄逼人。

那时，陕西眉县太白山有虎患，多次伤人畜，居民非常害怕，想进山砍柴、采药的皆望而生畏。官府发出布告悬赏征集勇士，为民除害，四方百姓没有敢应征的人。高三刚好回到陕西，听说这件事后大喜，雄赳赳去应征。他找了个当地人做向导，约好日期，手持钢刀，带着干粮前往太白山。

进入谷口二十里许，向导不敢走了，给他指了一下路就赶紧回去了。高三只身一人向山里走去，鸟道崎岖，他竭力攀登，在山中徘徊转悠了一天，还是找不到老虎的影子。眼看天要黑了，他感到口渴难耐，想找个地方歇宿，四顾苍茫，渺无人烟，就不住地蹚溪越岭，也不知翻过几道梁，越过了几条沟，就在仓皇不知所措的时候，终于看见一位年老的妇女倚门而立。高三赶忙上前行礼搭话。

老婆婆问他说："这位客人，你到深山里干啥来了？"

高三回答："我来是要打死那祸害百姓的老虎。"

老婆婆把他上下打量一番，说道："要打死老虎，凭你一个人，能行吗？"这时日头已经落西了，老婆婆很恭敬地邀请高三到茅屋先住下，然后告诉他说："如果你真的要打虎，还得找个帮手，如果不这样的话，老虎恐怕不好对付呀。"老婆婆说毕，就为他做饭去了。

晚上，山间月亮渐渐升起，照映着群峰，明丽如画。这时窗外忽然传来步履声，高三跑出去一看，吓得边往回跑边说："从哪来了这样一个巨人？吓死我了。"仔细看，原来是一个壮汉，脊背上背了一头熊，左右胳肢窝一边夹着一只野鹿一边夹着一只山鸡，进得门来就呼喊他的母亲，看见高三问道："家里哪里来的生客？是干什么的呀？"

老婆婆说："他是应官府之命来打虎的。我把他打量了一下，怕他干不了这事。我们家才住在这里不久，因为附近民风刁野，因此才留下山里的老虎来防范抗拒顽劣之徒的骚扰祸害,但是近来这个孽畜时不时下山入村进市,伤害老百姓,把它除了也是好事。明天,你去帮帮他吧。"

高三侧耳听见老婆婆的话,心中暗想:"你也太小看我了吧。"他有点不高兴,但是见她也没有什么恶意,又感念留他食宿之意,所以就隐忍不言,没有再说啥。晚餐毕,老婆婆命她的儿子与高三一块睡觉。

天亮以后,老婆婆又给他做饭让他吃饱,在他俩出门的时候不停地告诫说:"往前走一定要小心啊,我在这里等着你领取官府的花红呢。"

高三随着老婆婆的儿子——那位壮士进入深山野岭后,道路越来越崎岖。壮士忽然问高三说:"你能呼啸吗?"高三瞠目结舌,不知道他在说什么,羞红了脸,连连说惭愧。壮士朝他笑了一下,把大拇指和食指放进嘴里,用力发出声震林木的呼啸。

进入大山深处,人迹更少。壮士连着呼啸了几次,风生崖谷,寒气逼人,时上时下,越入越深。壮士观察地势后,告诉高三说:"赶紧停下来,老虎的窝离这里不远了,别放松警惕,小心被老虎吃了。"

高三一听心里十分害怕,战战兢兢地持镖在手,失了常态,勉强支持,四处望望不见老虎的影子,心中越发忐忑。

壮士的呼啸刚刚停止,就紧张地喊道:"来了!老虎来了!"高三远远望去,猛地看见一只老虎自崖谷间昂首摇尾而来。壮士立在道旁。老虎看见有人,毫无惧色,向着他们俩疾奔而来,相距有四五十步。

高三害怕极了,瞄准老虎,连发三镖,都击中了老虎。但老虎就像没事一样,依然直向前奔来。

壮士见高三没有办法了,便借着老虎向前扑来之机,在迎面闪挪的同时,猛出右拳,痛击老虎的脖颈。老虎的脖颈被打僵了,顿时失去顾盼之力。高三自愧之余,知道飞镖无效,就赶紧拔出钢刀,想去帮助。瞬息之间,壮士拳脚交加,全部打中老虎的要害,老虎负痛喘吼不已。壮士把老虎举起摔于地上,老虎的本能尽失,喘吼之声渐渐微弱。壮士对高三说:"快些绑住它,送到县衙领花红去。"

这时候,高三汗流浃背,紧张得都不能发出声音,强颜夸奖道:"壮士，你实在是神力将军啊。灭了老虎的是你，花红怎么能让我去领啊？"

壮士说："你本来就是拼着勇武应征的人，按理就是你应该得到的。有什么不妥啊？"死活不答应和他一同赴县。高三羞红脸一而再再而三央求，壮士不胜其烦，就假装同意了，然后和他一块抬着死虎回到家里。老婆婆一见很高兴，赶紧给他们做饭。刚刚吃完饭，高三又央求老婆婆，让她的儿子一起赴县，分领奖金。

老婆婆忍不住笑着说："我们母子阅历沧桑，见的事情多了。不要说这黄白之物本来对我们就没有什么用处，这些身外浮名，我们是避之唯恐不及呢。有幸和你相遇在这荒山之中，为民除患，这也是前世的缘分啊。我们就要分别了，我赠你几句话。你技艺虽然很精，但也不能不按规矩办事啊。再好的功夫，还得尊重神灵。开始，你茫然入山，为的是打虎，凭借一股虚骄之气，实在有些莽撞，没被老虎吃掉是万幸啊，你要知道这一点。我让我儿子带你出去，山里的路迂回险要，是害怕你迷了路再被困住。"

高三听了老婆婆的教诲，惭愧得无地自容，趴在地上连连拜谢。壮士与高三一起抬着死虎走到山下，吃干粮休息了一会儿，附近村民闻讯而来，争看死虎，一转眼的工夫，不见了壮士的踪影。高三十分颓丧，不知怎么办了，只好请求村民帮他抬虎到县里。沿途观看的人很多，都欢呼雀跃，夸赞不已。

高三到县里办完领奖的事情后，老觉得心里歉疚，又跑到山里去，打算感谢老婆婆并和他的儿子结交。等他抵达后，人迹杳然，只有一座破屋迎风而立。

这件事是高三的再传弟子榆林井崧生说的，他1928年到太原，告诉别人这件事是他的师父、高三的嫡传弟子耀州魏金重听高三亲口所言。他的师父还说过，那个老婆婆最初住在宝鸡山，是武当张三丰嫡传的继承者。高三能够邂逅高人，获得教诲，是很幸运的事情。1935年的《山西国术体育旬刊》第2卷第1期，曾经对这件事进行过真实报道，原标题是《太白山妪与鹞子高三》。

第十章 英豪篇

跋

秦岭是我国内陆极具特色的一条山脉，东西绵延1500多公里，横贯陕西全境，与淮河共同将中国分割为"南方"与"北方"，同时她还是长江黄河两大水系的分界线。秦岭丰富的水资源滋养了万物生灵，南北气候因为她的存在有了明显差异，形成了南北物种的万千特色。

太白山是秦岭的主峰，登上太白山更能领略秦岭的无限风光。当代人对太白山的认识和研究，涉及自然地理、历史人文等诸多方面。其中有现代科学已经完全认识和掌握的，也有尚未完全认识和掌握的，更有至今还无法用科学常识解释的所谓的神秘自然现象以及其所蕴含着的深奥的大道哲理。关于太白山的历史文字记载，今天能看到的最早的当数《诗经》和《尚书》，后来的《山海经》《水经注》等典籍及诗词歌赋都有不少关于太白山的内容。在这些相关的文字记载中，太白山曾有不同的称呼，如"南山""终南山""惇物山""太乙山""首阳山""岐阳山""武功山"等，汉代以后才统一称为"太白山"。太白山这些名称流传到今天发生了很大的变化。故称中的"终南山"并不等同于现在西安市南的终南山，"武功"也并非现在的武功县，在阅读文章时需要加以注意。随着时代的发展和科技的进步，关于太白山的文学创作、科学研究的成果在不断丰富，但它们都散落在浩如烟海的历史文化书籍和相关学者的作品中。要想系统地、科学地了解太白山，了解太白山的研究成果，就需要挖掘、搜集、整理这些资料，并以科学的、系统的方式进行梳理和呈现。

太白山是一座资源宝库。太白山资源的多样性、丰富性世所罕有。太白山是秦岭生态文化的原始底本，是陕西省最大的原始森林。据陕西2007~2010年森林资源调查资料显示，太白山现有森林覆盖率高达83.5%，植物有2594种，其中重点保护植物77种；野生动物有2554种，其中重点保护动物63种。太白山草医草药独成体系，天然中草药材1415种，疗效奇特，是我国传统医药文化的重要遗产之一。太白山水资源丰富，地下热水藏量大，且富含20多种对人体有益的矿物质和微量元素，具有很高的医疗养生价值。太白山还保留有第四纪冰川的地质奇观，如高山区的石海、石阵、石环，高山湖泊、高山湿地等，都具有很高的科研价值。

从历史人文资源方面看，太白山是一座承载着悠久历史的文化之山。太白山为人类生存提供了足够的物质和能量，至今仍然保留有大量珍贵的遗迹与美丽的传说，见证和记录了文学艺术、民俗风情、宗教文化的重大的历史事件和重要成果，成就了一代又一代时世英才和圣人贤士。

丰富的自然资源和历史文化资源，共同构成了太白山独具魅力的文化。但我们对太白山价值的真正挖掘和开发，始于19世纪80年代。太白山森林资源的开发和太白山森林公园的建立，一举改变了林业职工捧着金饭碗讨饭吃的困境。1991年，时任中共中央常委、全国政协主席李瑞环视察建设初期起步的太白山国家森林公园时，对太白山的旅游资源开发建设工作给予了很高的评价："在我国长江以北，气势如此之大，景色如此之美，科研价值如此之高，离大城市如此之近的自然景观实属罕见，很有进一步研究开发的价值。"1992年5月，太白山国家森林公园正式开园。从此，旅游业成为太白山发展的支柱产业之一，1999年太白山国家森林公园被原国家旅游局评为AAAA级景区。

太白山是一座文化大山，是历代文人墨客创作的绝佳题材，是历代思想家仰观俯察天地、思考人生宇宙的重要场所。因此产生了大量与太白山息息相关的文学作品和哲学巨著，其或为经为典、为文为论、为诗为词、为歌为赋，其气魄之雄浑、想象之烂漫、哲理之深刻均令人惊叹不已。从周到唐末，太白山作为京畿之地的屏障，护卫着中华民族的核心腹地，见证了王朝的变迁。此外，太白山风景极佳，在汉唐时"太白积雪六月天"已作为长安八景之一而被广为传颂。

2012年以来，眉县县委县政府动员全县人民，吹响了太白山旅游事业二次创业的号角，提出"山水眉县，创意田园"的发展目标，要把全县863平方公里纳入太白山旅游开发的整体构思中，将山水景观、田园风光和美丽乡村相结合。经过四年时间的奋斗，太白山在AAAA级的基础上被评为AAAAA级旅游景区。最为可贵的是在抓基础项目、景点建设的同时，眉县人还不忘抓好太白山文化建设，大力展开对太白山文化资源的发掘研究、整理工作，推出一系列旅游文化产品。"太白山丛书"就是文化建设中的一个重要项目。通过这套丛书的编写，把大量分散的关于太白山文化的资料和研究成果集结起来，推陈出新，出版符合当下社会发展、读者需要的文化产品，以便各界人士和广大游客了解太白山，同时为后人进一步研究太白山奠定基础。在内容方面，我们努力做到科学性、知识性、趣味性和广泛性相统一，做到雅俗共赏。

"太白山丛书"共12本，包括《奇峰秀水》《草医草药》《民俗风情》《野生动物植物》《小说散文精选》《诗联歌赋精选》《名人游踪》《宗教文化考略》《登山·穿越与探险》《红河谷》《养生养性》《书画作品精选》。随着今后研究工作的继续开展，会不断推出新的作品以飨游客。

"太白山丛书"自2014年上半年启动编写工作以来，团队同人王改民、李继武、何晓光、廉金贤、王新秦、穆毅、王相东、李明绪、刘启云、杨虎平、严文团、胡云波、魏博文、王小梅、王昭等，在繁忙的本职工作之余，呕心沥血，不辞劳苦地进行编写工作，其精神可嘉。他们都是出生、成长和生活在太白山下，并长期参与太白山文化研究，对太白山有着非常深厚的感情。多数同志都有关于太白山的文学作品或专业著作，具有较扎实的知识储备和丰富的亲身经历。大家怀着"为父母写"和"写父母"的情怀投入到工作中来，令人感动。

中共眉县县委、眉县政府、太白山旅游区管委会的主要领导李智远、王宁岗、武勇超、刘志生、叶盛强，韩斌成、陈小平、曹乃平，张军辉、段朝选、职亮、康振峰、张彦勤等对本丛书编写工作给予了高度重视和支持。著名作家贾平凹先生、冯积岐先生等一大批文化艺术界人士为"太白山丛书"的编纂出版提供了有力的指导和支持，并贡献了他们的宝贵作品。陕西太白文艺出版社的党靖先生，强紫芳女士及其团队为丛书出版一丝不苟的工作态度令人钦佩。太白山摄影家协会、太白山书画家协会和眉县老年书画学会为本丛书编写提供了珍贵资料及指导意见。陕西沁心园公司董事长王保仓先生也为我们的编写工作提供了诸多便利。在此对以上诸位领导、同人、朋友一并表示衷心的谢意。

最后，要特别致谢中共陕西省委原书记、太白山文化研究会名誉会长张勃兴同志，宝鸡市政府原市长、太白山文化研究会会长李均同志。20多年来，太白山旅游事业从起根发苗到今天国家的AAAAA著名旅游度假区，离不开两位老领导的高度关注和精心指导。"太白山丛书"的编纂工作也得到了他们的亲切关心和指导，张勃兴同志不仅为丛书写序，还提供了自己的诗赋书画作品。

由于我们水平和经验有限，疏漏之处在所难免，欢迎读者批评指正。

卢文远

2019年9月　于眉县金桂苑